MedR Schriftenreihe Medizinrecht

Eva-Maria Schmid

Die Passivlegitimation im Arzthaftpflichtprozeß

Unter Berücksichtigung der Organisation der Krankenversorgung

Springer-Verlag Berlin Heidelberg GmbH

Dr. Eva-Maria Schmid
Neuhauser Straße 3
8000 München 2

Fortführung der Reihe „RECHT und MEDIZIN“

ISBN 978-3-540-19329-6 ISBN 978-3-662-06672-0 (eBook)
DOI 10.1007/978-3-662-06672-0

CIP-Titelaufnahme der Deutschen Bibliothek
Schmid, Eva-Maria:
Die Passivlegitimation im Arzthaftpflichtprozeß:
unter Berücks. d. Organisation d. Krankenversorgung/Eva-Maria Schmid. –
Berlin; Heidelberg; New York; London; Paris; Tokyo: Springer, 1988
(Schriftenreihe Medizinrecht)
Zugl.: Heidelberg, Univ., Diss

Ursprünglich erschienen bei Springer-Verlag Berlin Heidelberg New York 1988.

Satz: Elsner & Behrens, Oftersheim

2119/3140-543210

Vorwort

Vorliegende Arbeit wurde von der Juristischen Fakultät der Universität Heidelberg als Dissertation angenommen.
Mein Dank gilt vor allem Herrn Professor Dr. Adolf Laufs, der mein Interesse auf die allgemeinen Probleme des Arztrechts gelenkt und die Anregung zu der vorliegenden Arbeit gegeben hat.
Herrn Professor Dr. Hermann Weitnauer danke ich für die wohlwollende Förderung, die er mir als Korreferent zuteil werden ließ.
Danken darf ich auch Herrn Hochschulassistent Dr. Bernd-Rüdiger Kern für die freundliche Unterstützung und dem Verlag für die gute Zusammenarbeit.

München, Januar 1988 Eva-Maria Schmid

Inhaltsverzeichnis

Abkürzungen

a. A.	anderer Ansicht
Abs.	Absatz
AcP	Archiv für die civilistische Praxis
ÄBl.	Ärzteblatt
ÄM	Ärztliche Mitteilungen
a. F.	alter Fassung
AG	Amtsgericht
Anm.	Anmerkung
ApprO	Approbationsordnung für Ärzte i. d. F. vom 3. 4. 1979
Art.	Artikel
ArztR	Arztrecht
AT	Allgemeiner Teil
AZ	Aktenzeichen
BAG	Bundesarbeitsgericht
BAT	Bundesangestelltentarifvertrag
Ba-Wü	Baden-Württemberg
BB	Betriebsberater
BBG	Bundesbeamtengesetz
BGB	Bürgerliches Gesetzbuch
BGBl.	Bundesgesetzblatt
BGH	Bundesgerichtshof
BGHSt	Entscheidungen des Bundesgerichtshofs in Strafsachen
BGHZ	Entscheidungen des Bundesgerichtshofs in Zivilsachen
BSHG	Bundessozialhilfegesetz
BPflV	Verordnung zur Regelung der Krankenhauspflegesätze (Bundespflegesatzverordnung)
BRRG	Bundesbeamtenrechtsrahmengesetz
BSG	Bundessozialgericht
BVerfG	Bundesverfassungsgericht
BVerfGE	Entscheidungen des Bundesverfassungsgerichts
BVerwG	Bundesverwaltungsgericht
BVerwGE	Entscheidungen des Bundesverwaltungsgerichts
DB	Der Betrieb
D Not Z	Deutsche Notarzeitung
DR	Deutsches Recht
Dt. Ärztebl.	Deutsches Ärzteblatt

Dt. Med. Wochenschr.	Deutsche Medizinische Wochenschrift
DVBl.	Deutsches Verwaltungsblatt
Einf.	Einführung
FN	Fußnote
GG	Grundgesetz für die Bundesrepublik Deutschland
GeWO	Gewerbeordnung
GOÄ	Gebührenordnung für Ärzte
GVBl.	Gesetz- und Verordnungsblatt
H.	Hälfte
Halbbd.	Halbband
hgg.	herausgegeben
hh. L.	herrschende Lehre
h. M.	herrschende Meinung
i. d. F.	in der Fassung
insb.	insbesondere
i. S. d.	im Sinne des
i. V. m.	in Verbindung mit
JR	Juristische Rundschau
jur. Diss.	juristische Dissertation
JUS	Juristische Schulung
JW	Juristische Wochenschrift
JZ	Juristenzeitung
Kap.	Kapitel
KG	Kammergericht
KH	Das Krankenhaus
KHA	Der Krankenhausarzt
KHG	Gesetz zur wirtschaftlichen Sicherung der Krankenhäuser und zur Regelung der Krankenhauspflegesätze
Komm.	Kommentar
KrankenhausG Ba-Wü	Krankenhausgesetz Baden-Württemberg
KRG	Krankenhausreformgesetz Rheinland-Pfalz
KVLG	Gesetz über die Krankenversicherung der Landwirte
L	Leitsatz
LBG	Landesbeamtengesetz
Leitnr.	Leitnummer
LG	Landgericht
LM	Lindenmaier-Möhring, Nachschlagewerk des Bundesgerichtshofs
LSG	Landessozialgericht
MDR	Monatsschrift für deutsches Recht
med. Diss.	medizinische Dissertation
MedR	Medizinrecht
MuBO	Musterberufsordnung des 79. Deutschen Ärztetages 1976

BuWO	Musterweiterbildungsordnung des 79. Deutschen Ärztetages 1976
m. w. N.	mit weiteren Nachweisen
n. F.	neue Fassung
NJW	Neue Juristische Wochenschrift
OLG	Oberlandesgericht
OVG	Oberverwaltungsgericht
Rdnr.	Randnummer
RG	Reichsgericht
RGSt	Entscheidungen des Reichsgerichts in Strafsachen
RGZ	Entscheidungen des Reichsgerichts in Zivilsachen
RVO	Reichsversicherungsordnung
StGB	Strafgesetzbuch
StPO	Strafprozeßordnung
st. Rspr.	ständige Rechtsprechung
Überbl.	Überblick
UG Ba-Wü	Gesetz über die Universitäten im Lande Baden-Württemberg (Universitätsgesetz)
UV	Unfallversicherung
VersR	Versicherungsrecht
VG	Verwaltungsgericht
VGH	Verwaltungsgerichtshof
Vorbem.	Vorbemerkung
VRS	Verkehrsrechtssammlung
ZOÄ	Zulassungsordnung für Ärzte
ZPO	Zivilprozeßordnung

Einleitung

> Wenn der Arzt einen freien Mann mit einem bronzenen Instrument an einer schweren Wunde behandelt und sterben läßt, und wenn er das Fleckchen im Auge des Mannes mit dem Instrument aus Bronze geöffnet, aber das Auge des Mannes zerstört hat, wird man seine Hände abschlagen.
>
> Gesetzbuch des Königs Hammurabi von Babylon [1],
> etwa 2250 v. Chr., § 218

Abgesehen davon, daß solche drakonischen Strafen in unserer Zeit unvorstellbar sind, steht heutzutage die Bestrafung des Arztes regelmäßig nicht im Vordergrund der Folgen ärztlichen Fehlverhaltens. Eine von Kohnle[2] vorgenommene Auswertung von 60 vom Institut für Rechtsmedizin der Universität Heidelberg in den Jahren 1978 bis 1980 erstatteten Gutachten ergibt beispielsweise, daß die Staatsanwaltschaften 81% der gegen die beteiligten Ärzte eingeleiteten Ermittlungsverfahren nach § 170 Abs. 2 StPO[3] und 7,5% nach § 153a StPO[4] einstellten.

In weiteren 7,5% der Verfahren fanden Hauptverhandlungen statt, die zwar alle in erster Instanz zur Verurteilung der Ärzte führten. Abgesehen von einem Verfahren, das noch nicht rechtskräftig abgeschlossen ist, sprachen die Gerichte in den Rechtsmittelinstanzen die angeklagten Ärzte jedoch frei. Nur in einem einzigen Fall kam es zu einer rechtskräftigen Verurteilung durch Zurücknahme der Berufung.

Von weitaus größerer Bedeutung – zumindest was die Anzahl der Verfahrenseinleitungen und die Häufigkeit der Verurteilungen betrifft – sind dagegen die Arzthaftpflichtprozesse vor den Zivilgerichten. Eine genaue statistische Erhebung hierüber ist zwar bisher nicht veröffentlicht; nach Schätzungen sind jedoch jährlich zwischen 300 und 900 Verfahren anhängig.[5] Hier stellt sich dann die Frage nach der Passivlegitimation des Beklagten. Dieser muß Schuldner des mit der Klage geltend gemachten Anspruchs sein. Andernfalls wird die Klage als unbegründet abgewiesen[6] mit der Folge, daß der Kläger die Kosten des Verfahrens zu tragen hat.

---

[1] Zitiert nach Jürgen Thorwald, Macht und Geheimnis der frühen Ärzte, S. 124.

[2] Kohnle, Begutachtung ärztlicher Behandlungsfehler, med. Diss. 1983.

[3] Nach § 170 Abs. 2 StPO stellt die Staatsanwaltschaft das Verfahren ein, wenn die Ermittlungen nicht genügend Anlaß zur Erhebung der öffentlichen Klage bieten.

[4] Nach § 153a StPO stellt die Staatsanwaltschaft das Verfahren ein, wenn Auflagen und Weisungen geeignet sind, bei geringer Schuld das öffentliche Interesse an der Strafverfolgung zu beseitigen und der Beschuldigte die ihm auferlegten Auflagen und Weisungen (z. B. die Zahlung einer Geldbuße) erfüllt hat.

[5] Ludolph, Das Beziehungsgeflecht von Recht und Medizin, Dt. Ärztebl. 1982, 2278ff.; vgl. auch Giesen, Wandlungen des Arzthaftungsrechts, 7ff.

[6] Zöller-Stephan, Zivilprozeßordnung, Anm. A III 2 vor § 253.

Der geschädigte Patient steht daher vor Klageerhebung regelmäßig vor der Frage, gegen wen er seine Klage richten soll. Insbesondere gilt dies bei Schadensereignissen im Krankenhaus. Hier trifft der Patient auf eine Vielzahl von Ärzten, Krankenschwestern, Pflegern und sonstigem Hilfspersonal, die ihn medizinisch und pflegerisch betreuen. Wann läßt sich im Schadensfall die Klage gegen die Krankenhausärzte, wann gegen den Krankenhausträger und wann gegen beide sachlich begründen? Besondere Probleme ergeben sich auch bei Schädigungen durch das klinische Hilfspersonal und bei ärztlicher Teamarbeit.

Welche weitreichenden Auswirkungen die fehlende Passivlegitimation des Beklagten für den Patienten haben kann, zeigt sich immer wieder darin, daß die Gerichte häufig erst nach Jahren in der Revisionsinstanz die Klage abweisen[7] mit der Folge, daß der geschädigte Patient die Verfahrenskosten dreier Instanzen einschließlich der regelmäßig hohen Gutachterkosten zu tragen hat. Hinzu kommt nicht selten, daß der Patient dann die deliktischen Ansprüche, also insbesondere die Schmerzensgeldansprüche, wegen der 3jährigen Verjährungsfrist nach § 852 BGB gegenüber dem richtigen Anspruchsgegner nicht mehr geltend machen kann, obwohl ein schuldhafter Behandlungsfehler ohne weiteres zu bejahen wäre.

Aber nicht nur für den Patienten, sondern auch für den Arzt und den Krankenhausträger ist es regelmäßig von erheblichem Interesse zu wissen, wer von ihnen dem Patienten gegenüber zum Schadensersatz verpflichtet ist. Dadurch können nämlich unberechtigte Ansprüche sofort zurückgewiesen und unnötige, zeitaufwendige Prozesse vermieden werden.

Fragen der Passivlegitimation im Arzthaftpflichtprozeß haben zusammenhängend bisher lediglich Laufs[8] in seinem Grundriß des Arztrechts und Luig[9] in seiner Abhandlung über den Arztvertrag in der jeweils gebotenen Kürze aufgeworfen und beantwortet. Außerdem sind zahlreiche Aufsätze zu Einzelproblemen erschienen.[10] Eine umfassende systematische Untersuchung dieser wichtigen Fragen liegt dagegen bisher nicht vor. Das vorliegende Buch stellt insoweit die notwendige Ergänzung dar.

Die Darstellung verfolgt also das Ziel, die Anspruchsgegner des Patienten für die Geltendmachung von Schadensersatzansprüchen systematisch zu bestimmen und die dabei auftretenden Probleme einer sachgerechten und praxisnahen Lösung zuzuführen.

Der 1. Teil des Buches bietet hierfür zunächst einen Überblick über die Organisation der Krankenversorgung in der Bundesrepublik Deutschland, wobei insbesondere das Angebot an medizinischen und pflegerischen Leistungen, das System der sozialen Krankenversicherung sowie die Struktur und die Organisation des Krankenhauswesens dargestellt sind. Der 2. Teil untersucht die rechtlichen Beziehungen des Patienten bei der Inanspruchnahme ambulanter und stationärer ärztlicher Leistungen. Der 3. Teil bestimmt die Anspruchsgegner bei der Erfüllung eines Haftpflichttatbestandes.

---

[7] Vgl. BGH NJW 1983, 1374 = MedR 1983, 104; der BGH hat hier das Berufungsurteil teilweise aufgehoben und die Sache zur erneuten Entscheidung an das Berufungsgericht zurückverwiesen, weil eine Schadensersatzpflicht des Krankenhausträgers in Betracht kommt und die beklagten Ärzte als Beamte nach § 839 BGB nur subsidiär in Anspruch genommen werden können; vgl. hierzu ausführlich S. 123, 158f.

[8] Laufs, Arztrecht, Rdnr. 344ff.

[9] Luig, Der Arztvertrag, 223ff.

[10] Vgl. die Literaturübersicht bei Laufs, Arztrecht, S. 141f.

Teil 1

Organisation der Krankenversorgung in der Bundesrepublik Deutschland

A. Gegenwärtige Struktur und Organisation der medizinischen und pflegerischen Versorgung in der Bundesrepublik Deutschland

I. Leistungsangebot

Der Gesamtbereich der medizinischen und pflegerischen Versorgung der Bevölkerung gliedert sich organisatorisch wie folgt:[1]

- ambulante Krankenversorgung,
- stationäre Krankenversorgung,
- Präventivmedizin,
- Rehabilitation,
- stationäre Pflege von Alten und Pflegebedürftigen,
- sonstige Maßnahmen der Gesundheitsfürsorge.

Gesamtziel aller Versorgungseinrichtungen ist die kontinuierliche und durchgängig koordinierte ärztliche und pflegerische Betreuung Kranker bis zur bestmöglichen Wiederherstellung ihrer Gesundheit und, soweit erforderlich, auch bis zu ihrer beruflichen und sozialen Wiedereingliederung. Hinzu tritt die beratende Hilfe zur Erhaltung der Gesundheit auf dem Wege der Gesundheitsvorsorge und Krankheitsfrüherkennung.

1. Ambulante Krankenversorgung

Die ambulante Krankenversorgung - sowohl die allgemeinärztliche als auch die fachärztliche - erfolgt in der Regel durch die niedergelassenen Ärzte[2] in freier Praxis. Zumeist üben die Ärzte ihre Tätigkeit in *Einzelpraxen* aus. Immer häufiger schließen sie sich jedoch heutzutage auch zur gemeinsamen Ausübung ihrer Tätigkeit zusammen[3] und bilden sog. „Gruppenpraxen", wobei dieser Begriff als Oberbegriff für alle Formen ärztlicher Zusammenschlüsse zu verstehen ist und diese in „Gemeinschaftspraxen" und „Praxisgemeinschaften" zu unterteilen sind.[4]

---

[1] Vgl. Eichhorn, Krankenhausbetriebslehre, Bd. I, 114ff.

[2] § 9 Abs. 1 MuBO macht die Ausübung des ärztlichen Berufs in eigener Praxis von der Niederlassung abhängig. Niederlassung bedeutet die genehmigungsfreie Einrichtung einer mit den notwendigen räumlichen, sachlichen und personellen Voraussetzungen ausgestatteten Sprechstelle zur Ausübung ärztlicher Tätigkeit an einem frei gewählten Ort mit der Folge, daß der Arzt in Ausübung seiner Tätigkeit an diesen Niederlassungsort gebunden ist; siehe Narr, Ärztliches Berufsrecht, Rdnr. 911; vgl. auch Krauskopf/Siewert, Das Kassenarztrecht, 35.

[3] Zu den Vor- und Nachteilen gemeinsamer Ausübung ärztlicher Tätigkeit s. Narr, Rdnr. 1136ff.

[4] Narr, Rdnr. 1140; Henke, Rechtsprobleme ärztlicher Zusammenarbeit im ambulanten Bereich, NJW 1974, 2035.

Eine *Gemeinschaftspraxis* ist ein „Zusammenschluß von Ärzten zur gemeinsamen Ausübung des Berufs".[5] Mehrere Ärzte des gleichen oder nah verwandter Fachgebiete üben dabei ihre Tätigkeit gemeinsam in gemeinsamen Räumen, mit gemeinsamer Praxiseinrichtung, gemeinsamen nichtärztlichen Mitarbeitern, gemeinsamer Karteiführung und gemeinsamer privat- und kassenärztlicher Abrechnung in der Weise aus, daß die einzelne ärztliche Leistung an ein und demselben Patienten während der Behandlung jederzeit vom einen wie vom anderen Partner erbracht werden kann.[6] Die Gemeinschaftspraxis tritt nach außen als Einheit auf; sie ist deshalb *eine* Praxis.[7] Begriffsnotwendig für die Gemeinschaftspraxis ist nicht in erster Linie die gemeinsame Nutzung von Praxisräumen und Einrichtungen, sondern die jederzeit austauschbare ärztliche Leistung am Patienten. Da sich aber nur Ärzte des gleichen oder allenfalls eines nahe verwandten Gebietes in ihrer ärztlichen Tätigkeit am Patienten vertreten können,[8] sind fachübergreifende Gemeinschaftspraxen, also Zusammenschlüsse von Ärzten verschiedener Fachgebiete, zwar nicht schlechthin unzulässig,[9] aber in jedem Fall rechtlichen Beschränkungen unterworfen.

Eine *Praxisgemeinschaft* ist ein „Zusammenschluß von Ärzten zur gemeinschaftlichen Nutzung von Praxisräumen, diagnostischen und therapeutischen Einrichtungen".[10] Mehrere Ärzte des gleichen oder verschiedener Fachgebiete nutzen hierbei gemeinsam bestimmte Räume, Apparate und Instrumente und beschäftigen gemeinsam nichtärztliche Mitarbeiter. Ansonsten führt jeder Arzt eine selbständige Praxis mit verschiedenem Patientenstamm, jeweils eigener Karteiführung und selbständiger privat- und kassenärztlicher Abrechnung. Die Praxisgemeinschaft tritt nach außen nur wirtschaftlich im Rahmen der gemeinschaftlich beschlossenen Zielsetzung auf, also beispielsweise bei der Anmietung gemeinschaftlicher Praxisräume, beim Kauf gemeinsam zu benutzender Apparate oder beim Abschluß von Arbeitsverträgen mit den gemeinsam zu beschäftigenden Mitarbeitern. Bei ihrer ärztlichen Tätigkeit bleiben die beteiligten Ärzte dagegen selbständig. Die Praxisgemeinschaft ist deshalb auch nicht „eine Praxis".[11] Sie hat auch nicht die gemeinsame jederzeit austauschbare ärztliche Tätigkeit am gemeinsamen Patienten zum Ziel, sondern ausschließlich die Unkostensenkung des Praxisbetriebs unter Beibehaltung selbständiger Praxisführung. Eine gegenseitige

---

[5] § 18 Abs. 1 Berufsordnung für die Deutschen Ärzte.

[6] Narr, Rdnr. 1141; Henke, NJW 1974, 2035; Krauskopf/Siewert, 59f.; Krauskopf/Schroeder-Printzen, Soziale Krankenversicherung. Anm. 5 zu § 368c; Kohlhaas bei Kuhns, Das gesamte Recht der Heilberufe, I 445; Uhlenbruck, Die Haftung in den verschiedenen Formen freier ärztlicher Zusammenarbeit, ArztR 1969, 153; BSGE 23, 170; LSG Stuttgart NJW 1982, 1350; BGH NJW 1986, 2364.

[7] Sie ist mit einer Anwaltssozietät vergleichbar.

[8] Der Arzt, der eine Gebietsbezeichnung führt, darf grundsätzlich nur in dem Geiet tätig werden, dessen Bezeichnung er führt (§ 38 Abs. 1 Kammergesetz BaWü, § 17 Abs. 1 MuWO); s. Narr, Rdnr. 407; BVerfGE 33, 125 = NJW 1972, 1504.

[9] So BSG MedR 1983, 196; BSG MedR 1984, 30; Narr, Rdnr. 1141, 1143 verneint dagegen generell die Zulässigkeit der fachübergreifenden Gemeinschaftspraxis; ebenso LSG Stuttgart NJW 1982, 1350; vgl. auch Bösche, Die fachübergreifende Gemeinschaftspraxis im ärztlichen Berufs- und Kassenarztrecht, MedR 1984, 21f.

[10] § 18 Abs. 1 der Berufsordnung für die Deutschen Ärzte.

[11] Sie ist mit einer Bürogemeinschaft von Rechtsanwälten vergleichbar.

Vertretung ist nur wie bei anderen selbständigen Praxen möglich und zulässig und setzt die Abwesenheit des Praxisinhabers voraus.[12]
Unter den Begriff der Praxisgemeinschaft fällt auch die sog. Apparategemeinschaft. Sie ist eine partielle Praxisgemeinschaft, die sich auf die gemeinsame Nutzung von diagnostischen und therapeutischen Apparaten, insbesondere Laborgeräten, beschränkt. Die Praxen der beteiligten Ärzte können sich dabei ohne weiteres an verschiedenen Orten befinden.[13]
Die Krankenhäuser und ihre Ärzte stehen für die ambulante Versorgung in der Regel nicht zur Verfügung. Lediglich den leitenden Krankenhausärzten (Chefärzte und Leiter selbständiger Fachabteilungen) ist häufig in den mit den Krankenhäusern abgeschlossenen Verträgen die ambulante Behandlung von Privatpatienten als Nebentätigkeit gestattet.[14] Ansonsten werden die an den Krankenhäusern tätigen Fachärzte an der ambulanten Krankenversorgung nur dann beteiligt oder hierzu ermächtigt, wenn in dem Einzugsgebiet des Krankenhauses die fachärztliche Versorgung nicht ausreicht.[15] Eine Ausnahme besteht insoweit nur für die poliklinischen Einrichtungen der Hochschulen[16]; sie stehen stets für die ambulante Versorgung aller Patienten zur Verfügung[17]. In allen anderen Fällen können die Patienten die Krankenhausärzte nicht direkt konsultieren, sondern müssen von einem niedergelassenen Arzt - praktischer Arzt oder Facharzt - an den Krankenhausarzt überwiesen werden. Die ambulante Tätigkeit der Krankenhäuser ist daher im Verhältnis zur Gesamtleistung quantitativ von geringer Bedeutung.

2. *Stationäre Krankenversorgung*

Die stationäre Krankenversorgung erfolgt ausschließlich durch die Krankenhäuser. Da die Frage der Passivlegitimation v. a. in den Fällen der stationären Behandlung in den Krankenhäusern problematisch sein kann,[18] soll das Krankenhauswesen und die stationäre Krankenversorgung Gegenstand eines gesonderten Kapitels sein.[19]

3. *Präventivmedizin*

Die Aufgaben der Präventivmedizin, deren Zielsetzung die Gesundheitsvorsorge und Krankheitsfrüherkennung ist, lagen ursprünglich ausschließlich beim öffentlichen

---

[12] Narr, Rdnr. 1144; Henke, NJW 1974, 2035; Uhlenbruck, ArztR 1969, 152; Krauskopf/Siewert, 59; Krauskopf/Schroeder-Printzen, Anm. 5 zu § 368c.
[13] Narr, Rdnr. 1144; Henke, NJW 1974, 2035.
[14] Siehe hierzu S. 51.
[15] Siehe hierzu S. 12.
[16] Die poliklinischen Einrichtungen der Hochschulen sind den Universitätskliniken, wissenschaftlichen Hochschulen und medizinischen Akademien (Fachhochschulen) angegliedert und haben neben der Patientenbehandlung v. a. die Aufgabe, Lehr- und Forschungsaufgaben zu erfüllen; vgl. Krauskopf/Siewert, 38.
[17] Siehe hierzu S. 12.
[18] Vgl. Einleitung, S. 2.
[19] Siehe S. 17ff.

Gesundheitsdienst. Heute kann dieser jedoch die damit verbundenen umfangreichen Aufgaben nicht mehr bewältigen, vor allem deshalb, weil er nicht selten personell und apparativ unzureichend ausgerüstet ist. Die Folge davon ist, daß ein großer Teil der präventivmedizinischen Maßnahmen heute von Ärzten in freier Praxis durchgeführt wird, zum Teil auch von den Fachärzten im Krankenhaus.

4. Rehabilitation

Die Rehabilitation, die neben der Wiederherstellung der erreichbaren Lebenstüchtigkeit auch die Eingliederung oder Wiedereingliederung Behinderter in Arbeit, Beruf und Gesellschaft beinhaltet, wird primär als eine Ergänzung der Krankenhausbehandlung – sog. „medizinische Rehabilitation“ – angesehen. Der überwiegende Teil dieser Rehabilitationsmaßnahmen wird stationär im allgemeinen Krankenhaus durchgeführt. Ergänzend hinzu treten die von den gesetzlichen Renten- und Unfallversicherungen finanzierten Rehabilitationsmaßnahmen, die in deren Spezialkrankenhäusern, zu einem Teil aber auch in den allgemeinen Krankenhäusern durchgeführt werden. Die berufliche und soziale Rehabilitation, die noch ungenügend entwickelt ist, wird heute, vor allem in eigens dafür eingerichteten Rehabilitationszentren, mehr und mehr ausgebaut.

5. Stationäre Pflege und Hauspflege von Alten und Pflegebedürftigen

Die stationäre Pflege von Alten und Pflegebedürftigen liegt entweder in den Händen der Kommunen oder in den Händen von freigemeinnützigen Verbänden, wobei letztere überwiegen. Ähnlich liegen auch die Verhältnisse im Bereich der Hauspflege; immer häufiger werden sog. „Sozialstationen“ eingerichtet, die die pflegerisch-medizinische Betreuung von Alten und Pflegebedürftigen in deren Wohnungen zur Aufgabe haben.[20]

6. Sonstige Maßnahmen der Gesundheitsfürsorge

Alle übrigen Maßnahmen der Gesundheitsfürsorge, insbesondere die der Gesundheitsaufsicht, der Hygieneüberwachung und speziellen Fürsorge, sind in erster Linie Aufgaben des öffentlichen Gesundheitsdienstes. Zur einheitlichen Durchführung des öffentlichen Gesundheitsdienstes wurden durch das Gesetz über die Vereinheitlichung des Gesundheitswesens vom 3. 7. 1934[21] in den Stadt- und Landkreisen in Anlehnung an die unteren Verwaltungsbehörden staatliche Gesundheitsämter als Sonderbehörden unter Leitung eines staatlichen Amtsarztes[22] eingerichtet. Nach 1945 wurden die

---

[20] Vgl. hierzu die Koalitionsvereinbarungen der CDU/CSU und der FDP im 10. Deutschen Bundestag, worin unter „Gesundheits- und Krankenhauspolitik“ der Grundsatz aufgestellt wird: „Die Förderung der häuslichen Pflege ist auszuweiten und zu unterstützen.“

[21] RGBl. 1934 I, 531.

[22] Amtsärzte sind in der Regel Beamte auf Lebenszeit; Voraussetzung für ihre Ernennung ist u. a. das Bestehen einer amtsärztlichen Prüfung; siehe hierzu ausführlich Narr, Rdnr. 582ff.

Gesundheitsämter in einigen Ländern im Zuge der Kommunalisierung der Sonderbehörden auf die Stadt- und Landkreise übertragen.[23]
Das Aufgabengebiet der Gesundheitsämter[24] umfaßt:

a) Durchführung der ärztlichen Aufgaben in folgenden Bereichen:
   - Gesundheitspolizei,
   - Erbpflege einschließlich Eheberatung,
   - gesundheitliche Volksbelehrung,
   - Schulgesundheitspflege,
   - Mütter- und Kinderberatung,
   - Fürsorge für Tuberkulöse, für Geschlechtskranke, körperlich Behinderte, Sieche und Süchtige;
b) ärztliche Mitwirkung bei Maßnahmen zur Förderung der Körperpflege und der Leibesübungen,
c) amts-, gerichts- und vertrauensärztliche Tätigkeit, soweit sie den Amtsärzten übertragen ist.

II. System der sozialen Krankenversicherung als Grundlage der medizinischen Versorgung

Grundlage der medizinischen und pflegerischen Versorgung der Bevölkerung der Bundesrepublik Deutschland bildet die Reichsversicherungsordnung vom 19. Juli 1911 mit ihren Vorschriften über die Rentenversicherung[25], die Unfallversicherung und die Krankenversicherung. Bei diesem Gesetzeswerk handelt es sich um eine Zusammenfassung und Erneuerung derjenigen Sozialversicherungsgesetze, die gegen Ende des 19. Jahrhunderts erlassen worden sind.[26] Mit Rücksicht auf die im Laufe der Jahrzehnte eingetretenen Wandlungen der Lebensverhältnisse waren zwar Anpassungen und Reformen notwendig; eine Änderung des Systems erfolgte jedoch nicht. Insbesondere nach dem 2. Weltkrieg ist dieses Versicherungssystem zur bedeutendsten Einrichtung sozialer Sicherung unseres Volkes geworden; rund 90% der Bevölkerung sind erfaßt.
Bei der gesetzlichen Krankenversicherung[27] knüpft die Versicherungspflicht an ein entgeltliches (ausgenommen bei Auszubildenden), abhängiges Beschäftigungsverhältnis an und erfaßt Arbeiter ohne Begrenzung der Entgeltshöhe, Angestellte nur bis zu einem Jahresarbeitsverdienst in Höhe von 75% der in der Rentenversicherung geltenden Beitragsbemessungsgrenze, wobei Familienzuschläge außer Betracht blei-

---

23 Siehe Narr, Rdnr. 580; Schröder bei Kuhns I, 459.

24 Siehe § 3 Gesetz über die Vereinheitlichung des Gesundheitswesens vom 3. 7. 1934 (RGBl. I, 531) mit Durchführungsverordnungen vom 6. 2. 1935 (RGBl. I, 177) und vom 22. 2. 1935 (RGBl. I, 215).

25 Die Bezeichnung ist eigentlich irreführend, weil es hier nicht allein um Zahlung von Renten geht; vielmehr haben die Rentenversicherungsträger die Aufgabe, zuvor nach Möglichkeit durch Maßnahmen der medizinischen und beruflichen Rehabilitation die Erwerbsfähigkeit der Versicherten zu erhalten, wesentlich zu verbesseren oder wiederherzustellen. Im Jahre 1959 ist hier auch die Tuberkulosehilfe als eine wesentliche Aufgabe hinzugekommen.

26 Krankenversicherungsgesetz von 1883, Unfallversicherungsgesetz von 1884 und Invaliditätsgesetz von 1889.

27 §§ 165–532 RVO.

ben, ferner Rentenantragsteller und Rentner unter bestimmten Voraussetzungen, bestimmte Selbständige, ferner Studenten und Praktikanten, Behinderte bei Beschäftigung in Behindertenwerkstätten sowie Personen in berufsbildenden Einrichtungen der Jugendhilfe und zur Berufsförderung. Die Krankenversicherung der Landwirte ist nicht in der RVO, sondern in einem eigenen Gesetz, dem Gesetz über die Krankenversicherung der Landwirte (KVLG)[28], geregelt. Eine freiwillige Versicherung ist möglich als Weiterversicherung im Anschluß an eine vorausgegangene Pflichtversicherung (ohne Begrenzung des Arbeitsverdienstes) oder als freiwilliger Beitritt, hier allerdings nur bis zum gleichen Jahresarbeitsverdienst, wie er für Angestellte gilt und nur für bestimmte Personengruppen. Als Träger der Versicherungen bestehen Orts-, Innungs- und Betriebskrankenkassen sowie Ersatzkassen.[29]

Der Krankenversicherungsbeitrag wird mit Ausnahme eines geringfügigen Bundeszuschusses in der Mutterschaftshilfe allein von den Versicherten und ihren Arbeitgebern getragen. Die Krankenkassen gewähren dafür folgende Leistungen:[30]

Maßnahmen zur Früherkennung von Krankheiten, Krankenhilfe (insbesondere ärztliche und zahnärztliche Behandlung, Versorgung mit Arznei-, Heil- und Hilfsmitteln, Krankenhauspflege, Haushaltshilfe, Krankengeld), Mutterschaftshilfe, Sterbegeld, Familienhilfe und ferner Mittel zur Empfängnisregelung und Leistungen zum Schwangerschaftsabbruch.

Hinsichtlich dieser Leistungen gilt grundsätzlich[31] das sog. *Natural- oder Sachleistungsprinzip*[32]. Die gesetzlichen Krankenkassen dürfen sich danach nicht damit begnügen, ihren Versicherten das finanzielle Risiko von Krankheiten und Leiden durch Erstattung ihrer Aufwendungen abzunehmen, sondern sie haben die gesetzlich vorgeschriebenen Leistungen als Sachleistungen, also in Natur zu gewähren. Diese Pflicht können sie unmittelbar nur erfüllen, soweit sie Eigeneinrichtungen[33] unterhalten. Das ist jedoch die Ausnahme.

Die ambulante ärztliche Versorgung erfolgt in der Regel durch die Bereitstellung einer ausreichenden Zahl von Kassenärzten, die von den Krankenkassen aus dem Beitragsaufkommen der Kassenmitglieder bezahlt werden.

Früher schlossen die Krankenkassen in Erfüllung ihres gesetzlichen Auftrags bürgerlich-rechtliche Einzeldienstverträge mit einzelnen Kassenärzten, die diese zur Behandlung der Kassenmitglieder verpflichteten. Im Verlauf einer jahrzehntelangen Entwick-

---

[28] KVLG vom 10. 8. 1972 BGBl. 1972 I, 1433, mit späteren Änderungen.

[29] §§ 225ff. und 504ff. RVO.

[30] §§ 179–224 RVO; auch die Ersatzkassen haben gemäß § 507 RVO mindestens diese Leistungen zu gewähren; siehe auch Narr, Rdnr. 1112.

[31] Etwas anderes gilt bei den zahntechnischen Leistungen; hier werden Zuschüsse zu den Kosten, also eine Geldleistung, gewährt (§§ 182 Abs. 1 Nr. 1g, 182c RVO).

[32] Narr, Rdnr. 1112; Eberhardt, Zivilrecht und Sozialrecht in der Beziehung von Kassenarzt und Kassenpatient, AcP 1971, 291; Siebeck, Vertrags- und Vergütungssystem im Kassenarztrecht, 9; Krauskopf/Siewert, 25; BGHZ 33, 251.

[33] Ausnahmsweise gewähren die Krankenkassen selbst medizinische Versorgung in sog. „Eigeneinrichtungen", wie Strahlen- und Lichtbehandlungsinstituten, Zahnkliniken, optischen und orthopädischen Werkstätten. Nach § 368d Abs. 1 S. 3 RVO richtet sich ihre Inanspruchnahme jedoch nach den Verträgen mit den kassenärztlichen Vereinigungen. Zahl und Umfang dürfen im übrigen nur aufgrund vertraglicher Vereinbarung vermehrt werden. Siehe hierzu Peters bei Kuhns I, 405; Krauskopf/Siewert, 41ff.

lung[34] ist mit dem Gesetz über das Kassenarztrecht vom 17. 8. 1955[35] an die Stelle dieser Einzeldienstverträge ein kompliziertes öffentlich-rechtliches Vertragssystem zwischen den Krankenkassen (bzw. ihren Bundesverbänden) und den Kassenärztlichen Vereinigungen bzw. ihren Bundesvereinigungen) getreten.[36] Die Kassenärztlichen Vereinigungen bzw. Kassenzahnärztlichen Vereinigungen der Länder sind rechtsfähige Körperschaften des öffentlichen Rechts, in denen die Kassenärzte bzw. Kassenzahnärzte eines Landes zwangsweise zusammengeschlossen sind; sie bilden die Kassenärztliche Bundesvereinigung bzw. die Kassenzahnärztliche Bundesvereinigung[37].

Die Kassenärztlichen Vereinigungen und Bundesvereinigungen haben jetzt kraft Gesetzes die den sog. RVO-Krankenkassen des § 225 RVO[38] obliegende ärztliche Versorgung in dem in § 368 Abs. 2 RVO bezeichneten Umfang sicherzustellen und den Krankenkassen und ihren Verbänden gegenüber die Gewähr dafür zu übernehmen, daß die kassenärztliche Versorgung den gesetzlichen und vertraglichen Erfordernissen entspricht.[39] Die kassenärztliche Versorgung ist durch schriftliche Verträge zu regeln, die die Kassenärztlichen Vereinigungen mit den Verbänden der Krankenkassen abzuschließen haben.[40] Die RVO-Kassen zahlen für die gesamte kassenärztliche Versorgung mit befreiender Wirkung die zwischen den Kassenärztlichen Vereinigungen und den Verbänden der RVO-Kassen vereinbarte Gesamtvergütung an die jeweilige Kassenärztliche Vereinigung. Diese verteilt die Gesamtvergütung nach einem bestimmten Verteilungsmaßstab an ihre Kassenärzte.[41] Die Zulassung als Kassenarzt, die jedem freiberuflich tätigen Arzt auf Antrag offensteht,[42] bewirkt, daß der Kassenarzt ordentliches Mitglied der für seinen Kassenarztsitz[43] zuständigen Kassenärztlichen Vereinigung wird und zur Teilnahme an der kassenärztlichen Versorgung berechtigt und verpflichtet wird.[44] Der Kassenarzt wird also kraft Gesetzes zum Mitträger des Auftrags der Kassenärztlichen Vereinigung zur Sicherstellung der

---

34 Die anfänglich noch individuell ausgehandelten Einzeldienstverträge wurden bald von „genormten" Kassenarztverträgen (den Kollektivverträgen im Arbeitsrecht vergleichbar) abgelöst, deren Inhalt in privat-rechtlichen „Musterarztverträgen" oder „Gesamtverträgen" von den Verbänden der Krankenkassen und der Kassenärzte vereinbart wurden. Siehe ausführlich hierzu: Siebeck, 11ff., 26ff.; Albrecht bei Kuhns I, 547ff.; Narr, Rdnr. 1112; Krauskopf/Siewert, 15ff.

35 BGBl. 1955 I, 513.

36 §§ 368f ff. RVO.

37 § 368k RVO.

38 Auf die Ersatzkassen finden die §§ 368ff. RVO unmittelbar keine Anwendung; zur Sicherstellung der ärztlichen Versorgung der Ersatzkassenmitglieder siehe S. 13.

39 § 368n Abs. 1 RVO; zum Sicherstellungs- und Gewährleistungsauftrag der Kassen(zahn)ärztlichen Vereinigungen siehe ausführlich Krauskopf/Siewert, 113ff.

40 Die Kassenärztlichen Vereinigungen der Länder schließen mit den Landesverbänden der Krankenkassen mit Wirkung für die beteiligten Krankenkassen Gesamtverträge ab. Den allgemeinen Inhalt der Gesamtverträge vereinbaren die Kassenärztlichen Bundesvereinigungen mit den Bundesverbänden der Krankenkassen in Mantelverträgen. Siehe hierzu ausführlich: Siebeck, 11ff.; insbesondere 17ff.; Krauskopf/Siewert, 76ff.

41 § 368f RVO; siehe ausführlich hierzu: Siebeck, 22ff., 26ff.; Krauskopf/Siewert, 132ff.

42 Seit der Entscheidung des Bundesverfassungsgerichts vom 23. 3. 1961, BVerfGE 11,30 = ÄM 1960, 757, darf die Zulassung nicht mehr – wie früher – von der Bedürfnisfrage abhängig gemacht werden, so daß es insoweit keine Beschränkung der Zulassung mehr gibt.

43 Der Kassenarztsitz ist der Ort der Niederlassung als Arzt; § 368a Abs. 2 RVO; siehe hierzu Krauskopf/Siewert, 56f.

44 § 368a Abs. 4 RVO; siehe hierzu ausführlich Krauskopf/Siewert, 44ff.

kassenärztlichen Versorgung und wird daher ausschließlich als deren Mitglied tätig. Diese ist alleinige Gläubigerin des Vergütungsanspruchs gegenüber der Krankenkasse. Mit der Behandlung erfüllt der Kassenarzt bei Vorlage eines Krankenscheins den Leistungsanspruch des Versicherten, der aufgrund seiner Mitgliedschaft der Krankenkasse gegenüber besteht.

Neben den zugelassenen Ärzten werden ausnahmsweise auch die leitenden Krankenhausärzte (Chefärzte und Leiter selbständiger Fachabteilungen) sowie zur Erbringung besonderer ärztlicher Untersuchungs- und Behandlungsmethoden auch andere Krankenhausfachärzte unmittelbar oder auf Überweisung durch Kassenärzte an der kassenärztlichen Versorgung beteiligt, sofern eine Beteiligung notwendig ist, um eine ausreichende ärztliche Versorgung der Versicherten zu gewährleisten. Sie haben dann, ohne Kassenärzte zu sein, für die Dauer und den Umfang ihrer Beteiligung die Rechte und Pflichten der Kassenärzte.[45]

In besonderen Fällen können zudem Ärzte und ärztlich geleitete Einrichtungen zur Teilnahme an der kassenärztlichen Versorgung ermächtigt werden.[46] Die RVO selbst enthält 2 Beispielfälle für ärztlich geleitete Einrichtungen. Das sind zum einen Einrichtungen, in denen ambulante Versorgung im Rahmen des § 200f RVO (Sterilisation und Abbruch der Schwangerschaft durch einen Arzt) als Bestandteil der kassenärztlichen Versorgung erbracht wird,[47] und zum anderen ärztlich geleitete Einrichtungen (psychiatrische Krankenhäuser und Krankenhäuser mit selbständigen, unter fachärztlicher Leitung stehenden psychiatrischen Abteilungen), die ambulante ärztliche Maßnahmen der psychiatrischen einschließlich der psychotherapeutischen Versorgung erbringen, sofern sie über die hierfür notwendigen Personen und Einrichungen verfügen.[48] Neben den gesetzlich geregelten Beispielen können auch andere ärztlich geleitete Einrichtungen zur Teilnahme an der ambulanten kassenärztlichen Versorgung ermächtigt werden.[49] In der Regel handelt es sich hierbei um Institute, die auf besondere physikalisch-medizinische Untersuchungs- oder Behandlungsmethoden – beispielsweise im Bereich der Pathologie – spezialisiert sind.

Schließlich nehmen auch die poliklinischen Einrichtungen der Hochschulen[50] an der ambulanten kassenärztlichen und kassenzahnärztlichen Versorgung teil.[51] Die Erfahrungen und Kenntnisse der Wissenschaft und Forschung sollen nämlich den Versicherten auch bei der ambulanten Behandlung zugänglich gemacht werden. Die Inanspruchnahme dieser Einrichtungen durch die Versicherten richtet sich nach den hierüber zwischen den Kassen(zahn)ärztlichen Vereinigungen im Einvernehmen mit den Landesverbänden der Krankenkassen einerseits und den Hochschulen andererseits geschlossenen Verträgen (§ 368n Abs. 3 S. 3 und 4 RVO).

---

[45] § 368a Abs. 8 RVO; §§ 29, 30 ZOÄ; siehe hierzu Krauskopf/Schroeder-Printzen, Anm. 3.7. zu § 368a; Krauskopf/Siewert, 36, 68ff.; W. Adam, Modernes Krankenhaus, 151f.; von Winterfeld, Konsolidierung im Kassenarztrecht, NJW 1979, 2342f.

[46] § 368a Abs. 1 RVO; § 368c Abs. 2 Ziff. 12 RVO; § 31 ZOÄ; siehe hierzu Krauskopf/Schroeder-Printzen, Anm. 3.8. zu § 368a; Krauskopf/Siewert, 36ff., 71ff.

[47] § 368n Abs. 6 S. 1 RVO; siehe hierzu Krauskopf/Siewert, 39f.

[48] § 368n Abs. 6 S. 2 RVO; siehe hierzu Krauskopf/Siewert, 40, 96.

[49] Krauskopf/Siewert, 40.

[50] Siehe S. 7, FN 16.

[51] Vgl. § 368d Abs. 1 S. 2 RVO; siehe hierzu Krauskopf/Siewert, 38; Krauskopf/Schroeder-Printzen, Anm. 6 zu § 368n.

Unter den an der kassenärztlichen Versorgung teilnehmenden Ärzten besteht für den Versicherten grundsätzlich freie Wahl[52]. Ärzte, die nicht an der kassenärztlichen Versorgung teilnehmen, dürfen dagegen nur in Notfällen in Anspruch genommen werden.[53]

Die Ersatzkassen[54] gehören dagegen nicht zu den Kassen, denen die „kassenärztliche Versorgung" im Sinne der §§ 368ff. RVO obliegt. Wie sie die ärztliche Versorgung ihrer Mitglieder sicherstellen, ist gesetzlich nicht geregelt, sondern vertraglicher Vereinbarung mit Ärzten oder Ärzteorganisationen überlassen. Auf das Vertragssystem der Ersatzkassen finden die §§ 368ff. RVO unmittelbar keine Anwendung. Das Gesetz über das Kassenarztrecht vom 17.8.1955 hat lediglich in § 368n Abs. 2 Satz 4 RVO die Kassenärztliche Vereinigung ermächtigt, mit Zustimmung der Aufsichtsbehörde als „weitere Aufgaben der ärztlichen Versorgung" insbesondere die ärztliche Versorgung „für die Ersatzkassen" zu übernehmen. Von dieser Ermächtigung ist in dem Vertrag zwischen der Kassenärztlichen Bundesvereinigung und den beiden Verbänden der Angestelltenkrankenkassen und Arbeiterersatzkassen vom 1.10.1963 („Arzt-Ersatzkassen-Vertrag") Gebrauch gemacht worden, so daß die Kassenärztlichen Vereinigungen auch die ärztliche Versorgung der Ersatzkassenmitglieder durch frei praktizierende zugelassene Kassenärzte sowie beteiligte und ermächtigte Ärzte und ärztlich geleitete Einrichtungen gewährleisten.

Die stationäre Krankenhausbehandlung wird dagegen nicht von den Kassenärztlichen Vereinigungen sichergestellt, sondern die gesetzlichen Krankenkassen einschließlich der Ersatzkassen schließen mit einzelnen Krankenhäusern (den Vertragskrankenhäusern) Verträge über die Erbringung von Krankenhauspflege ab.[55]

Vertragskrankenhäuser sind die Hochschulkliniken, die in den Krankenhausplan aufgenommenen Krankenhäuser sowie die Krankenhäuser, die sich dazu bereit erklärt haben und nicht von den Krankenkassenverbänden mit Zustimmung der Aufsichtsbehörde abgelehnt worden sind.[56]

Ist die Aufnahme in ein Krankenhaus erforderlich, darf der Versicherte nur die Vertragskrankenhäuser aufsuchen; gleiches gilt für die Behandlung in Kur- oder Spezialeinrichtungen.[57]

Da die Krankenhausärzte den Sozialversicherten in der Regel für die ambulante ärztliche Behandlung nicht zur Verfügung stehen, können sie die Krankenhausärzte

---

[52] Siehe hierzu Krauskopf/Siewert, 109ff.

[53] § 368d Abs. 1 RVO; vgl. Krauskopf/Siewert, 37, 112.

[54] Die Ersatzkassen sind ebenso wie die RVO-Kassen des § 225 RVO Körperschaften des öffentlichen Rechts. Ihre Besonderheit besteht darin, daß die Mitgliedschaft nicht kraft Gesetzes oder Satzung, sondern auch für Versicherungspflichtige durch Beitritt zustande kommt. Die versicherungspflichtigen Mitglieder einer Ersatzkasse haben das Recht auf Befreiung von der Mitgliedschaft bei der für sie zuständigen RVO-Kasse (§ 517 RVO). Vgl. hierzu Bley, Sozialrecht, 170. Zur Entwicklung der Ersatzkassen siehe Stolt, Die Ersatzkassen der Krankenversicherung, 13ff.; Peters bei Kuhns I, 422.

[55] Die allgemeinen Bedingungen der Krankenhauspflege werden dabei mit Wirkung für die Mitgliedskassen in Rahmenverträgen zwischen den Landesverbänden der Krankenkassen und den Landesverbänden der Krankenhäuser festgelegt; siehe §§ 371, 372 RVO; diese Vorschriften gelten gemäß § 525c Abs. 4 RVO auch für die Ersatzkassen.

[56] § 371 RVO bzw. § 525c Abs. 4 RVO i. V. m. § 371 RVO.

[57] §§ 184, 184a RVO; diese Vorschriften gelten gemäß § 507 Abs. 4 RVO auch für die Mitglieder der Ersatzkassen.

nicht direkt konsultieren, sondern müssen von einem niedergelassenen Kassenarzt – praktischer Arzt oder Facharzt – an das Krankenhaus überwiesen werden.
Liegt bei dem Versicherten ein Arbeitsunfall im Sinne der RVO[58] vor, so ist auch in diesem Fall die Krankenkasse zur Leistung verpflichtet; der Träger der Unfallversicherung[59] kann jedoch die Heilbehandlung und die Zahlung der während der Heilbehandlung zu gewährenden Geldleistung übernehmen.[60]
Die Frage, ob als Folge eines Arbeitsunfalles berufsgenossenschaftliche Heilbehandlung einzuleiten ist, entscheidet der sog. Durchgangsarzt als Beauftragter des gesetzlichen Unfallversicherungsträgers, dem alle Verletzungsfälle sofort nach dem Unfall vorgestellt werden. Diese Entscheidung ist wegen der Kostentragungspflicht (Berufsgenossenschaft oder Krankenkasse) und wegen des Umfangs der Heilbehandlung von Bedeutung. Nach § 556 RVO soll die berufsgenossenschaftliche Heilbehandlung mit allen geeigneten Mitteln Gesundheitsstörungen und Minderungen der Erwerbsfähigkeit beseitigen oder bessern, ihre Verschlimmerung verhüten und die Auswirkungen der Unfallfolgen erleichtern. Demgegenüber hat der Krankenversicherte nach § 368e RVO „nur" Anspruch auf die ärztliche Versorgung, die zur Heilung oder Linderung nach den Regeln der ärztlichen Kunst zweckmäßig und ausreichend ist. Reicht die Fürsorge der Krankenkasse aus, so veranlaßt der Durchgangsarzt nach einer evtl. notwendigen Erstversorgung, daß der Verletzte einen Kassenarzt aufsucht, bzw. er verweist ihn in die kassenärztliche Versorgung zurück. Hält der Durchgangsarzt hingegen besondere Heilmaßnahmen für angezeigt, so übernimmt er entweder selbst deren Durchführung oder überträgt diese einem anderen dafür zugelassenen Arzt, einem sog. H-Arzt.[61]
Die Entscheidung des Durchgangsarztes, ob besondere Heilmaßnahmen angezeigt und in welcher Weise sie durchzuführen sind, bindet die Berufsgenossenschaft und verpflichtet sie zu den gesetzlich vorgesehenen Leistungen.[62]
Wie die Berufsgenossenschaften die ärztliche Versorgung ihrer Mitglieder bei berufsgenossenschaftlicher Heilbehandlung sicherstellen, ist gesetzlich nicht geregelt, sondern vertraglicher Vereinbarung mit Ärzten oder Ärzteorganisationen überlassen (§ 557 Abs. 3 RVO). Wie bei den Ersatzkassen haben auch hier die Kassenärztlichen Vereinigungen diese Aufgabe aufgrund des § 368n Abs. 2 RVO in dem Abkommen

---

[58] Man versteht darunter einen Unfall, den ein Versicherter bei seiner Betriebstätigkeit erleidet (§ 548 RVO). Als Arbeitsunfälle gelten außerdem die Wegeunfälle (§ 550 RVO) und die Berufskrankheiten (§ 551 RVO).

[59] Träger der Unfallversicherung sind die Berufsgenossenschften (gewerbliche UV §§ 646–704 RVO, landwirtschaftliche UV §§ 790–799 RVO und See-UV §§ 850–863 RVO). Die Unfallversicherung des Staates und der Kommunen sowie der Bundesanstalt für Arbeit wird durch Ausführungsbehörden für Unfallversicherung oder Gemeindeunfallversicherungsverbände (sog. Eigenunfallversicherungsträger, §§ 766–771 RVO) durchgeführt.

[60] § 565 RVO.

[61] Nach § 557 Abs. 2 S. 2 RVO i. d. F. des Unfallversicherungsneuregelungsgesetzes vom 30. 4. 1963 (BGBl. I, 241) wurde die Möglichkeit geschaffen, an der Durchführung der Heilbehandlung für die Berufsgenossenschaften neben den bisher allein zuständigen Durchgangsärzten alle die Ärzte zu beteiligen, die dazu fachlich befähigt, entsprechend ausgestattet und zur Übernahme der damit verbundenen Pflichten bereit sind. Siehe auch Leitnr. 50a–50i Abkommen Ärzte/Berufsgenossenschaften vom 23. 3. 1984, Dt. Ärztebl. 1984, 2111ff.; vgl. auch Narr Rdnr. 532ff.

[62] Siehe Abkommen Ärzte/Berufsgenossenschaften vom 23. 3. 1984, Dt. Ärztebl. 1984, 2111ff.; vgl. auch Narr, Rdnr. 519ff.

Ärzte-Berufsgenossenschaften übernommen, so daß diese auch die ärztliche Versorgung im berufsgenossenschaftlichen Heilverfahren gewährleisten.

III. Versorgung der Privatpatienten

Personen, die weder einer gesetzlichen Krankenkasse angehören noch Anspruch auf freie Heilfürsorge[63] haben, sind Privatpatienten. Die Mitglieder der gesetzlichen Krankenkassen können auf ihren gesetzlichen Anspruch auf Heilbehandlung verzichten und sich ebenfalls als Privatpatienten behandeln lassen.

Die Privatpatienten schließen selbst mit dem behandelnden Arzt bzw. dem Krankenhaus bürgerlich-rechtliche Verträge ab[64] und haben die entstehenden Kosten selbst zu tragen. Häufig haben sie ihr Krankheitsrisiko bei einer privaten Krankenkasse versichert, die ihren Mitgliedern je nach Tarif die verauslagten Heilungskosten ganz oder teilweise zurückerstattet. Bei den Privatversicherungen gilt also nicht das Naturalleistungs- sondern das *Kostenerstattungsprinzip.*[65]

Für die ambulante ärztliche Behandlung stehen den Privatpatienten alle niedergelassenen, also auch die Kassenärzte zur Verfügung.[66] Hinzu kommen die leitenden Krankenhausärzte (Chefärzte und Leiter selbständiger Fachabteilungen), denen in den mit den Krankenhäusern abgeschlossenen Verträgen die ambulante Tätigkeit als Nebentätigkeit gestattet ist.[67] Auch in der Wahl des Krankenhauses sind die Privatpatienten ungebunden.

IV. Organisationsmängel und Reformvorschläge

Charakteristisch für die gegenwärtige Form der Organisation der medizinischen und pflegerischen Versorgung in der Bundesrepublik Deutschland ist die auf organisatorische, personelle und finanzielle Autonomie zurückzuführende Aufgabenteilung. Augenfällig ist in diesem Zusammenhang v. a. die strenge Trennung von stationärer Krankenversorgung und ambulanter Krankenversorgung und die daraus folgende Einengung der Aufgaben der Krankenhäuser auf die stationäre Krankenversorgung; die Aktivitäten der Krankenhäuser im Bereich der ambulanten und teilstationären[68] Krankenversorgung fallen gegenwärtig kaum ins Gewicht. Die Folgen hiervon sind neben Doppeluntersuchungen v. a. die Erhöhung der Anzahl der stationären Patienten und die Verlängerung der Verweildauer im Krankenhaus, was wiederum neben der

---

63 Anspruch auf freie Heilfürsorge haben Sozialhilfeempfänger gemäß §§ 37ff. BSHG in der Fassung vom 13. 2. 1976 (BGBl. 1976 I, 289) sowie Kriegsbeschädigte gemäß § 10 Gesetz über die Versorgung der Opfer des Krieges (Bundesversorgungsgesetz) in der Fassung vom 22. 6. 1976 (BGBl. 1976 I, 1633).

64 Siehe S. 59, 79.

65 Vgl. Narr, Rdnr. 1113.

66 Die Zulassung als Kassenarzt verbietet nicht die Behandlung von Privatpatienten. Andererseits gibt es auch Ärzte, die die Zulassung als Kassenarzt nicht beantragen und nur Privatpatienten behandeln.

67 Siehe hierzu S. 51.

68 Siehe hierzu S. 17.

psychischen Belastung der Patienten unweigerlich zu einer erheblichen Kostensteigerung im Gesundheitswesen führt. Die komplizierten diagnostischen und therapeutischen Methoden, die in diesem Jahrhundert zunehmend entwickelt wurden, können nämlich in der Regel nur in den Krankenhäusern durchgeführt werden. Sie allein verfügen über die hierfür notwendigen Einrichtungen und über den unentbehrlichen Mitarbeiterstab von Ärzten, Medizintechnikern sowie Pflegekräften. So kommt es, daß gegenwärtig Patienten zur Diagnostik und Therapie stationär aufgenommen werden, obwohl häufig eine ambulante oder semistationäre Versorgung mit diagnostischen und therapeutischen Einrichtungen des Krankenhauses ausreichen würde.
Reformvorschläge mit der Zielsetzung einer Steigerung der medizinischen Effizienz und der Wirtschaftlichkeit im Gesundheitswesen werden daher immer häufiger.[69] Voraussetzung hierfür ist jedoch eine Änderung der RVO, weil derzeit – wie bereits dargelegt[70] – aufgrund der §§ 368ff. RVO die ambulante Behandlung von Kassenpatienten den Kassenärztlichen Vereinigungen bzw. den in freier Praxis tätigen Kassenärzten übertragen ist, und die Krankenhäuser deshalb ambulante kassenärztliche Leistungen nur in Ausnahmefällen erbringen können. Um einerseits der gesamten Bevölkerung die Möglichkeit zu geben, die modernen diagnostischen und therapeutischen Einrichtungen in Anspruch zu nehmen, und andererseits der Kostenexplosion im Gesundheitswesen Einhalt zu gebieten, dürfte dieser Weg in Zukunft unausweichlich sein.

---

[69] Eichhorn, Bd. I, 124ff.; W. Adam, 50 und insb. 157ff.; Axtner, Krankenhausmanagement, 183ff.; vgl. auch die Koalitionsvereinbarungen der CDU/CSU und der FDP im 10. Deutschen Bundestag, worin unter „Gesundheits- und Krankenhauspolitik" der Grundsatz aufgestellt wird: „Ambulante Versorgung hat Vorrang vor stationärer Versorgung".

[70] Siehe S. 11ff.

B. Krankenhauswesen

I. Aufgaben der Krankenhäuser

Die Krankenhäuser haben sich v. a. aufgrund der raschen Entwicklung der diagnostischen und therapeutischen Methoden[1] in diesem Jahrhundert zu dem bedeutendsten Zweig des Gesundheitswesens entwickelt.

Nach der Begriffsbestimmung des § 2 Ziffer 1 des Gesetzes zur wirtschaftlichen Sicherung der Krankenhäuser und zur Regelung der Krankenhauspflegesätze (Krankenhausfinanzierungsgesetz, KHG, vom 29. Juni 1972[2]) sind Krankenhäuser „Einrichtungen, in denen durch ärztliche und pflegerische Hilfeleistung Krankheiten, Leiden oder Körperschäden festgestellt, geheilt oder gelindert werden sollen oder Geburtshilfe geleistet wird und in denen die zu versorgenden Personen untergebracht und verpflegt werden können".

Diese Definition weicht von den zuvor üblichen[3] insofern ab, als die zu versorgenden Personen nicht mehr – wie früher – in den Krankenhäusern untergebracht werden *müssen;* es genügt vielmehr, wenn sie untergebracht werden *können* .

Diese wesentliche Änderung in der Begriffsbestimmung gibt den Krankenhäusern die Möglichkeit, auch sog. semi- oder teilstationäre Leistungen zu erbringen.[4] Die teilstationäre Krankenversorgung umfaßt zum einen Diagnostik und Therapie im Rahmen von Minimalpflegeeinheiten bei hotelmäßiger Unterbringung von Patienten, die für ihre Grundbedürfnisse selbst sorgen können, und zum anderen Diagnostik und Therapie im Rahmen von Tages- oder Nachtkliniken, in denen sich Patienten nur tagsüber oder bei Nacht, z. T. auch nur stundenweise, aufhalten.[5] Diese Leistungen – man findet sie bisher noch äußerst selten[6] – sind keine ambulanten, sondern *teilstationäre* Leistungen.

---

[1] Siehe hierzu Diepgen, Geschichte der Medizin, II. Bd., 2. H., 292ff.; Ackerknecht, Geschichte der Medizin, 190ff.

[2] BGBl. 1972 I, 1009 zuletzt geändert durch das Krankenhausneuordnungsgesetz vom 20. Dezember 1984, BGBl. I, 1716.

[3] Siehe § 1 Abs. 1 der Verordnung PR Nr. 7/54 über Pflegesätze von Krankenanstalten (Bundespflegesatzverordnung) vom 31. 8. 1954 (Bundesanzeiger Nr. 173 vom 9. 9. 1954); Gehrt/Schöne, Verordnung PR Nr. 7/54 über Pflegesätze von Krankenanstalten, 30ff.; RGSt 32, 255; D. Adam, Krankenhausmanagement im Konfliktfeld zwischen medizinischen und wirtschaftlichen Zielen, 37.

[4] Sie können hierfür Pflegesätze vereinbaren, § 5 Abs. 3 BPflV; siehe Adam/Stiefel, Krankenhausfinanzierungsgesetz, 13, 69ff.; W. Adam, 123.

[5] Siehe Eichhorn, Bd. I, 13.

[6] § 184 Abs. 1 RVO ermöglicht eine teilstationäre Krankenhauspflege lediglich bei psychiatrischer Behandlung.

Ambulante kassenärztliche Leistungen können die Krankenhäuser, von den genannten Ausnahmen abgesehen[7], ohne Änderung der RVO[8] weiterhin nicht erbringen, obwohl sie von der geänderten Begriffsbestimmung ebenfalls umfaßt sind. Der ambulanten Behandlung von Privatpatienten im Krankenhaus steht dagegen nichts im Wege.
Im Mittelpunkt der Krankenhausleistungen steht daher nach wie vor die vollstationäre Krankenversorgung im Rahmen der Intensiv-, Normal- und Langzeitpflegeeinheiten. Sie umfaßt Unterbringung und Versorgung, ärztliche Behandlung (Diagnostik und Therapie) und pflegerische Betreuung. In bestimmten Fällen kommen soziale Fürsorge und seelsorgerische Hilfe hinzu.[9]
Mit der Begriffsbestimmung der Krankenhäuser, wie sie das KHG vornimmt, ist der Hauptaufgabenbereich, die *Patientenbehandlung,* erfaßt. Hinzu kommen jedoch 2 weitere wesentliche Aufgabenbereiche der Krankenhäuser, nämlich die Aus- und Weiterbildung medizinischen Fachpersonals (Lehre) sowie die medizinische Forschung.[10]
Die *Aus- und Fortbildung* des ärztlichen und nichtärztlichen[11] medizinischen Personals ist aufgrund praktischer Ausbildungserfordernisse vielfach lediglich in Krankenhäusern möglich[12]. Die Ausbildung der Ärzte im Rahmen des Medizinstudiums ist dabei den Universitätskrankenhäusern, medizinischen Hochschulen, medizinischen Akademien und akademischen Lehrkrankenhäusern vorbehalten. Für die anderen Formen der Lehre bestehen keine Beschränkungen auf bestimmte Arten von Krankenhäusern.
Die medizinische *Forschung* ist ebenfalls auf die Krankenhäuser angewiesen. Hier können die für Forschungszwecke erforderlichen Daten gewonnen sowie diagnostische und therapeutische Verfahren unter kontrollierten Bedingungen erprobt werden. Planmäßig wird die medizinische Forschung nur an Universitätskliniken, medizinischen Hochschulen, medizinischen Akademien, akademischen Krankenhäusern, Spezialkliniken und Großkrankenhäusern betrieben. Dies schließt aber nicht aus, daß auch andere Krankenhäuser durch Lieferung von Informationen oder Durchführung von Tests die Forschungstätigkeit unterstützen.

II. Krankenhausarten

1. Ärztlich-pflegerische Zielsetzung

Nach der ärztlich-pflegerischen Zielsetzung werden Allgemeinkrankenhäuser und Fachkrankenhäuser unterschieden.[13]

---

[7] Siehe S. 12.
[8] Vgl. S. 16.
[9] Eichhorn, Bd. I, 13.
[10] Eichhorn, Bd. I, 13; Axtner, 21ff.
[11] Pflegepersonal, medizinisch-technische Assistenten, Diätassistenten, Krankengymnastinnen usw.
[12] Vgl. z. B. § 3 Abs. 2 ApprO i. d. F. vom 3.4.1979 (BGBl. I, 425) und § 29 UG BaWü; daneben gibt es zahlreiche Einzelerlasse und -verordnungen, mit denen geeigneten Krankenhäusern Aus- und Weiterbildungsstätten wie Schwestern- oder Schwesternhelferschulen angegliedert oder Fortbildungsmaßnahmen übertragen werden.
[13] Eichhorn, Bd. I, 33; W. Adam, 24; van Aubel/Eberhard, Krankenhauswesen, 466; R. Eichholz, Die Rechtsstellung des Belegarztes, 3; Gundermann bei Federhen (Hg.), Der Arzt des öffentlichen Gesundheitsdienstes, 593f.

a. *Allgemeinkrankenhäuser*

Allgemeinkrankenhäuser sind Krankenhäuser, die unter einer Leitung mehrere medizinische Fachgebiete vereinigen und Kranke ohne Rücksicht auf ihr Alter und die Art ihrer Erkrankung zur Diagnostik und Therapie aufnehmen. Mindestvoraussetzung ist die fachärztliche Versorgung im Bereich der allgemeinen Chirurgie und inneren Medizin. Hinzu treten je nach der Zielsetzung im Einzelfall andere ärztliche Fachdisziplinen und Fachbehandlungen[14]. Universitätskliniken, medizinische Hochschulen, medizinische Akademien und akademische Krankenhäuser sind zu den Allgemeinkrankenhäusern zu rechnen.

b. *Fachkrankenhäuser*

Fachkrankenhäuser sind entweder auf die Behandlung bestimmter Krankheitsarten oder Gruppen von Krankheitsarten der allgemeinen oder besonderen Disziplinen (chirurgische Kliniken, Entbindungskliniken, Tuberkulosekliniken, orthopädische Kliniken, usw.), auf die Behandlung von Patienten bestimmter Altersstufen (z. B. Kinderkliniken) oder auf bestimmte Behandlungsarten (Beobachtungskrankenhäuser, Versorgungskrankenhäuser, homöopathische Kliniken usw.) ausgerichtet.

2. *Verweildauer*

Nach der Verweildauer der Patienten wird zwischen Krankenhäusern für die sog. allgemeine Krankenversorgung (auch als Akutkrankenhäuser bezeichnet) und den Krankenhäusern für die sog. besondere Krankenversorgung (auch als Sonderkrankenhäuser bezeichnet) unterschieden.[15]

a. *Sonderkrankenhäuser*

Sonderkrankenhäuser sind Krankenhäuser, die zur Wiederherstellung der Gesundheit und - wenn dies nicht möglich ist - zur Linderung der Leiden oder auch zur Rehabilitation längere Behandlungszeiten benötigen. Sie sind also durch eine überwiegend lange durchschnittliche Verweildauer und in der Regel durch eine stark überörtliche Bedeutung gekennzeichnet. Man rechnet dabei die in den amtlichen bundesdeutschen Statistiken über das Gesundheitswesen ausgewiesenen Krankenhäuser für Tuberkulosekranke, Psychiatrischkranke, Neurologischkranke, Suchtkranke, Rheumakranke, Chronischkranke und die Krankenhäuser für Kurpatienten zu den Sonderkrankenhäusern.

---

[14] Entsprechend der Zahl und der Zusammensetzung der Fachdisziplinen werden verschiedene Anforderungsstufen bei den Allgemeinkrankenhäusern unterschieden; siehe S. 26.

[15] Eichhorn, Bd. I, 34ff.; W. Adam, 24; Gundermann bei Federhen (Hg.), 594.

b. Akutkrankenhäuser

Alle anderen Krankenhäuser - Allgemeinkrankenhäuser und Fachkrankenhäuser - sind den Akutkrankenhäusern zuzurechnen. Diese Krankenhäuser dienen der Behandlung von Kranken, deren Gesundheit in der Regel nach verhältnismäßig kurzer Behandlungsdauer wieder hergestellt werden kann. Sie sind also durch eine überwiegend kurze durchschnittliche Verweildauer und eine meist räumlich begrenzte Bedeutung gekennzeichnet.

3. Zahl der Krankenbetten

Nach der Zahl der Krankenbetten unterscheidet man:[16]

a) Kleinstkrankenhäuser (Kapazität: bis etwas 50 Krankenbetten),
b) Kleinkrankenhäuser (Kapazität: etwa 50–150 Krankenbetten),
c) mittlere Krankenhäuser (Kapazität: etwa 150–400 Krankenbetten),
d) größere Krankenhäuser (Kapazität: etwa 400–650 Krankenbetten),
e) Großkrankenhäuser (Kapazität: mehr als 650 Krankenbetten).

4. Krankenhausorganisation

Nach den Möglichkeiten der Krankenhausorganisation unterscheidet man sog. Anstaltskrankenhäuser und sog. Belegkrankenhäuser.[17]

a. Anstaltskrankenhäuser

Bei den Anstaltskrankenhäusern[18] umfaßt die vom Krankenhausträger bereitgestellte Leistung Unterkunft und Beköstigung, pflegerische Betreuung und ärztliche Behandlung. Die ärztliche Behandlung wird hierbei primär von hauptamtlich angestellten oder beamteten Krankenhausärzten - zumindest auch - im Auftrag des Krankenhausträgers ausgeführt.
In diesem Fall ist also mit der Verwaltung des Krankenhauses, dem pflegerischen und dem ärztlichen Bereich die gesamte Krankenhausorganisation in einer Hand vereinigt.

---

[16] Eichhorn, Bd. I, 35.

[17] Teilweise wird dieser Unterscheidung das „Privatkrankenhaus", worunter ein Krankenhaus verstanden wird, in dem ein Arzt zur Behandlung seiner Kranken selbst die dazu nötige Krankenhausorganisation schafft und unterhält (vgl. hierzu S. 22), als weitere Organisationsform hinzugefügt; so Molitor, Krankenhaus und Chefarzt, 6. Da bei diesem Krankenhaus die gesamte Versorgung in der Hand einer Person liegt, handelt es sich hier jedoch um ein Anstaltskrankenhaus mit der Besonderheit, daß sich ein Anstellungsvertrag mit dem behandelnden Arzt erübrigt, weil seine Funktionen mit denen des Krankenhausträgers zusammenfallen; so auch R. Eichholz, 6ff.

[18] Eichhorn, Bd. I, 33; R. Eichholz, 4; van Aubel/Eberhard, 466; Molitor, 9ff.

b. Belegkrankenhäuser

Bei den Belegkrankenhäusern[19] bietet der Krankenhausträger dem Patienten nur Unterkunft, Beköstigung, medizinisch-technische Einrichtungen sowie Pflege. Die ärztliche Behandlung dagegen liegt in den Händen von frei praktizierenden Fachärzten, sog. Belegärzten, die überwiegend in freier Praxis und nur z. T. in der Krankenhausversorgung tätig sind (vgl. § 2 Abs. 3 BPflV).
Während in diesem Fall nur der technisch-wirtschaftlich-pflegerische Bereich in der Hand des Krankenhausträgers liegt, untersteht der ärztliche Bereich einem selbstständigen Arzt, so daß die Organisation gleichsam auf 2 verschiedene Träger verteilt ist. Es tritt hier also eine Aufspaltung der Krankenhausorganisation ein.

c. Mischformen

Die Typen Anstaltskrankenhaus und Belegkrankenhaus können auch miteinander verbunden werden.[20] So ist es beispielsweise in einem Anstaltskrankenhaus möglich, daß einzelne Abteilungen als „Belegabteilungen" geführt werden. Umgekehrt ist es möglich, daß der Träger eines Belegkrankenhauses in einer Abteilung mit Hilfe eines angestellten Arztes auch die ärztliche Behandlung als eigenen Aufgabenbereich übernimmt.
Wenn auch im Einzelfall in den Krankenhäusern unklare Regelungen über die Frage bestehen mögen, ob die ärztliche Behandlung anstaltsmäßig oder belegärztlich durchgeführt wird, ist beides doch immer streng zu trennen.
Krankenhäuser, die ausschließlich als Belegkrankenhäuser organisiert sind, gibt es heutzutage nur noch vereinzelt. Denn für die medizinischen Hauptgebiete (innere Medizin und Chirurgie) stehen in den Krankenhäusern regelmäßig so hohe Bettenzahlen zur Verfügung, daß die feste Anstellung von Krankenhausärzten geboten ist. Die Tätigkeit der Belegärzte besteht daher hauptsächlich in der Betreuung kleiner Krankenhausabteilungen, v. a. an mittleren Anstaltskrankenhäusern, bei denen nur die Hauptabteilungen mit angestellten Ärzten besetzt sind. Damit ist ihre Tätigkeit gleichzeitig in fachlicher Hinsicht eingeschränkt. Nur in Ausnahmefällen arbeiten Belegärzte auf den Gebieten der inneren Medizin oder Chirurgie. In der Regel werden sie als sog. Organfachärzte in bestimmten kleineren Fachdisziplinen (Hals, Nasen, Ohren, Augen, Haut usw.) tätig und nehmen auch hier nur einen kleineren Ausschnitt dieser Fachrichtungen wahr. Denn mit der ambulanten Praxis ist heute eine stationäre Tätigkeit nur in leichteren, häufiger vorkommenden Krankheitsfällen vereinbar.

---

[19] Eichhorn, Bd. I, 33; R. Eichholz, 4; van Aubel/Eberhard, 466; Molitor, 8ff.; Schmelcher bei Kuhns I, 180ff.
[20] R. Eichholz, 5, 11ff.; Molitor, 27ff.; Schmelcher bei Kuhns I, 180.

III. Rechtsnatur der Krankenhausträger

Nach der Rechtsnatur der Krankenhausträger unterscheidet man öffentliche und private Krankenhäuser.[21]

1. Öffentliche Krankenhäuser

Die öffentlichen Krankenhäuser werden von Gebietskörperschaften (z. B. Bund, Land, Kreis, Gemeinde), von Zusammenschlüssen solcher Körperschaften (Arbeitsgemeinschaften, Zweckverbände) sowie von Sozialversicherungsträgern (unter anderem Landesversicherungsanstalten, Berufsgenossenschaften) betrieben. Diese Träger nehmen als Körperschaften des öffentlichen Rechts die Einrichtung und Unterhaltung von Krankenhäusern aus der öffentlich-rechtlichen Bindung gegenüber dem Wohl ihrer Mitglieder im Rahmen ihrer Selbstverwaltungsaufgaben oder im Rahmen der mittelbaren Staatsverwaltung - also aus wohlfahrtsstaatlichen Gesichtspunkten - vor. Ihr Anteil am Gesamtbestand der Krankenhausbetriebe ist derzeit der größte in Deutschland.

2. Private Krankenhäuser

Die Privatkrankenhäuser werden von natürlichen oder juristischen Personen des Privatrechts, Korporationen oder Vereinen getragen.
Soweit sie gewerbsmäßig (d. h. mit Gewinnerzielungsabsicht) betrieben werden, bedürfen sie gemäß § 30 Gewerbeordnung einer Konzession der zuständigen höheren Verwaltungsbehörde.[22] Träger dieser Krankenhäuser sind häufig Ärzte oder Zusammenschlüsse von Ärzten, bei denen unternehmerische Erwägungen im Vordergrund stehen. Ihr Anteil am Gesamtbestand der Krankenhausbetten ist zwar gering, steigt aber in jüngster Zeit merkbar an.
Daneben gibt es eine große Anzahl von Privatkrankenhäusern, die nicht gewerbsmäßig betrieben werden, sondern ausschließlich gemeinnützigen, wohltätigen oder wissenschaftlichen Zwecken dienen. Sie bedürfen nach geltendem Recht keiner Konzession

---

[21] Die herkömmliche Einteilung in öffentliche, private und frei gemeinnützige Krankenhäuser (so Statistisches Jahrbuch für die Bundesrepublik Deutschland 1973, 69; Rohde, Soziologie des Krankenhauses, 428ff.; Gundermann bei Federhen (Hg.), 592; Bachof/Scheuing, Krankenhausfinanzierungsgesetz und Grundgesetz, 10ff.; van Aubel/Eberhard, 465ff.; Kurzawa, VersR 1977, 799; W. Adam, 19ff.; Hanisch, Verfassungswidrige Benachteiligung privater und frei gemeinnütziger Krankenanstalten durch das Krankenhausfinanzierungsgesetz, ArztR 1974, 117ff.) ist - wie sich aus den folgenden Ausführungen ergibt - unzutreffend; vgl. insoweit auch R. Eichholz, 1ff.; Eichhorn, Bd. I, 14ff.

[22] Siehe hierzu Fröhler/Kormann, Gewerbeordnung, Anm. 1ff. zu § 30; Landmann-Rohmer, Gewerbeordnung, Bd. I, Anm. 1ff. zu § 30.

gemäß § 30 Gewerbeordnung[23]. Ihre Träger sind i. allg. Kirchengemeinden, religiöse Gemeinschaften, kirchliche oder weltliche Stiftungen, Gesellschaften, gemeinützige Vereine und dergleichen. Sie übernehmen die Aufgaben der Einrichtung und Unterhaltung von Krankenhäusern freiwillig aus religiösen, karitativen oder humanitären Gründen und sind gemäß §§ 51ff. Abgabenordnung steuerbegünstigt.
Schließlich sind Privatkrankenhäuser vorhanden, die zwar steuerrechtlich als gemeinnützig anerkannt sind, aber dennoch mit Gewinnerzielungsabsicht, d. h. gewerbsmäßig betrieben werden und deshalb einer Konzession nach § 30 Gewerbeordnung bedürfen. Die Begriffe Gemeinnützigkeit und Nichtgewerbsmäßigkeit sind nicht identisch.[24]

IV. Sicherstellung der Krankenhausversorgung

Die Bevölkerung hat Anspruch auf Gesundheitsfürsorge und Krankenversorgung. Es ist Aufgabe des Staates, jederzeit eine bedarfsgerechte Versorgung der Bevölkerung mit leistungsfähigen Krankenhäusern zu möglichst gleichen Bedingungen zu gewährleisten.
Diese Forderung schließt zum einen die Frage der Bereitstellung von Krankenhausbetten in ausreichender Anzahl ein, zum anderen die Frage der finanziellen Erschwinglichkeit und schließlich die Frage der räumlichen Erreichbarkeit der Krankenhausleistungen. Während die Forderung der Bereitstellung von Krankenhausbetten die Frage betrifft, wer zum Bau und zur Unterhaltung von Krankenhäusern verpflichtet ist, findet die Forderung nach gleichwertiger räumlicher Erreichbarkeit der Krankenhausleistungen in dem Gesamtkomplex der „regionalen Krankenhausplanung" und die Forderung nach gleichwertiger finanzieller Erschwinglichkeit in den Überlegungen der „Krankenhausfinanzierung" ihren Niederschlag.

1. Verpflichtungen zum Bau und zur Unterhaltung von Krankenhäusern

Gesetzliche Vorschriften, die Bund, Länder, Gemeinden, Gemeindeverbände oder Kreise verpflichten, Krankenhäuser zu bauen oder zu unterhalten, bestehen in der Bundesrepublik Deutschland nur in beschränktem Umfang.[25]

---

[23] Da es unter den heute gegebenen Verhältnissen im Krankenhauswesen aus gesundheitspolitischen Gründen nicht mehr gerechtfertigt ist, die Konzessionsfreiheit von dem Kriterium der fehlenden Gewinnerzielungsabsicht abhängig zu machen (vgl. hierzu VG Neustadt DVBl. 1976, 683), ist insoweit eine gesetzliche Neuregelung dringend erforderlich. Eine erweiternde Auslegung des § 30 GewO dahingehend, daß alle privaten Krankenhäuser unterschiedslos von der Konzessionspflicht erfaßt werden (so Horn, DVBl. 1976, 684ff.; das VG Neustadt DVBl. 1976, 683, hat diese Frage ausdrücklich offen gelassen) dürfte nicht möglich sein, weil zu dem Gewerbebegriff, der für das gesamte Gewerberecht gilt, die Gewinnerzielungsabsicht als typisches Merkmal gehört; s. Landmann-Rohmer, Anm. 9a zu § 30 GewO; Braun, Die ärztliche Praxis und die Privatkrankenanstalt des § 30 GewO, NJW 1985, 2739.

[24] So zutreffend VG Neustadt DVBl. 1976, 683; vgl. auch van Aubel/Eberhard, 466 und § 10 Abs. 1 Nr. 2 der Gemeinnützigkeitsverordnung vom 24. 12. 1953 (BGBl. I, 1592), der die steuerliche Vergünstigung davon abhängig machte, daß eine Konzession erteilt ist; diese Vorschrift ist allerdings mit der neuen Abgabenordnung außer Kraft getreten.

[25] Vgl. W. Adam, 21ff.; van Aubel/Eberhard, 767ff.

Nach § 37 Abs. 5 Bundesseuchengesetz[26] haben die Gemeinden oder Gemeindeverbände dafür zu sorgen, daß die notwendigen Räume, Einrichtungen und Transportmittel zur Durchführung von Absonderungsmaßnahmen außerhalb der Wohnung zur Verfügung stehen. Die Räume und Einrichtungen zur Absonderung in einem geschlossenen Krankenhaus oder einem abgeschlossenen Teil eines Krankenhauses sind nötigenfalls von den Ländern einzurichten und zu unterhalten. Das Gesetz zur Bekämpfung der Geschlechtskrankheiten[27] enthält ähnlich lautende Vorschriften.
Das Gesetz zur wirtschaftlichen Sicherung der Krankenhäuser und zur Regelung der Krankenhauspflegesätze - KHG - vom 29. 6. 1972[28] hat dagegen keine Verpflichtung zum Bau und zur Unterhaltung von Krankenhäusern gebracht. Länder und - je nach landesrechtlichen Vorschriften - ggf. auch die Gemeinden und die Gemeindeverbände sind jedoch verpflichtet, Krankenhäuser - auch nicht öffentliche - durch Übernahme von Investitionskosten öffentlich zu fördern.
Auch in den Landkreis- und Gemeindeordnungen der Länder sind in der Regel keine Vorschriften über die Verpflichtung zum Bau und zur Unterhaltung von Krankenhäusern zu finden. Lediglich Artikel 51 Abs. 3 der Landkreisordnung für den Freistaat Bayern in der Fassung vom 26. 10. 1982 verpflichtet die Landkreise, unbeschadet bestehender Verbindlichkeiten Dritter, die erforderlichen Krankenhäuser zu errichten und zu unterhalten.
Die im Anschluß an das Gesetz zur wirtschaftlichen Sicherung der Krankenhäuser und zur Regelung der Krankenhauspflegesätze des Bundes erlassenen Krankenhausgesetze der Länder enthalten dagegen regelmäßig Vorschriften über die Verpflichtung zum Bau und zur Unterhaltung von Krankenhäusern.

2. *Regionale Krankenhausplanung*

Ausgangspunkt für das Krankenhauswesen in der Bundesrepublik Deutschland sind die isoliert und unkoordiniert entstandenen Krankenhäuser, Pflegeheime und Siechenheime des Mittelalters[29]. Mit Beginn des 20. Jahrhunderts wurde dann auf Initiative öffentlicher und gemeinnützig-privater Krankenhausträger eine Vielzahl vorzugsweise kleiner Krankenhäuser errichtet.[30] Zielsetzung und Standard dieser in der Regel ebenfalls einzeln betriebenen Krankenhäuser wurde fast ausschließlich von der Initiative und den Vorstellungen der jeweiligen Krankenhausträger oder der im Krankenhaus tätigen Ärzte bestimmt.
Die Folge davon ist, daß es heute nicht so sehr an einer ausreichenden Zahl von Krankenbetten mangelt, sondern vielmehr an einer zweckmäßigen regionalen Streu-

---

[26] Gesetz zur Verhütung und Bekämpfung übertragbarer Krankheiten beim Menschen (Bundesseuchengesetz) vom 18. 7. 1961, BGBl. 1961 I, 1012.
[27] Gesetz zur Bekämpfung der Geschlechtskrankheiten vom 23. 7. 1953, BGBl. 1953 I, 700.
[28] BGBl. 1972 I, 1009, zuletzt geändert durch das Krankenhausneuordnungsgesetz vom 20. Dezember 1984, BGBl. I, 1716.
[29] Siehe hierzu Fischer, Geschichte des deutschen Gesundheitswesens, Bd. I, 24ff., 47ff., 75ff.; Diepgen, I. Bd., 226; Ackerknecht, 85.
[30] Fischer, Bd. II, 338ff.; Diepgen, II. Bd., 1. H., 208ff., 2. H., 281ff.; Ackerknecht, 128ff.

ung und Koordinierung der Fachbetten und der dazugehörigen Einrichtungen für Diagnostik und Therapie in den einzelnen Krankenhäusern. Die Aufgaben, die Diagnostik und Therapie dem Krankenhaus schon heute stellen und morgen in verstärktem Umfang stellen werden, sind nämlich so vielseitig und differenziert, daß sie weder in medizinischer noch in wirtschaftlicher Hinsicht von jedem einzelnen Krankenhaus optimal erbracht werden können. Daraus folgt, daß es bei der Beurteilung der Frage, ob die Krankenhausversorgung in einem bestimmten Gebiet ausreichend sichergestellt ist, nicht genügt, die in den einzelnen Krankenhäusern vorgehaltenen Betten allein in ihrer Addition zu sehen. Mindestens ebenso entscheidend ist, daß die einzelnen Krankenhäuser in diagnostischer und therapeutischer Hinsicht so aufeinander abgestimmt sind, daß innerhalb ihres Verbundes sowohl die Behandlung leichterer als auch schwerster Krankheiten optimal möglich ist.

So gesehen kommt der regionalen Krankenhausplanung,[31] die im Krankenhausfinanzierungsgesetz des Bundes erstmals normiert wurde, eine immer größer werdende Bedeutung zu. Nach § 6 KHG stellen die Länder Krankenhauspläne und Investitionsprogramme auf. Einzelheiten dieser staatlichen Krankenhausplanung auf Länderebene werden in den Krankenhausgesetzen der Länder geregelt.

Die regionale Krankenhausplanung hat das Ziel, die auf einen übersehbaren Zukunftsbedarf ausgerichtete Krankenhausversorgung sicherzustellen, und zwar in einem Netz gleichmäßig über das Versorgungsgebiet verteilter, sich ergänzender, leistungsfähiger Krankenhäuser. Die Minimalanforderungen, die Diagnostik und Therapie jeweils stellen, müssen von jedem Krankenhaus erfüllt werden, die Maximalanforderungen indes nur von der Gesamtheit des Krankenhausgefüges.

Das Gesamtangebot an Krankenbetten soll dabei regional dergestalt verteilt werden, daß die verschiedenartigen Leistungen der Krankenversorgung für alle Bewohner der Region gleichermaßen gut und schnell erreichbar sind, wobei die einzelnen Krankenhäuser so strukturiert sein sollen, daß sie ärztlich-pflegerisch voll effizient sind, gleichzeitig aber auch dem Gebot der Wirtschaftlichkeit entsprechen.

Zur Erreichung dieser Zielsetzung müssen die einzelnen Krankenhäuser innerhalb der Versorgungsräume so gestuft sein, daß sowohl die Behandlung leichterer als auch die schwerster Erkrankungen sichergestellt ist. Diese Stufung muß einerseits zu verhindern suchen, daß Leistungen, die von einem kleineren, weniger aufwendigen Krankenhaus erbracht werden können, in ein großes, zwangsläufig teurer arbeitendes Krankenhaus verlagert werden, andererseits aber auch, daß sich ein kleineres Krankenhaus für nur hin und wieder dort vorkommende schwierige Leistungen Ausrüstungen beschafft, die seine Kosten in die Höhe treiben müssen. Hierfür hat man verschiedenartige Krankenhaustypen unterschiedlicher Anforderungsstufen, differenziert nach Art und Zahl der Fachbereiche, Fachdisziplinen und Fachbehandlungen sowie nach Bettenkapazitäten entwickelt, wobei die speziellen Fachdisziplinen und Spezialbehandlungen in den Krankenhaustypen der oberen und mittleren Anforderungsstufe und die allgemeinen Fachdisziplinen und Fachbehandlungen in den Krankenhaustypen der unteren Anforderungsstufe zusammengefaßt werden.

---

[31] Siehe ausführlich hierzu Eichhorn, Bd. I, 92ff.; W. Adam, 36ff.; vgl. auch Borchmann, Die neuen Kostendämpfungsgesetze im Gesundheitswesen, NJW 1972, 677 (680), Vollmer, Die Reform des Krankenhausfinanzierungsrechts, NJW 1985, 2161 (2165).

Man unterscheidet bei den Allgemeinkrankenhäusern danach gewöhnlich folgende Anforderungsstufen:

- örtliche Versorgungsstufe (Grundversorgung und Regelversorgung),
- überörtliche Versorgungsstufe (Zentralversorgung und Maximalversorgung[32]).

3. *Krankenhausfinanzierung*

a. *Allgemeines*

Die Krankenhausfinanzierung in der Bundesrepublik Deutschland wurde in den Jahren 1972/73 durch das Gesetz zur wirtschaftlichen Sicherung der Krankenhäuser und zur Regelung der Krankenhauspflegesätze (Krankenhausfinanzierungsgesetz – KHG) vom 29. 6. 1972[33] und durch die Verordnung zur Regelung der Krankenhauspflegesätze (Bundespflegesatzverordnung – BPflV) vom 25. 4. 1973[34] neu geregelt.
Vorausgegangen war eine am 12. 5. 1969 wirksam gewordene Grundgesetzänderung,[35] wodurch die konkurrierende Gesetzgebungszuständigkeit für die „wirtschaftliche Sicherung der Krankenhäuser und die Regelung der Krankenhauspflegesätze" durch Einführung von Art. 74 Nr. 19a GG dem Bund übertragen wurde. Damit war die Voraussetzung für eine bundeseinheitliche Regelung der Krankenhausfinanzierung geschaffen.
Diese Neuregelung der Krankenhausfinanzierung war notwendig geworden, nachdem sich die wirtschaftliche Situation der Krankenhäuser nach dem 2. Weltkrieg ständig verschlechtert hatte. Die Ursachen hierfür[36] lagen zum einen in der Überalterung der meisten Krankenhäuser und den ständig wachsenden Sach- und Personalkosten, die v. a. auf die rasche Entwicklung der modernen Medizin zurückzuführen sind, und zum anderen aber auch in dem unzulänglichen Finanzierungssystem der Bundespflegesatzverordnung vom 31. 8. 1954[37].
Aber auch das Krankenhausfinanzierungsgesetz vom 29. 6. 1972[38] und die Bundespflegesatzverordnung vom 25. 4. 1973,[39] die gewiß wesentlich zur Erneuerung der Krankenhäuser und zu beachtlichen Fortschritten in der deutschen Krankenhausmedizin beigetragen haben, haben – trotz Novellierung durch das Krankenhauskostendämpfungsgesetz (KHKG) vom 22. 12. 1981[40] – noch keine dauerhafte Lösung der Kosten-

---

[32] Zur ärztlich-pflegerischen Zielsetzung und zur Mindestbettenzahl dieser 4 Krankenhaustypen der allgemeinen Krankenversorgung siehe Eichhorn, Bd. I, 98ff.; vgl. auch W. Adam, 37.
[33] BGBl. 1972 I, 1009.
[34] BGBl. 1973 I, 333.
[35] BGBl. 1969 I, 363.
[36] Siehe hierzu Bachof-Scheuing, Krankenhausfinanzierung und Grundgesetz, 10ff.; Küchenhoff, Krankenhausfinanzierungsgesetz und Bundespflegesatzverordnung, Die Sozialgerichtsbarkeit 1973, 341; W. Adam, 120; Adam/Stiefel, Krankenhausfinanzierungsgesetz, 10; Brandecker, Zur Reform des Krankenhauswesens, 8ff.; Jung, Krankenhausfinanzierungsgesetz, 1f.
[37] Verordnung PR Nr. 7/54 über Pflegesätze von Krankenanstalten vom 31. 8. 1954, Bundesanzeiger Nr. 173 vom 9. 9. 1954; s. hierzu Brandecker, 18ff.
[38] BGBl. 1972 I, 1009.
[39] BGBl. 1973 I, 333.
[40] BGBl. 1981 I, 1568; siehe hierzu Jung, KHG, 17ff.; Vollmer, NJW 1985, 2161ff.

und Finanzierungsprobleme im Krankenhausbereich gebracht; im Gegenteil, die zu Beginn der 70er Jahre einsetzende „Leistungs- und Kostenexplosion im Gesundheitswesen" wurde, anstatt gebremst zu werden, sogar noch nachhaltig gefördert.[41] Deshalb war eine erneute Reform des Krankenhausfinanzierungsrechts dringend geboten. Mit dem stufenweise zum 1. 1. 1985 und 1. 1. 1986 in Kraft getretenen Gesetz zur Neuordnung der Krankenhausfinanzierung (Krankenhausneuordnungsgesetz - KHNG -) vom 20. 12. 1984[42] und der am 1. 1. 1986 in Kraft getretenen Neufassung der Verordnung zur Regelung der Krankenhauspflegesätze (Bundespflegesatzverordnung - BPflV) vom 21. 8. 1985[43] soll nunmehr insbesondere durch eine Stärkung der Selbstverwaltung der Beteiligten (Krankenhäuser und Krankenkassen) der Kostenexpansion im Krankenhaus entgegengewirkt werden.

Das KHG[44] regelt die Krankenhausfinanzierung in dualistischer Form[45]. Die Investitionskosten der Krankenhäuser werden durch öffentliche Fördermittel aufgebracht, während die laufenden Benutzungskosten über die Pflegesätze von den Benutzern (Patienten) bzw. von den für sie eintretenden Sozialversicherungs- und Sozialleistungsträgern getragen werden. Lediglich § 18 b KHG gibt den Krankenkassen und Krankenhäusern durch den Abschluß von Investitionsverträgen, die allerdings der Zustimmung der zuständigen Landesbehörde bedürfen, die Möglichkeit, insbesondere Rationalisierungsinvestitionen ganz oder teilweise durch einen Zuschlag auf den Pflegesatz zu finanzieren.

Oberster Grundsatz der Finanzierung ist das Gebot des § 4 S. 2 KHG, wonach die öffentlichen Fördermittel und die Erlöse aus den Pflegesätzen zusammen die vorauskalkulierten Selbstkosten eines sparsam wirtschaftenden und leistungsfähigen Krankenhauses decken müssen.

Dieses Prinzip der Selbstkostendeckung ist finanzpolitisch erforderlich, um eine gesunde Entwicklung der Finanzlage der Krankenanstalten zu gewährleisten. Es wird aber auch verfassungsrechtlich als geboten erachtet, um den Eingriff in das Eigentum der Krankenhausträger auszugleichen, der in einer isolierten, die Selbstkosten des Krankenhauses nur teilweise deckenden Pflegesatzregelung liegen würde.[46]

b. Öffentliche Förderung der Krankenhäuser

Die öffentliche Förderung der Krankenhäuser erfolgt durch Übernahme der Investitionskosten (§ 4 KHG). Zu den Investitionskosten gehören gemäß § 2 Nr. 2 KHG neben den Kosten der Errichtung (Neubau, Umbau, Erweiterungsbau) der Krankenhäuser und den Kosten der Anschaffung der Wirtschaftsgüter (mit Ausnahme der Verbrauchsgüter) auch die Kosten der Wiederbeschaffung der Anlagegüter sowie die gemäß § 2 Nr. 3 KHG diesen gleichstehenden Kosten.

---

[41] Vgl. Jung, KHG, 4ff.; Vollmer, NJW 1985, 2161ff.

[42] BGBl. 1984 I, 1716; siehe hierzu Jung, KHG, 32ff., Vollmer, NJW 1985, 2163ff.

[43] BGBl. 1985 I, 1666; siehe hierzu Jung, BPflV 86, 37ff., insb. 50ff.; Vollmer, NJW 1985, 2167f.

[44] Vom 29. 6. 1972 (BGBl. 1972 I, 1009), zuletzt geändert durch das Krankenhausneuordnungsgesetz vom 20. 12. 1984 (BGBl. 1984 I, 1716).

[45] Siehe hierzu W. Adam, 121ff.; Küchenhoff, Die Sozialgerichtsbarkeit, 341ff., insb. 342; Adam/Stiefel, 11ff.; Borchmann, NJW 1972, 677 (679); Jung, KHG, 45ff.; Vollmer, NJW 1985, 2161ff.

[46] Bachof-Scheuing, 26ff., insb. 48; Adam/Stiefel, 85; Vollmer, NJW 1985, 2164.

Die Mittel für die öffentliche Förderung der Krankenhäuser werden allein von den Ländern aufgebracht;[47] diese sind nach § 9 KHG zur Förderung der Investitionskosten verpflichtet[48]. Die Fördermittel sind dabei nach Maßgabe des Krankenhausfinanzierungsgesetzes und des Landesrechts so zu bemessen, daß sie die förderungsfähigen und unter Beachtung betriebswirtschaftlicher Grundsätze notwendigen Investitionskosten decken (§ 8 Abs. 5 KHG). Das Nähere zur Förderung wird durch Landesrecht bestimmt (§ 11 KHG).
Die nach dem Krankenhausfinanzierungsgesetz förderungsfähigen Krankenhäuser[49] werden indessen effektiv nur dann gefördert, wenn sie in den Krankenhausplan eines Landes bzw. in das Investitionsprogramm aufgenommen worden sind, und wenn die zuständige Behörde ihre Aufnahme in den Krankenhausplan festgestellt hat; in diesem Fall besteht dann jedoch ein ausdrücklicher Rechtsanspruch der Krankenhäuser auf Förderung (§ 8 Abs. 1 KHG).
Die Krankenhausplanung[50] ist danach der Dreh- und Angelpunkt der öffentlichen Förderung der Krankenhäuser[51].

c. Regelung der Krankenhauspflegesätze

Das Pflegesatzwesen wird im KHG nur in groben Umrissen geregelt (§§ 16–20 KHG); die ins einzelne gehende Pflegesatzregelung findet sich in der Bundespflegesatzverordnung vom 21. 8. 1985.
Nach der gesetzlichen Definition des § 2 Nr. 4 KHG sind Pflegesätze „die Entgelte der Benutzer oder ihrer Kostenträger für stationäre und teilstationäre Leistungen des Krankenhauses“. Sie sind gemäß § 17 KHG für alle Benutzer – einerlei ob es sich hierbei um selbstzahlende oder sozialversicherte Patienten handelt – nach einheitlichen Grundsätzen zu bemessen.[52] Die Leistungen des Krankenhauses sind überdies grundsätzlich als Gesamtleistungen anzubieten und zu gewähren. Für die Gesamtheit dieser Leistungen sind Pflegesätze zu vereinbaren, die – sofern nicht die Ausnahmetatbestände der §§ 7 und 8 BPflV gegeben sind – ohne jeden Zuschlag gegenüber allen Krankenhauspatienten zu berechnen sind. In diesen Pflegesätzen sollen alle für die Versorgung des Patienten erforderlichen Kosten einer stationären oder teilstationären Behandlung als Kosten der allgemeinen Krankenhausleistungen zusammengefaßt werden (§ 3 Abs. 2 BPflV). Zu diesen gehören die Kosten der ärztlichen Leistungen, die

---

[47] Die im Krankenhausfinanzierungsgesetz 1972 normierte, gemeinsame Finanzierung der Krankenhausinvestitionen durch Bund und Länder (Mischfinanzierung) wurde durch das Krankenhausneuordnungsgesetz (KHNG) vom 20. 12. 1984 (BGBl. I, 1716) aufgelöst; siehe hierzu Jung, KHG, 4, 45; Vollmer, NJW 1985, 2161ff.

[48] Zu den Fördertatbeständen im einzelnen siehe Vollmer, NJW 1985, 2164.

[49] Siehe S. 32f.

[50] Siehe S. 24ff.

[51] Zu den weiteren Einzelheiten der Investitionsförderung siehe ausführlich: Adam/Stiefel, 14ff.; W. Adam, 124ff.; Küchenhoff, Die Sozialgerichtsbarkeit, 341ff., insb. 342ff.; Vollmer, NJW 1985, 2161ff. (2164).

[52] Diese Regelung steht im Gegensatz zur Bundespflegesatzverordnung vom 31. 8. 1957, die nur die Pflegesätze für die allgemeine (3.) Pflegeklasse regelte (§ 1 BPflV a. F.); vgl. Diederichsen, Die Vergütung ärztlicher Leistungen im Krankenhaus, 135f.; Brandecker, 25.

die vom Krankenhaus angestellten Ärzte (nicht die Belegärzte) erbringen, die Kosten der Pflege, der Versorgung mit Arzneimitteln, der Verpflegung, der Unterkunft, der Nebenleistungen und der sonstigen stationären und teilstationären Leistungen des Krankenhauses. Eingeschlossen sind auch die Kosten für Leistungen von nicht am Krankenhaus angestellten Konsiliarärzten[53] sowie für Leistungen fremder Untersuchungsstellen (§ 2 BPflV).

Für jedes Krankenhaus wird ein allgemeiner Pflegesatz vereinbart (§ 5 Abs. 1 BPflV). An seiner Stelle können aber auch besondere Pflegesätze für bestimmte Abteilungen oder besondere Einrichtungen des Krankenhauses, in denen die Kosten der Patientenversorgung erheblich von den durchschnittlichen Kosten abweichen, vereinbart werden. § 5 Abs. 2 BPflV führt in einem nicht abgeschlossenen Katalog als Beispiele u. a. die Behandlung von Querschnittsgelähmten, Schwerbrandverletzten und Kindern mit Krebserkrankungen sowie die Versorgung von psychisch Kranken, chronisch Kranken und Langzeitkranken an. Soweit die durch den allgemeinen Pflegesatz oder einen besonderen Pflegesatz zu vergütenden Leistungen teilstationär erbracht werden, sind entsprechende Pflegesätze zu vereinbaren (§ 5 Abs. 3 BPflV).

Neben den allgemeinen oder besonderen Pflegesätzen nach § 5 BPflV können darüber hinaus für besonders teure, in § 6 BPflV beispielhaft aufgeführte Leistungen (z. B. Herzoperationen, Transplantationen, Replantationen von Gliedmaßen, Implantationen) Sonderentgelte vereinbart werden.

Die Pflegesätze werden zwischen dem Krankenhausträger und den Sozialleistungsträgern vereinbart (§ 18 Abs. 1 KHG).[54] Können die Vertragsparteien sich nicht einigen, werden die Pflegesätze durch eine von beiden Seiten gebildete, paritätisch besetzte Schiedsstelle mit einem neutralen Vorsitzenden festgesetzt, dessen Stimme bei Stimmengleichheit den Ausschlag gibt (§§ 18 Abs. 4, 18 a KHG). Die vereinbarten oder von der Schiedsstelle festgesetzten Pflegesätze bedürfen der Genehmigung durch die zuständige Landesbehörde (§ 18 Abs. 5 KHG).[55]

Individuelle Wünsche der Krankenhauspatienten, die über das Angebot der allgemeinen Krankenhausleistungen hinausgehen, können unter der Voraussetzung berücksichtigt werden, daß hierdurch die Gewährung der allgemeinen Krankenhausleistungen nicht beeinträchtigt wird.[56] Solche individuellen Wünsche werden insbesondere auf die Behandlung durch einen bestimmten Arzt (meist den Chefarzt), auf eine besondere Verpflegung oder auf die Unterbringung in einem Ein- oder Zwei-Bett-Zimmer gerichtet sein. Will ein Krankenhaus die auf die individuellen Wünsche der Krankenhauspatienten abgestellten zusätzlichen[57] Leistungen erbringen, muß es dies der

---

[53] Vgl. S. 45.

[54] Die Vertragsparteien vereinbaren dabei gemäß § 3 Abs. 1 BPflV einen Gesamtbetrag, das sog. Budget nach § 4 BPflV, die Pflegesätze nach § 5 BPflV, durch die das Budget den Patienten oder ihren Kostenträgern anteilig berechnet wird, und – außerhalb des Budgets – die Sonderentgelte nach § 6 BPflV. Vgl. hierzu ausführlich Vollmer, NJW 1985, 2166ff.; Jung, BPflV 86, 59ff.; Lenz, Zur Rechtsnatur der Rechtsbeziehungen zwischen Krankenhäusern und gesetzlichen Krankenkassen, NJW 1985, 649ff. (653f.); Zuck/Quaas, Rechtsprobleme des Pflegesatzverfahrens, NJW 1987, 687ff.

[55] Vgl. hierzu ausführlich Vollmer, NJW 1985, 2166f.; Jung, BPflV 86, 69ff.; Zuck/Quaas, NJW 1987, 690f.

[56] Siehe hierzu Diederichsen, 95ff.

[57] Zur Frage, ob gesondert berechenbare ärztliche Leistungen tastsächlich zusätzlich zu den ärztlichen Leistungen des Krankenhauses erbracht werden, siehe S. 83.

zuständigen Behörde mitteilen[58]. Ist darüber hinaus die zusätzliche Leistung zwischen dem Patienten und dem Krankenhausträger vereinbart worden, können diese Leistungen neben dem Pflegesatz „gesondert" berechnet werden (§ 7 BPflV).
Die Erfüllung von Sonderwünschen hinsichtlich der Krankenhausleistungen kann von dem Patienten also unter den genannten Voraussetzungen „hinzugekauft" werden. Wichtig dabei ist, daß die Unterbringung in einem Ein- oder Zweibettzimmer nicht mit der Privatliquidation für ärztliche Leistungen gekoppelt werden darf. Nach § 7 Abs. 4 BPflV besteht insoweit ein strenges „Entkoppelungsgebot"[59]. Im Gegensatz zur ständigen Praxis vor Inkrafttreten des KHG und der BPflV vom 25. April 1973, wonach dem Patienten Sonderleistungen nur gewährt wurden, wenn er sich zugleich vom Chefarzt behandeln ließ und sich dessen Liquidationsrecht unterwarf, kann sich der Patient danach heute auch in einem Ein- oder Zweibettzimmer unterbringen lassen, ohne eine zusätzliche, liquidationsbehaftete ärztliche Leistung in Anspruch zu nehmen. Die Frage, ob umgekehrt ein Patient in einem Mehrbettzimmer die ärztliche Leistung eines Arztes zusätzlich beanspruchen kann, falls er bereit ist, den liquidationsberechtigten Arzt „gesondert" zu vergüten (sog. „große Entkoppelung"), ist im KHG und in der Bundespflegesatzverordnung nicht geregelt, sondern der Entscheidung des einzelnen Krankenhausträgers überlassen worden.[60] Das einzelne Krankenhaus hat also – soweit die Landesgesetze nichts anderes bestimmen[61] – nach wie vor die Möglichkeit, dem Patienten die liquidationsberechtigte Leistung des Arztes nur verbunden mit der Unterkunft in einem Ein- oder Zweibettzimmer anzubieten (sog. „kleine" oder „mittlere" Entkoppelung[62]).
Der Patient kann jedoch, wenn er eine gesondert berechenbare ärztliche Leistung als Sonderleistung wünscht, diese nicht auf die Tätigkeit eines einzelnen liquidationsberechtigten Arztes des Krankenhauses beschränken. Er muß vielmehr die Arztbehandlung als Gesamtleistung des Ärzteteams in Form einer Bündelung in Anspruch nehmen (sog. „Bündelungs"- oder „Ankoppelungsprinzip", § 7 Abs. 3 BPflV).[63] Die mitbehandelnden leitenden Krankenhausärzte (z. B. der Röntgen-, Narkose- oder Laborarzt) sind daher ebenfalls berechtigt, ihm gegenüber zu liquidieren.

---

[58] Siehe hierzu Diederichsen, 90f., 94.

[59] Siehe hierzu Busse, Die Pflegesatzverordnung und das Liquidationsrecht der leitenden Krankenhausärzte, ArztR 1972, 185ff.; Uhlenbruck, Die rechtlichen Auswirkungen der neuen Bundespflegesatzverordnung auf den Krankenhausaufnahmevertrag, NJW 1973, 1399ff., insb. 1400ff.; Küchenhoff, Die Rechtsstellung des Chefarztes im neuen Krankenhausrecht, Med. Klinik 1974, 115ff.; Wirzbach, Die finanzielle Sicherung der Krankenhäuser, Arbeit und Sozialpolitik 1973, 111ff.; Brandecker/Wilhelmy/Willner, Die innere Struktur des Krankenhauses, 39ff.; Brandecker, 35ff.; Diederichsen, 97ff.

[60] So auch Diederichsen, 99f.; Busse, ArztR 1972, 186; Uhlenbruck, NJW 1973, 1400f.; Wirzbach, Arbeit und Sozialpolitik 1973, 112f.; Küchenhoff, Med. Klinik 1974, 115f.

[61] Das KrankenhausG Ba-Wü vom 16. 12. 1975 (Gesetzbl. BW S. 838) hat das Organisationsrecht der Krankenhausträger insoweit nicht eingeschränkt; siehe § 13 Abs. 4 KrankenhausG Ba-Wü; anders dagegen das Krankenhausreformgesetz - KRG - Rhld.-Pfalz vom 29. 6. 1973 (GVBl. S. 199), wonach auch die Patienten in der Regelunterbringung eine Behandlung durch den liquidationsberechtigten Arzt verlangen können (§ 18 Abs. 4 S. 2 KRG).

[62] Auch Überkoppelung genannt; siehe Wirzbach, Arbeit und Sozialpolitik 1973, 112.

[63] Siehe hierzu Uhlenbruck, NJW 1973, 1401; Küchenhoff, Med. Klinik 1974, 117; Wirzbach, Arbeit und Sozialpolitik 1973, 113ff.; Diederichsen, 100ff.

Die Verträge, die von den Krankenhausträgern in der Vergangenheit mit ihren Chefärzten abgeschlossen worden sind (sog. Altverträge), sehen in der Regel vor, daß diese Ärzte bei den Patienten in der 1. und 2. Pflegeklasse und sehr häufig auch bei den Selbstzahlern der 3. Pflegeklasse die ärztlichen Leistungen gesondert liquidieren dürfen[64]. Dies bedeutet, daß in diesen Fällen die Unterkunft in einem Ein- oder Zweibettzimmer untrennbar mit dem Liquidationsrecht des Chefarztes verknüpft ist. Nach § 7 Abs. 4 S. 2 BPflV bleibt die Erfüllung dieser Verträge unberührt, falls sie vor dem Inkrafttreten der Bestimmungen des KHG über die Krankenhauspflegesätze (1. 7. 1972)[65] abgeschlossen worden sind. Damit wird für die sog. Altverträge ein gewisser, in seinem Umfang äußerst umstrittener, Bestandsschutz gewährt.[66] Entscheidend dabei ist, daß § 7 Abs. 4 S. 2 BPflV nicht so verstanden werden darf, daß er für die leitenden Krankenhausärzte, mit denen sog. Altverträge abgeschlossen worden sind, in jedem Fall das hergebrachte Liquidationsverfahren beibehalten wollte.[67] „Unberührt" im Sinne der genannten Vorschrift bleibt lediglich die „Erfüllung" ihrer Verträge. Dies ist dann der Fall, wenn die leitenden Krankenhausärzte die Befugnis behalten, bei den Krankenhauspatienten, die die ärztlichen Leistungen als gesondert berechenbare Leistungen in Anspruch nehmen, persönlich zu liquidieren.[68] Dem Krankenhausträger steht es dagegen frei, auch beim Vorliegen von Altverträgen die Unterbringung in einem Ein- oder Zweibettzimmer ohne Verpflichtung zur Inanspruchnahme gesondert berechenbarer ärztlicher Leistungen anzubieten.[69]

Auch darf der Krankenhausträger bereits seit Inkrafttreten der BPflV vom 25. April 1973 die Aufnahme der selbstzahlenden Patienten bei der Unterkunft im Rahmen der allgemeinen Krankenhausleistungen (entsprechend der früheren 3. Pflegeklasse) nicht mehr von der Vereinbarung gesondert berechenbarer ärztlicher Behandlung abhängig machen.[70]

Die sich daraus ergebenden Einschränkungen des Liquidationsrechts müssen von den Krankenhausärzten hingenommen werden. Etwas anderes kann nur dann gelten, wenn der Eingriff in das Liquidationsrecht zu einer wesentlichen Beeinträchtigung der liquidationberechtigten Tätigkeit und der damit verbundenen Liquidationseinkünfte führen würde, weil dann in die vertraglichen Rechte der leitenden Krankenhausärzte, denen Bestandsschutz zukommt, gemäß Art. 14 GG ohne Enteignungsentschädigung nicht eingegriffen werden dürfte.[71]

Soweit ärztliche Leistungen von einem leitenden Krankenhausarzt oder einem Belegarzt erbracht und gesondert berechnet werden, ist dies bei der Berechnung der Pflegesätze zu berücksichtigen. In diesen Fällen ist gemäß § 8 BPflV der Rechnungsbe-

---

[64] Siehe S. 49.

[65] Die BPflV hat den Stichtag auf den 1. 7. 1972 festgelegt, obwohl diese erst am 1. 1. 1974 in Kraft getreten ist; gegen diese Rückwirkung bestehen erhebliche Bedenken; s. hierzu Diederichsen, 103.

[66] Siehe zum Meinungsstand ausführlich Diederichsen, 202ff. m. w. N.; vgl. auch Busse, ArztR 1972, 186; Küchenhoff, Med. Klinik 1974, 118; Neufelder und Wollenschläger, Eigenliquidationsrecht der Chefärzte, NJW 1974, 1415ff.

[67] Diederichsen, 123f., 130; BVerfG NJW 1980, 1327 (1331f.); vgl. auch BAG NJW 1979, 1948f.

[68] So auch Diederichsen, 114ff., 124, 130ff. mit eingehender Begründung.

[69] Diederichsen, 106ff.; anders BAG NJW 1980, 1915; vgl. aber BAG NJW 1981, 646.

[70] Diederichsen, 126ff.; BVerwG NJW 1980, 654; BAG NJW 1980, 1912; BGH NJW 1982, 1333 (1334).

[71] BVerfG NJW 1980, 1331; BAG NJW 1979, 1950; vgl. auch BVerfGE 43, 242 (278f.) = NJW 1977, 1049; BAG NJW 1980, 1915 und Diederichsen, 116.

trag für allgemeine Krankenhausleistungen um 5% zu ermäßigen (sog. kleiner Pflegesatz).

d. Anwendungsbereich der Krankenhausfinanzierungsgesetze

Das KHG und die Bundespflegesatzverordnung finden nicht auf alle Krankenhäuser Anwendung. So schließen § 3 KHG und § 1 Abs. 2 Nr. 1 BPflV den Anwendungsbereich beider Gesetze aus für Krankenhäuser, deren Träger der Bund ist, für Krankenhäuser im Straf- und Maßregelvollzug, für Polizeikrankenhäuser und für Krankenhäuser, die von den Trägern der gesetzlichen Renten- und Unfallversicherungen sowie von deren Vereinigungen betrieben werden. Diese Krankenhäuser wurden teils aus verfassungsrechtlichen Gründen (die Krankenhäuser des Bundes können nicht von den Ländern finanziert werden), teils wegen ihres besonderen Benutzerkreises nicht erfaßt.[72] Für sie kommt weder die vorgesehene Investitionskosten- noch die Pflegesatzregelung in Betracht.

Lediglich von der Investitionskostenförderung, nicht aber auch von der im KHG getroffenen Pflegesatzregelung werden gemäß § 5 KHG neben weiteren Einrichtungen v. a. die Krankenhäuser, soweit sie nach dem Hochschulbauförderungsgesetz gefördert werden, die Krankenhäuser, deren Träger ein nicht bereits in § 3 Nr. 4 KHG genannter Sozialleistungsträger ist, soweit sie nicht nach der Krankenhausplanung des Landes der allgemeinen Versorgung der Bevölkerung mit Krankenhäusern dienen, sowie die Versorgungskrankenhäuser ausgenommen. Auch die Bundespflegesatzverordnung findet auf diese Krankenhäuser Anwendung.

Von der Investitionskostenförderung und der Pflegesatzregelung im KHG mit Ausnahme des § 17 Abs. 5 KHG sowie von den Vorschriften der Bundespflegesatzverordnung sind weiterhin ausgenommen die Krankenhäuser, die nicht die in § 67 der Abgabenordnung bezeichneten Voraussetzungen erfüllen, die Tuberkulosekrankenhäuser und die Kurkrankenhäuser (§ 20 KHG i. V. m. § 5 Abs. 1 Nr. 2, 4 und 7 KHG, § 1 Abs. 2 Nr. 2 BPflV). Es handelt sich dabei v. a. um alle nicht gemeinnützigen Privatkrankenhäuser[73] sowie um alle privaten und öffentlichen Tuberkulose- und Kurkrankenhäuser. Gemäß § 17 Abs. 5 KHG dürfen diese Krankenhäuser – wie auch alle übrigen in § 5 Abs. 1 KHG genannten, nach dem KHG nicht öffentlich geförderten Krankenhäuser – von den Sozialleistungsträgern keine höheren Pflegesätze fordern, als sie von diesen für Leistungen vergleichbarer, nach dem KHG geförderter Krankenhäuser bzw. vergleichbarer öffentlicher Krankenhäuser zu entrichten sind.[74]

---

[72] Adam/Stiefel, 81ff.; Wollenschläger, Zur Anwendbarkeit der Vorschriften des Krankenhausfinanzierungsgesetzes und der neuen Bundespflegesatzverordnung auf private, privatgemeinnützige und konfessionelle Krankenhäuser, ArztR 1974; 61; Küchenhoff, Die Sozialgerichtsbarkeit 1973, 342.

[73] Vgl. S. 22; die öffentlichen Krankenhäuser genügen in der Regel den Anforderungen des § 67 der Abgabenordnung.

[74] Diese Vorschrift wird wegen Verstoßes gegen Art. 14 GG als verfassungswidrig bezeichnet. Der Verlust, der den Krankenhäusern durch die im Gesetz getroffene Pflegesatzregelung zugefügt wird, wird hier nämlich nicht durch Fördermittel ausgeglichen, so daß die Vorschrift, soweit von ihr Privatkrankenanstalten erfaßt werden, auf eine entschädigungslose Enteignung hinauslaufe. Siehe Bachof-Scheuing, 53ff.; Wollenschläger, ArztR 1974, 61ff.; Hanisch, Verfassungswidrige Benachteiligung privater und frei gemeinnütziger Krankenanstalten durch das Krankenhausfinanzierungsgesetz, ArztR 1974, 117ff.; vgl. auch BVerwG, NJW 1985, 1411; BVerwG NJW 1987, 2317.

Dies bedeutet, daß für diese von der Pflegesatzregelung ausgenommenen Krankenhäuser zwar nicht deren strenge Ordnung, wohl aber im Verhältnis zu den Sozialleistungsträgern deren finanzielle Einschränkung gilt. Der in § 1 Abs. 2 Nr. 2 BPflV erfolgte Ausschluß der Anwendung der Bundespflegesatzverordnung auf diese Krankenhäuser bedeutet weiterhin, daß diese Krankenhäuser von der gesamten Reform des Liquidationswesens der Chefärzte[75] nicht erfaßt werden, so daß in diesen Kliniken weiterhin Chefärzte nach altem Recht tätig werden können.[76]

V. Organisatorische Struktur der Krankenhäuser

Fragt man sich nach dem Zustandekommen der spezifischen Krankenhausleistung, dann zeigt sich, daß dazu sowohl ärztliche, pflegerische und medizinisch-technische Dienste, Versorgungs- und Verwaltungsleistungen als auch eine Vielzahl von Sachgütern des medizinischen, technischen und wirtschaftlichen Bedarfs notwendig sind und darüber hinaus die gesamte Krankenhausanlage mit ihren Gebäuden und ihrer medizinischen, technischen und wirtschaftlichen Einrichtung und Ausstattung. Damit den Patienten im Gesamtbereich des Krankenhauses bestmögliche Leistungen zuteil werden können, ist der organisatorische Aufbau des gesamten Krankenhausbetriebes von entscheidender Bedeutung. Die Organisation eines Krankenhauses hängt zwar von der Aufgabenstellung und der Größe des Krankenhauses sowie von den rechtlichen Grundlagen ab, die für den Krankenhausträger maßgebend sind. Als Organisationsrahmen eines jeden Krankenhauses kann jedoch folgendes festgehalten werden:

1. Organisatorische und bauliche Gliederung der Krankenhäuser

a. Arbeitsteilung und Aufgabengliederung

Im Gegensatz zum Pflegeheim des Mittelalters,[77] in dem organisatorischer und baulicher Mittelpunkt der Krankensaal (Hospitalsaal genannt) war, hat sich im Krankenhaus der Gegenwart mit seinem hochkomplizierten Betriebsorganismus die Gesamtleistung „stationäre Krankenversorgung" im Wege der Arbeitsteilung sukzessive in eine Vielzahl von Einzelleistungen aufgegliedert. Charakteristisch für den modernen Krankenhausbetrieb ist mithin seine arbeitsteilige Struktur, wonach sich der Krankendienst nicht mehr aus der alleinigen und einheitlichen Leistung des Krankensaales ergibt, sondern aus der Vielzahl der Leistungen im Bereich von Diagnostik, Therapie, Pflege, Versorgung und Verwaltung. So gesehen stellt sich die Gesamtleistung des Krankenhauses aus organisatorischer Sicht als ein zusammengesetztes Gefüge von Teilleistungen dar.[78]

---

[75] Vgl. insb. § 7 BPflV und S. 30ff., 49ff.
[76] So auch Wollenschläger, ArztR 1974, 62.
[77] Siehe hierzu Fischer, Bd. I, 24ff., 47ff., 75ff.; Diepgen, I. Bd., 226; Ackerknecht, 85.
[78] Eichhorn, Bd. II, 36ff.; Rohde, 209.

Entsprechend der Arbeitsteilung gliedert sich das Krankenhaus in eine Vielzahl von Organisationseinheiten, die wiederum in organisatorische Stellen unterteilt sind.[79] Die Stelle ist die kleinste organisatorische Einheit, der Träger einer bestimmten Teilaufgabe des Krankenhauses. Sie beinhaltet die Aufgaben, Zuständigkeiten und Kompetenzen für die Person, der im Zuge der Stellenbesetzung diese Stelle anvertraut wird.
Von Ausnahmen abgesehen, ist die einzelne Stelle von sich aus organisatorisch jedoch nicht existent, sondern nur im Arbeitszusammenhang größerer Organisationseinheiten denkbar. Nach der Intensität und Dauerhaftigkeit der Arbeitskontakte unterscheidet man Arbeitsgruppen, Abteilungen oder Kollegien.[80] Arbeitsgruppen bestehen aus mehreren gleichrangigen Stellen, die bei ständig aufrechtzuerhaltenden, regelmäßigen Arbeitsbeziehungen gemeinsam eine ganz bestimmte Leistung erbringen. Ergänzt man die Arbeitsgruppe um eine mit Leitungsbefugnis ausgestattete Stelle, dann spricht man von Abteilung. Auch Kollegien bestehen aus mehreren Stellen. Im Gegensatz zur Abteilung ist der Arbeitsverkehr aber zeitlich begrenzt und unregelmäßig. Kollegien übernehmen in der Regel nicht weiter untergliederte Sonderaufgaben, nach deren Erfüllung sie wieder aufgelöst werden. Je nach der konkreten Aufgabenstellung im Einzelfall spricht man von Ausschüssen, Konferenzen, Besprechungen, Komitees, usw.

b. Gliederung des Krankenhauses nach Leistungsbereichen

Der gesamte Krankenhausbetrieb gliedert sich in folgende Leistungsbereiche[81]:

- Pflegebereich (Unterkunft, Grund- und Behandlungspflege),
- Behandlungsbereich (Diagnostik und Therapie),
- Versorgungsbereich (allgemeine und technische Versorgung, Beschaffung und Materialverwaltung),
- Eingangs- und Verwaltungsbereich (allgemeiner Eingang, Patientenaufnahme, Bewirtschaftung und Verwaltung, allgemeine und soziale Betreuung sowie Fürsorge).

Räumlich gesehen ist der Pflegebereich der Bereich des Krankenhauses, in dem die Patienten für die Dauer ihres Krankenhausaufenthaltes untergebracht sind und verpflegt werden. Im Behandlungsbereich dagegen verweilen die Patienten nur kurzfristig, in der Regel nur für die Dauer bestimmter diagnostischer oder therapeutischer Maßnahmen. Den Versorgungsbereich sucht der Patient in der Regel nie auf (Ausnahme: z. B. Cafeteria) und den Verwaltungsbereich berührt er nur bei der Aufnahme und bei der Entlassung.
Diese bauliche Bereichsgliederung ist nicht voll deckungsgleich mit der organisatorischen Gliederung nach dem Sachcharakter der Krankenhausarbeit. Der Pflegedienst spielt sich zwar überwiegend im Pflegebereich ab; das Pflegepersonal begleitet die Patienten aber auch in den Behandlungsbereich, oft nur als Begleitung, oft aber auch als Assistenz für den dort tätigen Arzt. Der Behandlungsdienst beschränkt sich keineswegs auf den Behandlungsbereich, sondern greift in starkem Maße auf den

---

[79] Eichhorn, Bd. II, 37ff.; Brandecker/Wilhelmy/Willner, 11.
[80] Eichhorn, Bd. II, 38ff.
[81] Eichhorn, Bd. II, 55ff.; Brandecker/Wilhelmy/Willner, 11ff.; Rohde, 209ff.

Pflegebereich über, z. T. auch auf den Versorgungsbereich (z. B. Diätküche). Auch der Versorgungsdienst geht über seinen eigentlichen Raumbereich hinaus, sowohl in den Pflegebereich hinein (Speisenversorgung, Wäscheversorgung, Botendienst, Reinigungsdienst, usw.), als auch in den Behandlungsbereich (z. B. Zentralsterilisation, Reinigung). Der Wirtschafts- und Verwaltungsdienst schließlich erstreckt sich räumlich auf das gesamte Krankenhaus.

c. *Gliederung des Pflege- und Behandlungsbereichs*

aa. Fachdisziplinäre Gliederung

Für die Gliederung des Pflegebereichs ist bisher neben Geschlecht (Pflegeeinheiten für Männer und Frauen), Alter (Kinderkrankenpflege und Erwachsenenkrankenpflege) und Infektionsmöglichkeit (Infektionspflegeeinheiten, septische und aseptische Pflegeeinheiten) primär die Art der Erkrankung bestimmend. Im allgemeinen ist es üblich, die in die Behandlungszuständigkeit einer ärztlichen Fachdisziplin gehörenden Patienten zur sog. ärztlichen „Fachabteilung" organisatorisch und räumlich zusammenzufassen.[82] Dabei wird innerhalb der Fachabteilung zuweilen weiter unterteilt nach der Behandlungsmethode (z. B. Zusammenfassung aller Herz- und Kreislaufpatienten innerhalb einer Pflegegruppe im Rahmen der inneren Abteilung) oder auch nach den technischen und personellen Möglichkeiten der Behandlung (z. B. Zusammenfassung der Radiumtherapiepatienten).

Auch die Gliederung des Behandlungsbereichs folgt bisher weitgehend dem Gesichtspunkt der ärztlichen Fachdisziplin. Davon ausgehend sind in der Regel die von einer ärztlichen Fachdisziplin benötigten diagnostischen und therapeutischen Einrichtungen organisatorisch und baulich zusammengefaßt.

Vor allem in größeren Krankenhäusern wird der Pflege- und Behandlungsbereich häufig ebenfalls nach ärztlichen Fachdisziplinen in sog. Hauptfachabteilungen (auch Fachbereiche oder Zentren[83] genannt) unterteilt, wobei die Hauptfachabteilungen wiederum in Fachabteilungen derselben Fachrichtung (ohne besondere Spezialisierung) oder in Fachabteilungen nach Schwerpunkten oder Teilgebieten untergliedert werden.

Die Bettenabteilungen der Fachabteilungen werden räumlich in Stationen aufgeteilt, die je 30, höchstens 35 Betten umfassen sollen.

In allen Fällen, in denen die einer ärztlichen Fachdisziplin zugeordneten Pflegeeinheiten und Behandlungseinrichtungen räumlich zusammengefaßt sind, tendiert diese fachdisziplinäre Gliederung des Pflege- und Behandlungsbereiches zur Bildung von sog. „Kliniken". Dabei kann die fachdisziplinär bestimmte Einzelklinik über eine mehr oder weniger große Eigenständigkeit verfügen, und zwar nicht nur bei Universitätskrankenhäusern, sondern auch bei allgemeinen Krankenhäusern der Regel- und Zentralversorgung.

---

[82] Eichhorn, Bd. II, 56ff.; Brandecker/Wilhelmy/Willner, 12ff.; W. Adam, 48.

[83] So z. B. in den Universitätskliniken in Baden-Württemberg; siehe § 29 Abs. 7 UG Ba-Wü.

bb. System- und arbeitsintensitätsorientierte Gliederung

Die bisher rein fachdisziplinär bestimmte Gliederung des Pflege- und Behandlungsbereichs wird auf Dauer nicht beizubehalten sein. Die rasche Weiterentwicklung in der Medizin macht in Zukunft – mehr als heute – das Zusammenwirken jeweils mehrerer Fachspezialisten bei der Patientenbehandlung erforderlich und führt damit zu einer Aufhebung der starren Fachabteilungsgrenzen im Krankenhaus. Die gewaltigen Fortschritte in der Medizin und in der medizinischen Technik sind nämlich mit einem rapiden Ansteigen des Gesamtwissens im Bereich der Medizin verbunden. Als eine zwangsläufige Folge dieser Entwicklung muß sich der einzelne Arzt in zunehmendem Maße spezialisieren. Ist es schon heute nicht mehr möglich, die einzelnen Fachdisziplinen voll zu beherrschen, so wird es künftig innerhalb der einzelnen Fachdisziplinen nicht nur zu der sich bereits heute anbahnenden Aufteilung nach Teilgebieten kommen, sondern darüber hinaus noch innerhalb eines jeden Teilgebietes zu einzelnen Spezialgebieten. Selbst die mit den Mitteln der elektronischen Datenverarbeitung (EDV) verbundenen Möglichkeiten der Speicherung von Erfahrungen und der jederzeit zugänglichen Information darüber, werden diese Entwicklung nicht aufhalten, sondern nur in sinnvollen Grenzen halten können. Die notwendige Integration dieses Spezialwissens im Hinblick auf eine einheitliche Behandlung des Patienten macht es erforderlich, alle diese Fachspezialisten bei der Behandlung des einzelnen Patienten organisatorisch zusammenzuführen. Der Einzelspezialist von heute wird abgelöst werden durch das Spezialistenteam, das system- oder problemorientiert arbeitet, völlig unabhängig von den heute bestehenden traditionellen Fachdisziplinen.

Gefordert wird deshalb vielfach,[84] daß die bisher rein fachdisziplinäre Gliederung des Krankenhauses durch eine flexible, der stets wechselnden Patientenstruktur angepaßte Aufteilung ersetzt wird, die bestimmt wird von Art und Umfang der fachärztlichen Teambehandlung. Die Gliederung des Pflege- und Behandlungbereiches soll künftig primär system- und arbeitsintensitätsorientiert bestimmt sein und nur sekundär fachdisziplinär.

In dem Bestreben, dem Patienten die jeweils bestmögliche Pflege zu geben und das vorhandene (zahlenmäßig begrenzte) Pflegepotential entsprechend seiner Qualifikation zu nutzen, sollen die Patienten nicht mehr in erster Linie nach der ärztlichen Fachdisziplin, sondern nach Art und Umfang der pflegerischen Betreuung gruppiert werden. Danach werden baulich, technisch, einrichtungs- und ausstattungsmäßig, aber auch personell unterschiedlich ausgestattete Pflegeeinheiten vorgesehen und zwar entsprechend der abnehmenden Pflegeintensität 5 verschiedene Typen:

- Intensivpflege für Patienten, die dauernder Beobachtung bedürfen,
- Normalpflege für Patienten, die nicht dauernder Beobachtung bedürfen, aber ständig gepflegt werden müssen,
- Langzeitpflege für Langzeit- und chronisch kranke Patienten,
- Minimalpflege für Patienten, die einen Teil oder die Gesamtheit ihrer Grundpflege selbst erledigen, also z. B. zum Essen in die Cafeteria gehen können,
- Kurzzeitpflege, die zum einen Patienten entweder zur Klärung der Behandlungszuständigkeit (zuständiger Facharzt) oder zur Klärung der Behandlungskategorie

---

[84] Siehe ausführlich hierzu Eichhorn, Bd. II, 58ff.; W. Adam, 48ff.

(stationäre oder ambulante Behandlung) aufnimmt. Darüber hinaus übernimmt sie Patienten zur künftig zunehmend möglichen teilstationären oder ambulanten Diagnostik und Therapie (kurzfristige Beobachtung, kurzfristige stationäre Voruntersuchung oder auch Nachbehandlung, Aufnahme von Tages- oder Nachtpatienten oder - stundenweise - von ambulanten Patienten, soweit diese nur zur Diagnose oder geringfügigen Eingriffen ins Krankenhaus kommen).

2. *Leitungsstruktur*

Es ist Aufgabe der mit der Leitung des Krankenhauses betrauten Personen, alle Einzelleistungen der Diagnostik, Therapie, Pflege sowie Unterbringung und Verpflegung planmäßig zu gestalten und für einen geordneten und reibungslosen Ablauf aller Arbeiten in den verschiedenen Leistungsbereichen zu sorgen.
Die Existenz der Krankenhäuser geht auf die Initiative der Krankenhausträger zurück. Die Krankenhausträger bzw. die für das Krankenhaus zuständigen Organe des Krankenhausträgers nehmen jedoch nicht alle Leitungsaufgaben (Entscheidungs-, Anordnungs- und Initiativaufgaben) selbst wahr, sondern übertragen diese teilweise auf die Krankenhausleitung und die Krankenhausleitung wiederum einen Teil der ihr übertragenen Leitungsaufgaben auf Zwischeninstanzen (z. B. leitende Fachärzte, Abteilungsschwestern). Die Leitungsstruktur des Krankenhauses stellt sich daher als eine rangmäßig gestaffelte Instanzengliederung dar. Dabei hängt die Gesamteffizienz der Krankenhausorganisation in entscheidendem Maße von einer wirksamen gegenseitigen Abstimmung der Aufgaben und Kompetenzen der verschiedenen Leitungsinstanzen ab.[85]

a. *Krankenhausträger*

Dem Krankenhausträger bzw. dessen gesetz- oder verfassungsmäßig feststehenden Organen obliegt die Gesamtverantwortung für das Krankenhaus. Sie sind maßgeblich für die Entwicklung der betrieblichen Zielvorstellungen im Krankenhaus. Ihnen obliegt v. a. die Fixierung und Konkretisierung der ärztlich-pflegerischen Zielsetzung sowie das Fällen richtungsweisender Entscheidungen, die von zielbestimmendem Einfluß sind. Im einzelnen obliegen den Krankenhausträgerorganen v. a. die folgenden Funktionen[86].

aa. Grundsatzentscheidungen im Rahmen der Zielsetzung und der betrieblich-baulichen Planung und Weiterentwicklung

Hierbei wird einmal bestimmt, welche Leistungen bereitgestellt werden sollen (Grundrichtung von Diagnostik und Therapie; Art und Umfang der Nebenfunktionen wie

---

[85] Eichhorn, Bd. II, 39ff.; vgl. auch Rohde, 353ff.
[86] Eichhorn, Bd. II, 42ff.; D. Adam, 28; Axtner, 117ff.; W. Adam, 71f.; vgl. auch Rohde, 428ff.

Ambulanz, Lehre und Forschung), zum anderen aber auch, welches Gebiet versorgt werden soll. In einer qualitativen und einer quantitativen Komponente bestimmt die ärztlich-pflegerische Zielsetzung also den Kreis der Kranken, der ärztlich behandelt, pflegerisch betreut und wirtschaftlich versorgt werden soll. Aus der qualitativen Komponente ergibt sich im einzelnen, welche Gruppen von Patienten behandelt werden, auf welche Behandlungsarten das Krankenhaus ausgerichtet ist und welche diagnostischen und therapeutischen Einrichtungen vorgehalten werden. Die quantitative Komponente fixiert aufgrund der zu versorgenden Gebietsbevölkerung nach der Ermittlung des Bettenbedarfs die Zahl der bereitzustellenden Krankenbetten sowie den Umfang der diagnostischen und therapeutischen Einrichtungen.
In der ärztlichen Zielsetzung werden für jede Fachabteilung der Status der ärztlichen Leitung, die Zahl der Krankenbetten, die diagnostischen und therapeutischen Aufgaben und die Nebenfunktionen bestimmt und der Ablauf der Arbeiten im Groben fixiert. Die pflegerische Zielsetzung legt Art und Umfang der Pflege, Fürsorge und Seelsorge fest. Darüber hinaus werden Einzelheiten des Standards, der Unterbringung und der Versorgung geregelt (Einrichtung und Ausstattung der Krankenzimmer, Beköstigung, Wäscheversorgung, usw.).

bb. Entscheidungen über die Prinzipien der Betriebsorganisation

Hierbei werden die Organisationsformen im Bereich von Diagnostik, Therapie, Pflege und Versorgung sowie die Finanz- und Personalorganisation (Festlegung des Rechnungswesens, langfristige Finanzplanung, Aufstellung des Wirtschafts- und Stellenplans) bestimmt.

cc. Kontrolle des laufenden Krankenhausbetriebs im Hinblick auf die Einhaltung der Grundsatzentscheidungen (hier v. a. im Hinblick auf die Zielsetzung) und der Organisationsprinzipien sowie der Finanz- und Personalorganisation

dd. Festlegung der Aufgaben der Krankenhausleitung und der Zuständigkeiten der einzelnen Mitglieder sowie die Entscheidung über die personelle Besetzung der Krankenhausleitung, ggf. auch einiger wichtiger Abteilungsleitungen (z. B. leitende Fachärzte)

Je nach Trägerschaft[87] können die dem Krankenhausträger obliegenden Leitungsaufgaben auf das oberste Organ und das obere Organ des Krankenhausträgers verteilt werden. Zum obersten Organ rechnen z. B. der Gemeinderat, der Kreistag oder an deren Stelle der Krankenhausausschuß, der Gemeindekirchenrat (Presbyterium), der Kirchenvorstand, die Ordensleitung, die Mitglieder der Gesellschafterversammlung und das oberste Stiftungsorgan. Als oberes Verwaltungsorgan sind anzusehen der Hauptgemeindebeamte oder Magistrat, der Landrat oder Oberkreisdirektor, der

---

[87] Vgl. S. 22f.

Aufsichtsrat, der Verwaltungsrat, das Kuratorium, der Vereinsvorstand und der Stiftungsvorstand.
Im Rahmen der oben genannten Grundsatzentscheidungen des Krankenhausträgers liegt die eigentliche Durchführung der Krankenhausarbeit bei der Krankenhausleitung. Damit wird die organisatorische und wirtschaftliche Verselbständigung des Krankenhausbetriebes erreicht,[88] die notwendig ist, damit dieser sich den ständig ändernden Verhältnissen im Bereich der Medizin, der Technik, der Personalwirtschaft, der allgemeinen Versorgung und des Finanzwesens optimal anpassen kann. Und nur ständige Anpassung an die jeweiligen Notwendigkeiten ermöglicht eine optimale und rationelle Aufgabenerfüllung durch das Krankenhaus, und zwar unabhängig von der Rechtsform des Krankenhausträgers.
In diesem Zusammenhang muß allerdings beachtet werden, daß diese Konzeption häufig noch nicht der Wirklichkeit in den Krankenhäusern entspricht. Vor allem im kommunalen Bereich ist das Krankenhaus in aller Regel noch in die allgemeine Verwaltung des Krankenhausträgers einbezogen. Auf die dringende Notwendigkeit, soweit noch nicht geschehen, eine weitere Verselbständigung und damit eine größere Beweglichkeit der Betriebsführung der Krankenhäuser herbeizuführen, wird vielfach hingewiesen.[89]

b. Krankenhausleitung

Die Durchführung der eigentlichen Krankenhausarbeit, das sog. Krankenhausmanagement, obliegt also der Krankenhausleitung, auch Krankenhausdirektorium genannt.[90]
Die Krankenhausleitung hat dafür zu sorgen, daß im Rahmen der Richtlinien und Entscheidungen des Krankenhausträgers und bei den zur Verfügung stehenden finanziellen und personellen Mitteln alles geschieht, was dem Wohle der Kranken dient. Dabei sind die Grundsätze der Leistungsfähigkeit, Sparsamkeit und Wirtschaftlichkeit zu beachten. Die Mitglieder der Krankenhausleitung sind dem Krankenhausträger gemeinsam für eine ordnungsgemäße Betriebsführung verantwortlich. Im Rahmen dieser Gesamtverantwortung können abgegrenzte Aufgabengebiete den einzelnen Mitgliedern der Krankenhausleitung zur Wahrnehmung übertragen werden.
Je nach der Eigenart des Krankenhauses und seiner Trägerschaft kann die Krankenhausleitung kollegial oder direktorial gestaltet werden. Gegenwärtig überwiegt die kollegiale Ordnung der Krankenhausleitung, meist mit Gleichrangigkeit von ärztlicher Leitung, pflegerischer Leitung sowie Krankenhausbetriebsleitung (Wirtschafts- und Verwaltungsleitung). In einigen Fällen stehen auch nur ärztliche Leitung sowie Wirtschafts- und Verwaltungsleitung gleichrangig nebeneinander, während die Pflegeleitung der ärztlichen Leitung nachgeordnet ist.

---

[88] Im gesamten Wirtschaftsleben hat sich in der Vergangenheit das Gewicht an Einfluß und Macht von der Eigentümer- zur Betriebsseite und damit zur Betriebsleitung verlagert, weil praxisnahe und schnelle Entscheidungen überall verlangt werden.

[89] Eichhorn, Bd. II, 40ff.; Brandecker/Wilhelmy/Willner, 27; D. Adam, 25ff., 53ff.; Axtner, 117ff.; W. Adam, 70f.

[90] Eichhorn, Bd. II, 43ff.; Brandecker/Wilhelmy/Willner, 17ff.; W. Adam, 72f.

In der Regel setzt sich das Leitungsgremium im Krankenhaus aus dem leitenden Arzt des Krankenhauses (Ärztlicher Direktor), der leitenden Krankenpflegekraft (Krankenpflegedirektor) und dem Krankenhausbetriebsleiter (Krankenhausbetriebsdirektor) zusammen. Der Vorsitzende der Krankenhausleitung, der die Position eines Primus inter pares einnimmt, wird i. allg. vom Krankenhausträger bestimmt; es sind aber auch Regelungen anzutreffen, nach denen der Vorsitz periodisch wechselt.
Die direktoriale Gestaltung der Krankenhausleitung ist heute selten und meist nur dort vorzufinden, wo das Krankenhaus vom ärztlichen Inhaber selbst geleitet wird, oder wo der Krankenhausträger selbst durch einen maßgeblichen Vertreter im Krankenhaus verantwortlich vertreten ist, wie es z. B. in ordenseigenen Häusern häufig der Fall ist. So ist es hier oft üblich, daß ein Mitglied des oberen Trägerorgans gleichzeitig den Vorsitz in der Krankenhausleitung übernimmt und damit direktoriale Leitungsfunktionen ausübt, unbeschadet der fachlichen Zuständigkeiten der anderen Mitglieder der Krankenhausleitung.
Eine direktoriale Leitung ist auch dergestalt denkbar, daß der „Krankenhausdirektor" nicht gleichzeitig Mitglied des oberen Trägerorgans ist, sondern nur Mitglied der Krankenhausleitung, dann aber aufgrund seiner Vorbildung für diese Aufgaben besonders qualifiziert ist. Vielfach wird nämlich heute gefordert,[91] daß der Krankenhausleitung insbesondere auch ökonomisch geschulte Personen (Juristen, Volks- oder Betriebswirte und Verwaltungsfachleute) angehören. Dies ist darauf zurückzuführen, daß insbesondere seit Erlaß des KHG und der Bundespflegesatzverordnung wirtschaftliche Gesichtspunkte und Überlegungen zur Kostensenkung zunehmend an Bedeutung gewinnen. Die Betriebsführung der Krankenhäuser setzt damit jedoch Kenntnisse und Techniken voraus, die nicht ohne weiteres von den herkömmlichen Mitgliedern des Direktoriums erwartet werden können.
Unbeschadet der hierarchischen Gestaltung der Krankenhausleitung im Einzelfall wird für die Übertragung von Aufgabengebieten an die herkömmlichen Mitglieder der Krankenhausleitung (Ärztlicher Direktor, Krankenpflegedirektor und Krankenhausbetriebsdirektor) zumeist folgende Regelung getroffen:[92]

aa. Leitender Arzt des Krankenhauses (Ärztlicher Direktor)

Der leitende Arzt des Krankenhauses (Ärztlicher Direktor) ist, unbeschadet der allgemeinen Verantwortung der leitende Fachärzte für die Gestaltung und Durchführung der ärztlichen Maßnahmen in Diagnostik und Therapie, für alle folgenden Aufgabengebiete zuständig und verantwortlich:

- Gesamtgestaltung des Arztdienstes (Gesamtplanung, -organisation und -kontrolle),
- Sicherung der fachärztlichen Zusammenarbeit,
- Gestaltung des ärztlichen Aufnahmedienstes,
- Koordination der ärztlichen Ausbildung,

---

[91] Brandecker/Wilhelmy/Willner, 15, 18ff.; D. Adam, 58ff.; W. Adam, 103ff.; vgl. auch Eichhorn, Bd. II, 42, FN 6.
[92] Vgl. Eichhorn, Bd. II, 45ff.

- Sicherstellung der Krankenhaushygiene,
- Gestaltung (Planung, Organisation und Kontrolle) des medizinisch-technischen Dienstes und des diagnostisch-therapeutischen Funktionsdienstes,
- Ausübung der ärztlichen Fachaufsicht über den medizinisch-technischen Dienst, den diagnostisch-therapeutischen Funktionsdienst, den pflegerischen Dienst und die medizinischen Versorgungsdienste (z. B. Krankenhausapotheke, Zentralsterilisation),
- Gesundheitsüberwachung der Mitarbeiter im Krankenhaus,
- Pflege des Kontaktes zwischen Krankenhausärzten und niedergelassenen Ärzten,
- ärztliche Fortbildung und medizinische Fortbildung des nichtärztlichen Krankenhauspersonals,
- Sicherung der ärztlichen Aufzeichnungen,
- Vorbereitung des Stellenplans für den ärztlichen, den medizinisch-technischen Dienst und den diagnostisch-therapeutischen Funktionsdienst,
- Feststellung, Planung und Koordinierung des medizinischen Sachbedarfs.

Im Rahmen dieser Aufgabengebiete kann der ärztliche Direktor sämtlichen Krankenhausärzten und auch sämtlichen der ärztlichen Fachaufsicht unterstehenden nichtärztlichen Mitarbeitern Weisungen erteilen.

bb. Leitende Krankenpflegekraft (Krankenpflegedirektor)

Die leitende Krankenpflegekraft ist in der Regel für die folgenden Aufgabengebiete zuständig und verantwortlich:

- Gestaltung des Pflegedienstes (Planung, Organisation und Kontrolle),
- Führung der im Pflegebereich tätigen Personen,
- Auswahl- und Vorschlagsrecht bei der Einstellung des im Pflegedienst tätigen Personals,
- Vorbereitung des Stellenplans für das Pflegepersonal und das Pflegehilfspersonal,
- Fortbildung der Schwestern und Pfleger im pflegerischen Dienst,
- praktische Ausbildung der Krankenpflegeschüler und der sonstigen Mitarbeiter des Pflegedienstes in Zusammenarbeit mit den Leitungen der Schulen.

Im Rahmen dieser Aufgabengebiete kann der Krankenpflegedirektor sämtlichen Pflegepersonen Weisungen erteilen.

cc. Krankenhausbetriebsleiter (Krankenhausbetriebsdirektor)

Der Krankenhausbetriebsleiter ist für die folgenden Aufgaben zuständig und verantwortlich:

- Koordination der Planung, Organisation, Durchführung und Kontrolle des gesamten Betriebsprozesses sowie Koordination der Planung von Neu- und Erweiterungsbauten,
- Beschaffung (Bedarfsermittlung, Einkauf, Lagerhaltung),

- Arbeitsgestaltung des wirtschaftlichen Versorgungsdienstes und des technischen Dienstes,
- Vollzug und Überwachung des Kostenwesens (Pflegesätze, Kosten für Nebenleistungen usw.),
- Krankenhausverwaltung.

Für die Universitätskliniken bestehen hinsichtlich der Leitungsstruktur aufgrund der Hochschulgesetze der Länder einige Besonderheiten.[93] So bilden beispielsweise in Baden-Württemberg gemäß § 29 Universitätsgesetz (UG) die klinischen und die der mittelbaren Krankenversorgung dienenden theoretisch-medizinischen Universitätseinrichtungen zusammen mit den Schulen für nichtärztliche medizinische Berufe und den technischen Versorgungs- und Hilfsbetrieben eine rechtlich unselbständige Anstalt der Universität, die den Namen „Klinikum der Universität" führt. Das Universitätsklinikum, das in Zentren, Abteilungsgruppen und Abteilungen gegliedert ist, wird durch einen Vorstand geleitet, dem die Vorsitzenden der Vorstände der Zentren, der Dekan der medizinischen Fakultät, ein Oberarzt, ein Stationsarzt, eine leitende Krankenpflegekraft, der Verwaltungsleiter, der Leiter der Schule für nichtärztliche medizinische Berufe und ein Vertreter des nichtärztlichen Personals angehören. Die in § 29 Abs. 2 UG genannten Aufgaben für den Klinikvorstand zeigen, daß auch für die Universitätskliniken der allgemeinen Forderung nach einer Verselbständigung der Krankenhausbetriebsführung bisher nicht Rechnung getragen worden ist.[94] Formulierungen wie „Ausführung der gesetzlichen Vorschriften und Anordnungen der Aufsichtsbehörde beim Betrieb des Universitätsklinikums" und „Beschlußfassung über die Verwendung der im Haushaltsplan... veranschlagten Personalstellen und Sachmittel"[95] weisen darauf hin, daß das Klinikum lediglich als Ausführungsorgan des zuständigen Krankenhausträgerorganes aufgefaßt wird.[96] Lediglich im Bereich der Organisation werden dem Vorstand Entscheidungsbefugnisse zugestanden, die sich aber nur auf Vorschriften zur Gestaltung des Betriebsablaufs beziehen.

Im Hinblick auf eine Intensivierung der kooperativen Betriebsführung im Krankenhaus wird in den Krankenhäusern heute in der Regel eine sog. Krankenhauskonferenz gebildet,[97] der neben den Mitgliedern der Krankenhausleitung die leitenden Fachärzte (bei größeren Krankenhäusern meist nur die Fachbereichsleiter), Vertreter der ärztlichen Mitarbeiter (der Oberärzte und Assistenzärzte), die Abteilungs- und/oder Oberschwestern, Vertreter der Mitarbeiter im Pflegedienst, die Abteilungsleitungen des medizinisch-technischen Dienstes, des diagnostisch-therapeutischen Funktionsdienstes, des Versorgungsdienstes und der Verwaltung sowie Vertreter der Mitarbeiter

---

93 Siehe hierzu ausführlich: Lippert, Das Organisationsverschulden in Hochschulklinika-zivilrechtliche Aspekte, NJW 1984, 2606ff.

94 Siehe hierzu ausführlich Axtner, 57ff.

95 § 29 Abs. 2 Ziff. 2 und Ziff. 5 UG Ba-Wü.

96 Vgl. hierzu auch § 29 Abs. 6 UG Ba-Wü, wonach der Verwaltungsleiter „... Beauftragter für den Haushalt des Universitätsklinikums nach § 9 der Landeshaushaltsordnung" ist. Dem Beauftragten für den Haushalt obliegt nach § 9 Abs. 2 der Landeshaushaltsordnung „... die Aufstellung... der Unterlagen für den Entwurf des Haushaltsplans (Voranschläge) sowie die Ausführung des Haushaltsplans".

97 Eichhorn, Bd. II, 44ff.; Brandecker/Wilhelmy/Willner, 16ff.

dieser Dienstbereiche angehören. In Großkrankenhäusern ist dieses Gremium häufig 2stufig institutionalisiert, einmal auf der Ebene der Fachbereiche im Rahmen der Fachbereichskonferenz, zum anderen auf der Ebene des Gesamtkrankenhauses im Rahmen der Krankenhauskonferenz.
Die Aufgabe der Fachbereichs- und Krankenhauskonferenzen besteht v. a. darin, die Krankenhausleitung in Fragen der Arbeitsgestaltung, der Personalpolitik und des Wirtschaftswesens zu beraten und durch Intensivierung der interpersonellen Kommunikation die Voraussetzungen für eine reibungslose Zusammenarbeit aller Leistungsstellen der Diagnostik, Therapie, Pflege, Versorgung und Verwaltung zu schaffen. Darüber hinaus sind bei bestimmten Maßnahmen auch Mitwirkungs- und Mitbestimmungsrechte der Fachbereichs- und Krankenhauskonferenzen möglich. Diese können sich jedoch nur auf Angelegenheiten der Betriebsführung und -gestaltung sowie auf soziale und berufsbezogene Fragen im Krankenhaus, nicht jedoch auf ärztlich zu verantwortende Einzelmaßnahmen am Patienten beziehen.[98]
Für die Mitwirkung und Mitbestimmung in personalwirtschaftlichen Fragen ist nach den hierfür bestehenden gesetzlichen Regelungen der Personalrat zuständig.

c. *Ärztlicher Dienst*

Der ärztliche Dienst hat eine der Aufgabenstellung des jeweiligen Krankenhauses entsprechende optimale Diagnostik und Therapie sicherzustellen.
Wegen der notwendigen Freiheit bei ihrer Gestaltung sind diese Tätigkeiten unbeschadet des Aufsichtsrechts des leitenden Arztes des Krankenhauses (Ärztlicher Direktor) nicht dessen Weisungsrecht und damit auch nicht dem der Krankenhausleitung unterworfen. Verantwortlich für die Gestaltung dieser Tätigkeiten sind vielmehr die leitenden Fachärzte[99].
Für alle anderen Aufgaben des ärztlichen Dienstes ist dagegen der leitende Arzt des Krankenhauses verantwortlich[100]. Im Rahmen dieser Aufgabengebiete kann er sämtlichen Krankenhausärzten und auch sämtlichen der ärztlichen Fachaufsicht unterstehenden nichtärztlichen Mitarbeitern Weisungen erteilen.
Der ärztliche Dienst gliedert sich wie folgt:[101]

aa. Ärztliche Direktion (leitender Arzt des Krankenhauses – Ärztlicher Direktor)

Der leitende Arzt des Krankenhauses ist – unbeschadet der allgemeinen Verantwortung der leitenden Fachärzte für die Gestaltung und Durchführung der ärztlichen Maßnahmen in Diagnostik und Therapie und unbeschadet der Gesamtverantwortung der Krankenhausleitung – für die Gesamtgestaltung (Planung, Organisation und Kontrolle) des ärztlichen Dienstes im Hinblick auf eine optimale Versorgung der Patienten zuständig und verantwortlich.

---

98 Siehe hierzu Brandecker/Wilhelmy/Willner, 21ff.
99 Zur Berufsfreiheit des Arztes s. Laufs, Berufsfreiheit und Persönlichkeitsschutz im Arztrecht.
100 Vgl. S.40f.
101 Vgl. Eichhorn, Bd. II, 48ff.

bb. Kollegium der leitenden Fachärzte und der Fachbereichsleiter

Das Kollegium der leitenden Fachärzte und der Fachbereichsleiter (ggf. unter Hinzuziehung von Vertretern der ärztlichen Mitarbeiter), dem der leitende Arzt des Krankenhauses vorsteht, hat die Aufgabe, für die Koordination des ärztlichen Dienstes im Krankenhaus Sorge zu tragen.

cc. Fachbereichsleiter

In größeren Krankenhäusern ist der Fachbereichsleiter – unbeschadet der allgemeinen Verantwortung der leitenden Fachärzte für die Gestaltung und Durchführung der ärztlichen Maßnahmen in Diagnostik und Therapie und unbeschadet der Gesamtverantwortung des leitenden Arztes des Krankenhauses und der Krankenhausleitung – für die Gesamtorganisation des ärztlichen Dienstes seines Fachbereichs im Hinblick auf eine optimale Versorgung der Patienten zuständig und verantwortlich.

dd. Kollegium der leitenden Fachärzte eines Fachbereichs

In größeren Krankenhäusern obliegt dem Kollegium der leitenden Fachärzte eines Fachbereichs (ggf.) unter Hinzuziehung von Vertretern der ärztlichen Mitarbeiter, dem der Fachbereichsleiter vorsteht, die Koordination des Arztdienstes innerhalb des jeweiligen Fachbereichs, unbeschadet der Gesamtverantwortung des Kollegiums der Fachbereichsleiter für die Gesamtgestaltung des ärztlichen Dienstes im Krankenhaus.

ee. Leitende (hauptamtlich tätige) Fachärzte (Chefärzte)

Der leitende Facharzt vertritt sein Fachgebiet selbständig. Er ist verantwortlich für Diagnostik und Therapie bei seinen Patienten. Er sichert ihre ärztliche Versorgung und hat dafür Sorge zu tragen, daß alle anderen für Diagnostik und Therapie in Frage kommenden Fachärzte hinzugezogen werden.
Treten weitere Fachärzte hinzu, dann trägt jeder Facharzt die Verantwortung für sein Fachgebiet.[102]
Der leitende Facharzt ist in diagnostischer und therapeutischer Hinsicht fachlich weisungsberechtigter Vorgesetzter des für die Versorgung seiner Patienten zuständigen ärztlichen Personals, des medizinisch-technischen und diagnostisch-therapeutischen Funktionspersonals sowie des pflegerischen Personals. Er ist verantwortlich für die Durchführung der ihm vom leitenden Arzt des Krankenhauses übertragenen Aufgaben in den medizinisch-technischen Diensten sowie den diagnostisch-therapeutischen Funktionsdiensten, in den medizinischen Versorgungsdiensten (z. B. Zentralsterilisation, Desinfektion, Arzneimittelausgabestelle) und bei ärztlichen Belangen der allgemeinen Versorgung (z. B. Diätverpflegung).

---

[102] Siehe hierzu ausführlich S. 146ff.

Der leitende Facharzt sorgt außerdem für die ordnungsgemäße Führung der ärztlichen Unterlagen über seine Patienten, für die Erstellung der Arztberichte sowie für die Beantwortung von Anfragen.

ff. Als Belegärzte tätige Fachärzte

Der Belegarzt[103] ist verantwortlich für Diagnostik und Therapie in seinem Fach und für die Sicherung einer reibungslosen ärztlichen Versorgung seiner Patienten. Treten weitere Fachärzte zur Behandlung der Patienten hinzu, dann gilt für die Zuständigkeiten und Entscheidungen bezüglich Diagnostik und Therapie das für den leitenden Facharzt Gesagte. In diagnostischer und therapeutischer Hinsicht ist er weisungsberechtigt gegenüber dem ärztlichen Personal, dem medizinisch-technischen und diagnostisch-therapeutischen Funktionspersonal sowie dem pflegerischen Personal in seinem Fachbereich. Er sorgt für die ordnungsgemäße Führung der schriftlichen Unterlagen über seine Patienten, die Herstellung der Arztberichte sowie für die Beantwortung von Anfragen.

gg. Konsiliarärzte

Ein Konsiliararzt[104] wird auf Anforderung der leitenden Fachärzte und der Belegärzte zur fachlichen Beratung in der Regel dann hinzugezogen, wenn ein Spezialgebiet im Krankenhaus nicht vertreten ist. Der Konsiliararzt berät die leitenden Fachärzte oder die Belegärzte in Diagnostik und Therapie, ohne daß deren Verantwortung für Diagnostik und Therapie ihrer Patienten dadurch eingeschränkt wird.

ff. Ärztliche Mitarbeiter (Oberärzte, Assistenzärzte)

Die (ärztlichen) Mitarbeiter im ärztlichen Dienst (Oberärzte und Assistenzärzte) unterstehen in Diagnostik und Therapie der fachlichen Weisung der leitenden Fachärzte oder Belegärzte, im übrigen auch der des leitenden Arztes des Krankenhauses[105]. Ärztliche Mitarbeiter, die Fachärzte sind und denen die Leitung bestimmter Aufgabenbereiche (Pflegeeinheiten, Diagnostik- oder Therapiebereiche, sonstige Funktionen) übertragen wird, sind im Rahmen der allgemeinen Weisungen und unbeschadet der Weisung im Einzelfall verantwortlich für diese Tätigkeit. Im übrigen werden ihnen nach ihrer Stellung, Vorbildung und nach ihren besonderen Kenntnissen Tätigkeitsbereiche zur selbständigen Erledigung allgemein und für den Einzelfall überlassen. Die Verpflichtung des leitenden Facharztes oder Belegarztes und des leitenden Arztes des Krankenhauses zur Überwachung dieser Tätigkeiten bleibt unberührt.

---

[103] Vgl. S. 21.
[104] Siehe hierzu ausführlich S. 62f., 102ff.
[105] Vgl. S. 41.

d. *Pflegedienst*

Der Pflegedienst hat die sich aus der Aufgabenstellung des Krankenhauses im Bereich von Diagnostik und Therapie ergebende Grund- und Behandlungspflege nach Spezialität und Intensität für alle Patienten sicherzustellen. Die Leitung aller Pflegeeinheiten des Krankenhauses obliegt der leitenden Krankenpflegekraft (Krankenpflegedirektor). Im Rahmen der Gesamtverantwortung der Krankenhausleitung ist sie für die Durchführung der oben[106] einzeln aufgeführten Aufgaben zuständig. Im Rahmen dieser Aufgabengebiete kann sie sämtlichen Pflegepersonen Weisungen erteilen.
Der pflegerische Dienst gliedert sich wie folgt:[107]

aa. Krankenpflegedirektion (leitende Krankenschwester oder leitender Krankenpfleger - Krankenpflegedirektor)

Bei der Gestaltung des Pflegedienstes und der Führung der im Pflegebereich tätigen Personen obliegen dem Krankenpflegedirektor vornehmlich folgende Aufgaben:

- *Arbeitsgestaltung.* Organisation der Pflegearbeit entsprechend den festgelegten Organisationsprinzipien und dem vorgegebenen Pflegestandard (Arbeitsumfang der einzelnen pflegerischen Verrichtungen, v. a. Intensität der persönlichen Betreuung, Körperpflege usw.);
- *Arbeitsablaufgestaltung.* Organisation des Ablaufs der verschiedenen pflegerischen Verrichtungen (Speisen verteilen, Betten machen, Wäschetausch, Vollzug und Kontrolle der Verordnungen, usw.);
- *Arbeitsverteilung.* Regelung von Art und Umfang der von den einzelnen Personengruppen auszuführenden Tätigkeiten (Aufgabenbereiche der Krankenschwestern, Krankenpfleger, Krankenpflegehelferinnen, usw.);
- *Personalbesetzung und Personaleinsatz.* Festlegung von Art und Zahl des Personals zur Ausführung der ordnungsgemäßen Pflegearbeiten innerhalb der einzelnen Pflegeeinheiten (Stammpersonal, Urlaubsvertretung, Krankheitsvertretung, Nachtdienstbesetzung usw.) und Einsatz des Pflegepersonals (unter Abstimmung mit den leitenden Fachärzten);
- *Diensteinteilung.* Wöchentliche und tageszeitliche Diensteinteilung (unter Abstimmung mit der Gesamtdiensteinteilung des Krankenhauses).

bb. Kollegium der Oberschwestern (Oberpfleger) oder der Stationsschwestern (Stationspfleger)

Das Kollegium der Oberschwestern/Oberpfleger oder der Stationsschwestern/Stationspfleger (ggf. unter Hinzuziehung von Vertretern der Mitarbeiterinnen und Mitarbeiter im Pflegedienst), dem die leitende Krankenpflegekraft vorsteht, hat die Aufgabe, für die Koordination des pflegerischen Dienstes im Krankenhaus Sorge zu

---
[106] Siehe S. 41.
[107] Vgl. Eichhorn, Bd. II, 51ff.

tragen. In größeren Krankenhäusern kann sich die Koordination des Pflegedienstes sowohl auf der Ebene des Gesamtkrankenhauses als auch auf der Ebene einzelner Kliniken oder einzelner Pflegebereiche vollziehen.

cc. Oberschwestern (Oberpfleger)

In großen Krankenhäusern (etwa ab 650 Betten) wird die leitende Krankenpflegekraft – je nach der Gliederung des Pflegebereiches und der Organisation des Pflegedienstes – von allgemeinen Oberschwestern (Oberpflegern), Klinikoberschwestern (Klinikoberpflegern) oder Bereichsoberschwestern (Bereichsoberpflegern) und oftmals auch noch von einer Direktionsassistentin (einem Direktionsassistenten) unterstützt.

dd. Stationsschwestern (Stationspfleger)

Im Rahmen der von der leitenden Krankenpflegekraft gegebenen Richtlinien ist die Stationsschwester (der Stationspfleger) für die Arbeitsgestaltung, die Arbeitsablaufgestaltung und die Diensteinteilung innerhalb der Station zuständig. Sie (er) ist verantwortlich für die pflegerische Versorgung der Patienten der Station (einschließlich aller Versorgungs- und Verwaltungsarbeiten) und führt selbst einzelne pflegerische Verrichtungen aus, v. a. im Bereich der Behandlungspflege und der Verwaltung.

ee. Krankenschwestern (Krankenpfleger)
und Krankenpflegehelferinnen (Krankenpflegehelfer)

Die Krankenschwestern (Krankenpfleger) und Krankenpflegehelferinnen (Krankenpflegehelfer) sind die pflegerischen Mitarbeiter der leitenden Krankenpflegekräfte sowie der Stationsschwestern (Stationspfleger). Sie unterstehen deren fachlichen Weisungen. Allen Krankenpflegepersonen wird, soweit möglich, ein ihren Erfahrungen und Kenntnissen entsprechender Tätigkeitsbereich zur selbstständigen Erledigung allgemein und für den Einzelfall überlassen.

e. Wirtschafts- und Verwaltungsdienst

Der Wirtschafts- und Verwaltungsdienst hat die sich aus der Aufgabenstellung des Krankenhauses ergebende wirtschaftliche Versorgung sicherzustellen und die Durchführung der Krankenhausarbeit auf Dauer zu ermöglichen. Die Leitung des Wirtschafts- und Verwaltungsdienstes des Krankenhauses obliegt dem Krankenhausbetriebsleiter (-direktor). Im Rahmen der Gesamtverantwortung des Krankenhausdirektoriums ist er für die Durchführung der oben[108] aufgezählten Aufgaben zuständig.
Der Wirtschafts- und Verwaltungsdienst gliedert sich wie folgt.[109]

---

[108] Siehe S. 41f.
[109] Vgl. Eichhorn, Bd. II, 54ff.

aa. Krankenhausbetriebsleiter (-direktor)

Entsprechend seinen Zuständigkeiten unterstehen dem Krankenhausbetriebsleiter die Wirtschaftsleitung und die Sachverwaltung, die technische Leitung und die Verwaltungsleitung mit den nachstehend dargestellten Aufgaben und Kompetenzen.

- Wirtschaftsleitung und Sachverwaltung: Leitung der Versorgungsdienste (v. a. Speise- und Wäscheversorgung), Beschaffung (Bedarfsermittlung und Einkauf), Haushaltsüberwachung, Materialverwaltung, Anlageverwaltung.
- Technische Leitung: Energieversorgung, Kommunikations- und Transportwesen, Betriebsmittelpflege (Wartung und Instandhaltung), Betriebsmittelerneuerung (Instandsetzung), Betriebsmittelüberwachung (Sicherheitskontrolle), Kraftfahrzeug- und Transportdienst.
- Verwaltungsleitung: Patientenaufnahme, Kassen- und Finanzverwaltung, Leistungserfassung und -abrechnung, Personalverwaltung, Informations- und Rechnungswesen, allgemeine Verwaltung.

bb. Kollegium der Bereichsleiter, der Abteilungsleiter oder der zuständigen Sachbearbeiter

Das Kollegium der Bereichsleiter, der Abteilungsleiter oder der zuständigen Sachbearbeiter (ggf. unter Hinzuziehung von Vertretern der Mitarbeiter im Wirtschafts- und Verwaltungsdienst), dem der Krankenhausbetriebsleiter vorsteht, hat die Aufgabe, für die Koordination des Wirtschafts- und Verwaltungsdienstes im Krankenhaus Sorge zu tragen. In größeren Krankenhäusern kann sich die Koordination des Wirtschafts- und Verwaltungsdienstes mehrstufig vollziehen, sowohl auf der Ebene des Versorgungsdienstes, des technischen Dienstes und des Verwaltungsdienstes als auch auf der Ebene des Gesamtkrankenhauses.

cc. Bereichsleiter, Abteilungsleiter, Gruppenleiter und Sachbearbeiter

Inwieweit sich der Wirtschafts- und Verwaltungsdienst entsprechend seiner Aufgabenstruktur in Abteilungen und Gruppen untergliedert, hängt von der Größe und Struktur des jeweiligen Krankenhauses ab.
In kleineren Krankenhäusern wird es einer Untergliederung des Wirtschafts- und Verwaltungsdienstes in Abteilungen und Gruppen nicht bedürfen.
In mittleren Krankenhäusern (etwa ab 250–650 Betten) wird der Krankenhausbetriebsleiter je nach Bedarf von einem Wirtschaftsleiter, einem technischen Leiter und einem Verwaltungsleiter unterstützt. Die einzelnen Teilaufgaben können wiederum von Abteilungsleitern wahrgenommen werden.
In großen Krankenhäusern (ab 650 Betten) werden je nach Bedarf die bei den Teilaufgaben anfallenden Unteraufgaben von Gruppenleitern wahrgenommen.

VI. Im Krankenhaus tätige Personen und ihre Rechtsverhältnisse

1. Leitende (hauptamtlich tätige) Fachärzte (Chefärzte)

In den Anstaltskrankenhäusern[110] werden in erster Linie die leitenden Fachärzte (Chefärzte) zur Behandlung der in das Krankenhaus aufgenommenen Patienten verpflichtet. Das Dienstverhältnis wird entweder durch Abschluß eines privatrechtlichen Dienstvertrages zwischen dem Krankenhausträger und dem leitenden Facharzt oder durch Berufung des leitenden Facharztes in das Beamtenverhältnis begründet. Die privatrechtlichen Dienstverträge der Krankenhausträger mit den leitenden Fachärzten, die sog. Chefarztverträge, sind – zur Zeit jedenfalls noch[111] – nicht tariflich geregelt, sondern werden überwiegend individuell ausgestaltet. Nachdem die Abfassung dieser Verträge trotz vielfach vorhandener Leitsätze, Richtlinien und Erlasse, die sich mit der Vertragsgestaltung befaßten, schon in der Vergangenheit in der Regel erhebliche Schwierigkeiten bereitet hatten,[112] bildeten seit 1957 die „Grundsätze für die Gestaltung von Verträgen zwischen Krankenhausträgern und leitenden Abteilungsärzten (Chefärzten)“[113], die nach jahrelangen Verhandlungen von der Deutschen Krankenhausgesellschaft (DKG) mit dem Verband der leitenden Krankenhausärzte Deutschlands e. V. vereinbart worden waren, bis zum Inkrafttreten der Krankenhausreformgesetze[114] allgemein die Grundlage für den Abschluß von Chefarztverträgen, obwohl es sich auch dabei nur um Richtlinien handelte, deren Anwendung beim Abschluß von Einzelverträgen empfohlen wurde. Wesentlich ist, daß die Chefärzte danach in der Regel auf unbestimmte Zeit angestellt wurden, daß sie eine Vergütung – mindestens in der Eingangsgruppe des höheren Dienstes – und eine Alters- und Hinterbliebenenversorgung entsprechend den beamtenrechtlichen Bestimmungen erhielten, daß ihnen das Liquidationsrecht gegenüber den Kranken in der 1. und 2. Pflegeklasse und sehr häufig gegenüber den Selbstzahlern der 3. Pflegeklasse eingeräumt wurde und daß sie berechtigt waren, als Nebentätigkeit Sprechstundenpraxis für Selbstzahler (Privatpatienten) abzuhalten, sowie Konsiliartätigkeit auszuüben, wofür ihnen ebenfalls das Liquidationrecht zustand.

In der Zwischenzeit sind diese Grundsätze weitgehend überholt. Zum einen wurden bereits durch die Bundespflegesatzverordnung vom 25. 4. 1973 grundlegende Änderungen insoweit herbeigeführt, als die Pflegeklassen in den Krankenhäusern, auf die die Bundespflegesatzverordnung Anwendung findet,[115] abgeschafft und die Koppelung der Unterbringung des Patienten in einem Ein- oder Zweibettzimmer an das ärztliche

---

[110] Siehe S. 20.

[111] Vgl. S. 50, FN 117.

[112] Siehe hierzu Wolf Eichholz, Die Entwicklung des Arztvertragsrechts in den Krankenhäusern seit 1945, KH 1975, 163ff., insb. 166ff.; W. Adam, 108; Molitor, 65ff.

[113] Veröffentlicht in KH 1957, 138ff.

[114] Gesetz zur wirtschaftlichen Sicherung der Krankenhäuser und zur Regelung der Krankenhauspflegesätze (KHG) vom 29. 6. 1972, BGBl. 1972 I, 1009, zuletzt geändert durch das Krankenhausneuordnungsgesetz vom 20. Dezember 1984 (BGBl. I, 1716) und Verordnung zur Regelung der Krankenhauspflegesätze (Bundespflegesatzverordnung – BPflV) vom 25. 4. 1973, BGBl. 1973 I, 333, zwischenzeitlich ersetzt durch Verordnung zur Regelung der Krankenhauspflegesätze (Bundespflegesatzverordnung – BPflV) vom 21. August 1985 (BGBl. I, 1666).

[115] Vgl. S. 32f.

Liquidationsrecht verboten wurde.[116] Damit wird das chefärztliche Liquidationsrecht zwar eingeschränkt, bleibt im übrigen aber weiterhin möglich;[117] zum anderen sehen die im Anschluß an das KHG und die BPflV erlassenen Krankenhausgesetze der Länder in der Regel eine finanzielle Beteiligung der ärztlichen Mitarbeiter am Liquidationserlös der leitenden Fachärzte vor.[118]
Seit dem Inkrafttreten der Bestimmungen des KHG über die Krankenhauspflegesätze (1. Juli 1972) bzw. dem Inkrafttreten der jeweiligen Landeskrankenhausgesetze müssen die Verträge mit den leitenden Krankenhausfachärzten diesen Änderungen angepaßt werden, sofern das betreffende Krankenhaus dem Anwendungsbereich dieser Bestimmungen unterliegt.[119] So erfolgt die Vergütung der leitenden Krankenhausfachärzte regelmäßig[120] jetzt in der Weise, daß ihnen neben einer festen Vergütung das Liquidationsrecht für die Fälle eingeräumt wird, in denen der Patient die ärztliche Behandlung als Wahlleistung verlangt.[121] Die Wahl der Rechtsform, in der das Liquidationsrecht dem Patienten gegenüber ausgeübt werden soll, bleibt - wie auch vor Inkrafttreten der Krankenhausreformgesetze[122] - den Vertragspartnern überlassen.[123] Sie können frei vereinbaren, ob der Chefarzt berechtigt sein soll, selbst und unmittelbar in vertragliche Beziehungen zu den Patienten zu treten, oder ob der Patient nur mit dem Krankenhausträger kontrahieren und dem Chefarzt die Gläubigerstellung hinsichtlich seiner Honorarforderung entweder durch einen vom Krankenhausträger mit den Patienten abgeschlossenen Vertrag zu Gunsten Dritter gemäß § 328 BGB oder durch Vorausabtretung der künftigen Liquidationsforderungen des Krankenhauses eingeräumt werden soll.[124] Ist nicht eindeutig feststellbar, ob das eine oder das andere gewollt ist, so muß der Wille der Parteien durch Auslegung der Vertragserklärungen ermittelt werden.

---

116 Siehe hierzu S. 28ff.

117 So die allgemeine Meinung: Diederichsen, 71ff., 78f., 91ff.; Busse, Die Rechtsstellung der leitenden Krankenhausärzte, 185; Gitter, Zum Privatliquidationsrecht der leitenden Krankenhausärzte, 31ff., 48f.; Küchenhoff, Med. Klinik 1974, 115 (116); Busse, ArztR. 1972, 185 (186); Uhlenbruck, Bundespflegesatzverordnung, Freiberuflichkeit und originäres Liquidationsrecht leitender Krankenhausärzte, ArztR. 1973, 59 (63); Brandecker/Wilhelmy/Willner, 54, 60ff.; immer häufiger wird heute auch die Forderung erhoben, daß die Liquidationsbefugnis der leitenden Krankenhausfachärzte gegenüber selbstzahlenden Patienten völlig abgeschafft und durch ein System fester Vergütungen ersetzt werden müsse; vgl. W. Eichholz, KH 1975, 167ff.; W. Adam, 110ff., 166ff.; Brandecker/Wilhelmy/Willner, 53, 55f.; Diederichsen, 5, 11f., 79.

118 Vgl. §§ 19ff. KrankenhausG. Ba-Wü, § 20 KRG Rhld.-Pf. und ausführlich hierzu Narr, Rdnr. 999ff.; W. Adam, 109ff.; Brandecker/Wilhelmy/Willner, 62ff.; Brandecker, 43ff.; Lippert, Rechtsprobleme der Mitarbeiterbeteiligung, NJW 1980, 1884ff.

119 Vgl. hierzu S. 32f.

120 Es ist auch möglich, daß den leitenden Krankenhausärzten in den Chefarztverträgen kein Liquidationsrecht eingeräumt wird; so auch Diederichsen, 78f., 81; Busse, 185; Gitter, 48f.; Wirzbach, Arbeit und Sozialpolitik 1973, 111ff.; LG Hannover NJW 1978, 1695; vgl. hierzu auch S. 85.

121 Zur Ausgestaltung der Chefarztverträge im einzelnen siehe Narr, Rdnr. 1118ff.

122 Siehe S. 49, FN. 114.

123 Diederichsen, 10, 89; Küchenhoff, Die Sozialgerichtsbarkeit 1973, 341ff.; 345ff.; Küchenhoff, Med. Klinik 1974, 117; Uhlenbruck, ArztR 1973, 59ff.; Uhlenbruck, NJW 1973, 1399ff.; Brandecker/Wilhelmy/Willner, 53; AG Saarbrücken VersR 1976, 362; LG Hannover NJW 1978, 1695; LG Flensburg NJW 1978, 2342 mit Anm. von Weißauer, 2342.

124 Vgl. hierzu S. 85.

Zutreffend und mit eingehender Begründung hat in diesem Zusammenhang Diederichsen[125] zu der v. a. in der Vergangenheit heftig umstrittenen Frage[126], ob dem Krankenhausträger oder dem leitenden Krankenhausarzt das Liquidationsrecht „originär"[127] zustehe, so daß jeweils der andere Teil nur ein „derivatives"[128] Liquidationrecht haben könne, nunmehr klargestellt, daß es ein originäres Liquidationsrecht, sei es des Arztes, sei es des Krankenhausträgers, losgelöst von der Gestaltung der vertraglichen Beziehungen zum selbstzahlenden Patienten nicht gibt. Es bestehen nämlich keine Gründe, die das Liquidationsrecht mit einem der Beteiligten quasi naturrechtlich, d. h. unabhängig von der jeweiligen Rechtsordnung, verknüpfen. Das Liquidationsrecht ergibt sich vielmehr ausschließlich aus einem privatrechtlich mit dem Patienten abgeschlossenen Vertrag. Wer dessen Gläubiger und wer dessen Schuldner ist, entscheiden ausschließlich die Vertragsparteien. Nach deren Vereinbarung bestimmt sich auch, wem das Liquidationsrecht zusteht.

Die Frage, ob die leitenden Fachärzte die Behandlung der Patienten, denen gegenüber sie liquidationsberechtigt sind, als Haupt- oder Nebentätigkeit ausüben, ist ebenfalls der Vereinbarung der Vertragsparteien vorbehalten. Nach wie vor wird den leitenden Krankenhausfachärzten häufig auch gestattet, als Nebentätigkeit ambulante Sprechstunden für Selbstzahler abzuhalten. Außerdem kann ihnen die ambulante Behandlung von RVO-Kassenpatienten als Nebentätigkeit erlaubt sein (§ 368 a Abs. 8 RVO).[129]

Finden die Bestimmungen über die Pflegesatzregelung im KHG, die Bundespflegesatzverordnung sowie die Bestimmungen der Landeskrankenhausgesetze über die Beteiligung der ärztlichen Mitarbeiter am Liquidationserlös keine Anwendung, so insbesondere bei nicht gemeinnützigen Privatkrankenhäusern[130], können Chefarztverträge in alter Form abgeschlossen werden. Die vor Inkrafttreten der Krankenhausreformgesetze[131] abgeschlossenen Verträge können außerdem – wenn auch unter Einschränkungen – weiterhin erfüllt werden,[132] so daß die sog. Altverträge auch heute noch von Bedeutung sind.

---

[125] Diederichsen, Die Vergütung ärztlicher Leistungen im Krankenhaus, 48ff.

[126] Ein originäres Liquidationsrecht des Krankenhausträgers bejahen: Molitor, Krankenhaus und Chefarzt, 74ff.; Wohlhage, Liquidationsrecht der leitenden Krankenhausärzte bei Selbstzahlern, 52ff.; ein originäres Liquidationsrecht des leitenden Krankenhausarztes bejahen: Nipperdey, Chefarzt und Krankenhaus, KHA 1949, Heft 4, 4ff.; Knur, Rechtsgutachten über das Liquidationsrecht der leitenden Krankenhausärzte, KHA 1949, Heft 1, 21ff.; Schmelcher, Selbständigkeit und Alleinverantwortlichkeit des leitenden Krankenhausarztes, KHA 1949, Heft 8, 28ff.; Busse, Die Rechtsstellung der leitenden Krankenhausärzte, 36ff.; Küchenhoff, Die Sozialgerichtsbarkeit, 1973, 341ff.; Küchenhoff, Med. Klinik 1974, 115ff.; Gitter, Zum Privatliquidationsrecht der leitenden Krankenhausärzte, 42ff.

[127] Kraft eigenen Rechts.

[128] Kraft Ermächtigung.

[129] Siehe hierzu ausführlich Lippert, Das Nebentätigkeitsbegrenzungsgesetz und die Nebentätigkeiten Leitender Ärzte der Krankenhäuser und Hochschulklinika, NJW 1986, 2876f.

[130] Vgl. S. 32 und § 3 KrankenhausG Ba-Wü, wonach die Bestimmungen dieses Gesetzes nur für die nach dem KHG öffentlich geförderten Krankenhäuser und – teilweise – für die Universitätskliniken gelten.

[131] Siehe S. 49, FN 114.

[132] Siehe S. 31.

Werden die leitenden Krankenhausfachärzte in das Beamtenverhältnis berufen, was selbstverständlich nur bei öffentlichen Krankenhäusern[133] möglich ist, werden häufig entsprechende Rechte und Pflichten nach Maßgabe der beamtenrechtlichen Vorschriften in öffentlich-rechtlichen Verträgen festgelegt. Üblich sind auch einseitige Liquidationszusagen des öffentlich-rechtlichen Krankenhausträgers durch Verwaltungsakt[134].

2. *Als Belegärzte tätige Fachärzte*

In den Belegkrankenhäusern und in den sog. Belegabteilungen der Anstaltskrankenhäuser erfolgt die Behandlung der Krankenhauspatienten in erster Linie durch sog. Belegärzte.[135]

Diese werden aufgrund einer besonderen Vereinbarung mit dem Krankenhausträger, dem sog. Belegarztvertrag, zur stationären Krankenbehandlung im Krankenhaus zugelassen. Der Belegarztvertrag, der im einzelnen verschieden ausgestaltet sein kann, ist ein Vertrag besonderer Art, der keinem der im BGB entwickelten Vertragstypen voll entspricht.[136]

Nachdem auch die Ausgestaltung der Belegarztverträge in der Vergangenheit uneinheitlich war,[137] vereinbarten im Jahre 1959 die Deutsche Krankenhausgesellschaft (DKG) und die Kassenärztliche Bundesvereinigung im Einvernehmen mit der Bundesärztekammer Grundsätze für die Gestaltung von Verträgen zwischen Krankenhausträgern und Belegärzten[138] und schrieben diese Vereinbarung durch gemeinsame Grundsätze vom 6./18. 3.1981[139] über das kooperative Belegarztwesen fort. Seitdem werden die Belegarztverträge auf der Basis dieser Grundsätze abgeschlossen, obwohl es sich hierbei auch nur um Richtlinien handelt, deren Anwendung beim Abschluß von Einzelverträgen empfohlen wird. Die dennoch festzustellende Vielfalt in der Gestaltung belegärztlicher Verträge beruht nicht auf Abweichungen im Grundsätzlichen, sondern auf der unterschiedlichen Ausgestaltung im Einzelfall. Grundsätzlich wird dem Belegarzt in dem Belegarztvertrag das Recht eingeräumt, in Fortsetzung seiner in freier Praxis ausgeübten ambulanten Tätigkeit seine und die ihm überwiesenen[140] Patienten im Krankenhaus unter Inanspruchnahme der hierzu bereitgestellten Räume und Einrichtungen sowie des vorhandenen Hilfspersonals stationär zu behandeln, wobei er – ohne in einem Arbeitsverhältnis oder arbeitnehmerähnlichen Verhältnis zum Krankenhausträger zu stehen – seine stationären ärztlichen Leistungen bei selbst zahlenden Patienten (Privatpatienten; früher: Patienten der 1. und 2. Pflegeklasse sowie Selbstzahlern der 3. Pflegeklasse) unmittelbar mit diesen und bei den sozialversicherten Patienten über die Kassenärztliche Vereinigung abrechnet (vgl. § 368 g Abs. 6 RVO).

---

[133] Siehe S. 22.
[134] Neufelder und Wollenschläger, NJW 1974, 1418; vgl. auch Lippert, NJW 1986, 2876f.
[135] Siehe S. 21.
[136] Siehe hierzu ausführlich R. Eichholz, 35ff.; BGH NJW 1973, 1128.
[137] Siehe hierzu W. Eichholz, KH 1975, 171ff.
[138] Veröffentlicht in: KH 1959, 345ff.
[139] Dt. Ärztebl. 1981, 749ff.
[140] Der Belegarzt ist also berechtigt, auch solche Patienten stationär zu behandeln, die zuvor in der Behandlung anderer Ärzte gestanden haben, so daß ihm nur die Durchführung der stationären Behandlung obliegt; s. hierzu R. Eichholz, 31.

Häufig wird vereinbart, daß der Belegarzt das nachgeordnete ärztliche Personal selbst anstellt und bezahlt. Eine grundsätzliche Änderung der Belegarztverträge aufgrund der Krankenhausreformgesetze war nicht notwendig.[141]

3. Ärztliche Mitarbeiter (Oberärzte, Assistenzärzte)

Das Dienstverhältnis der ärztlichen Mitarbeiter (Oberärzte, Assistenzärzte) wird in der Regel durch den Abschluß eines privatrechtlichen Dienstvertrages mit dem Krankenhausträger begründet. Ihre vertraglichen Beziehungen sind größtenteils tariflich geregelt.[142] Im Bereich der öffentlichen Krankenhäuser regeln sich die Anstellungsbedingungen nach dem Bundesangestelltentarifvertrag (BAT), der für Angestellte des Bundes, der Länder und für Angestellte kommunaler Einrichtungen gilt (§ 1 BAT), sowie nach den zum BAT ergangenen Zusatzregelungen.[143] Daneben gibt es weitere Tarifregelungen, z. B. für konfessionelle Krankenhäuser, die in ihren wesentlichen Regelungen jedoch dem BAT angeglichen sind, so daß die Abweichungen zu den Arbeitsverträgen in öffentlichen Krankenhäusern nur geringfügig sind. Ein Liquidationsrecht gegenüber Selbstzahlern steht den ärztlichen Mitarbeitern selbst nicht zu; sie werden heute jedoch in der Regel am Liquidationserlös der leitenden Krankenhausfachärzte beteiligt.[144] Auch ihnen kann jedoch die ambulante Behandlung von RVO-Kassenpatienten als Nebentätigkeit gestattet sein (vgl. § 368 a, Abs. 8 RVO). In öffentlichen Krankenhäusern besteht auch die Möglichkeit, daß die ärztlichen Mitarbeiter in das Beamtenverhältnis berufen werden.

4. Absolventen des „praktischen Jahres“

Nach der Neuregelung der ärztlichen Ausbildung[145] durch die Approbationsordnung vom 28. 10. 1970[146] erhält der Medizinstudent im letzten Jahr seines Studiums eine ganztägige praktische Ausbildung in einer Krankenanstalt, und zwar in einer Krankenanstalt der Hochschulen oder in besonders hierfür bestimmten Lehrkrankenhäusern.[147]

Die Krankenhausträger und die ihrem Krankenhaus zugewiesenen Studenten treten dabei jedoch in keine vertraglichen Rechtsbeziehungen zueinander. Es liegt vielmehr lediglich ein öffentlich-rechtliches, rein auf dem studentischen Status beruhendes Ausbildungsverhältnis vor.[148]

---

141 Zur Ausgestaltung der Belegarztverträge im einzelnen s. ausführlich R. Eichholz, 30ff.; Narr, Rdnr. 495 g.

142 Zur historischen Entwicklung s. W. Eichholz, KH 1975, 168ff.

143 Siehe hierzu ausführlich Narr, Rdnr. 1091ff.

144 Siehe S. 50.

145 Siehe hierzu ausführlich Narr, Rdnr. 154ff.; W. Adam, 88ff.

146 BGBl. 1970 I, 1458; die Approbationsordnung ist in ihrem wesentlichen Inhalt am 1. 10. 1972 in Kraft getreten und gilt heute in der Fassung vom 19. 12. 1983 (BGBl. 1983 I, 1482).

147 Narr, Rdnr. 167ff.

148 Narr, Rdnr. 183; LAG Berlin ArztR 1978, 324.

5. *Krankenpflegepersonen*

Mit den Krankenpflegern und teilweise auch mit den Krankenschwestern tritt der Krankenhausträger in ein unmittelbar Rechte und Pflichten begründendes Arbeitsverhältnis, das in der Regel durch tarifliche Normen ausgefüllt ist. Sehr häufig werden Krankenschwestern von den Krankenhausträgern auch über einen sog. Schwesterngestellungsvertrag eingestellt, wobei sog. „echte" und „unechte" Gestellungsverträge zu unterscheiden sind.[149]

Beim echten Schwesterngestellungsvertrag schließt der Krankenhausträger einen sog. Dienstverschaffungsvertrag[150] mit dem Schwestern- oder Mutterhausverband[151] ab. Der Verband selbst wird zur Leistung der versprochenen Dienste, also der Pflege der Kranken, das Krankenhaus zur Leistung der vereinbarten Vergütung an den Verband verpflichtet. Die als juristische Personen auftretenden Schwesternschaften schließen den Vertrag im eigenen Namen, so daß die einzelnen Schwestern in kein unmittelbares Dienstvertragsverhältnis zum Krankenhausträger treten.

Beim „unechten" Schwesterngestellungsvertrag, der ebenfalls als Dienstverschaffungsvertrag zu qualifizieren ist, einigt sich der Krankenhausträger mit dem Schwesternverband darüber, daß er Schwestern dieses Verbandes einstellt und der Verband als Gegenleistung dem Krankenhaus die nötige Zahl an Schwestern vermittelt. Im Gegensatz zum echten Gestellungsvertrag schließt hier die einzelne, über den Verband vermittelte Schwester mit dem Krankenhausträger einen Arbeitsvertrag ab, der dann wiederum in der Regel tarifvertraglicher Normsetzung unterliegt.

6. *Nichtärztliches Personal im medizinisch-technischen Dienst und im diagnostisch-therapeutischen Funktionsdienst*

Nachdem die technischen Einrichtungen für Diagnostik, Therapie und Forschung immer komplizierter geworden sind,[152] müssen die Krankenhausträger mehr und mehr speziell hierfür ausgebildete Techniker einstellen. Zudem müssen – v. a. in größeren Krankenhäusern – neben den Ärzten auch andere wissenschaftlich ausgebildete Personen wie Physiker und Chemiker (vorwiegend Biochemiker) beschäftigt werden.

Bei den im diagnostisch-therapeutischen Bereich des Krankenhauses beschäftigen nichtärztlichen Personen sind mehrere Personengruppen zu unterscheiden[153]. Zum einen ist hier die Gruppe der Personen mit akademischer Ausbildung zu nennen, zu der v. a. die Physiker, die Biochemiker, klinische Psychologen, Krankenhausingenieure und Apotheker gehören. Zum anderen gibt es die Gruppe der Assistenten mit Berufsausbildung, zu der die medizinisch-technischen Laboratoriums- und Radiologieassistenten, die Audiometrieassistenten, die Zytologieassistenten, die Dialyseassi-

---

[149] W. Adam, 113ff.; Van Aubel/Eberhard, 471ff.

[150] Schaub, Arbeitsrechtshandbuch, 156f.; vgl. auch LAG Hamm DB 1972, 295.

[151] Hier sind v. a. die kirchlich gebundenen Mutterhausschwestern (z. B. Ordensschwestern und Diakonissen), die nicht kirchlich gebundenen Mutterhausschwestern (z. B. Rotkreuzschwestern) sowie die gesinnungsmäßig gebundenen Schwesternschaften (z. B. der Arbeiterwohlfahrt) zu nennen.

[152] Vgl. hierzu Schipperges, Medizin im Wandel.

[153] Vgl. W. Adam, 98ff., insb. 100ff.

stenten, die Orthopädisten und die Krankenhausfotografen zu rechnen sind. Schließlich sind noch die medizinisch-technischen Gehilfen, die Masseure, Krankengymnasten, Diätassistenten und Hebammen zu nennen.
In der Regel sind alle diese Personen im Angestelltenverhältnis tätig, wobei die vertraglichen Beziehungen mit dem Krankenhausträger größtenteils wiederum tariflich (BAT oder entsprechende Tarifbestimmungen) geregelt sind.

7. *Personal im Wirtschafts- und Verwaltungsdienst*

Schließlich sind im Krankenhaus zahlreiche Personen im wirtschaftlichen Versorgungsdienst und im technischen Dienst (Speise- und Wäscheversorgung, Reinigungsdienst, Energieversorgung, Kommunikations- und Transportwesen) sowie in der Krankenhausverwaltung (Personal- und Sachverwaltung, Finanz- und Kassenwesen, Informations- und Rechnungswesen, Bürowesen, allgemeine Verwaltung) tätig[154].
Ihre Arbeitsverhältnisse mit dem Krankenhausträger sind in der Regel tariflich (BAT oder entsprechende Tarifbestimmungen) geregelt. In öffentlichen Krankenhäusern wird lediglich der Krankenhausbetriebsleiter häufig in das Beamtenverhältnis berufen.

---

154 Vgl. W. Adam, 101ff.

Teil 2

Rechtliche Beziehungen des Patienten bei Inanspruchnahme ärztlicher Leistungen

Die rechtlichen Beziehungen des Patienten, die sich bei der Inanspruchnahme ärztlicher Leistungen ergeben, sind verschieden ausgestaltet. Unterschiede ergeben sich zum einen zwischen ambulanter ärztlicher Behandlung und stationärer Krankenhausbehandlung. Zum anderen ist zu unterscheiden, ob sich der Patient als Privatpatient (Selbstzahler) oder als Kassenpatient in ärztliche Behandlung begibt oder ob die Behandlung in Ausübung hoheitlicher Tätigkeit erfolgt. Diese Unterschiede sind für die Frage der Passivlegitimation von entscheidender Bedeutung.

A. Rechtsbeziehungen bei ambulanter Behandlung

I. Behandlung der Privatpatienten

1. Vertrag zwischen Arzt und Patient

a. In der Einzelpraxis und in der Praxisgemeinschaft

Begibt sich ein Privatpatient in ambulante Behandlung eines niedergelassenen Arztes,[1] der seine Tätigkeit in freier Einzelpraxis oder in Praxisgemeinschaft[2] ausübt, so kommt in der Regel zwischen dem behandelnden Arzt und dem Patienten ein privatrechtlicher Vertrag zustande. Das Rechtsverhältnis zwischen Arzt und Patient ist in diesen Fällen also rein privatrechtlicher Natur.

Besondere Verhandlungen über den Inhalt des Vertrages werden im Normalfall nicht geführt, so daß stets das Übliche als stillschweigend vereinbart gilt.[3] Der Arzt schuldet dem Patienten die erforderlichen medizinischen Maßnahmen nach den Regeln der ärztlichen Kunst.[4] Der Patient ist zur Zahlung des Arzthonorars verpflichtet.[5] Der Arzt hat also nach dem Stande der Wissenschaft[6] zu diagnostizieren, die Patienten zu beraten und aufzuklären[7] und – die Einwilligung[8] des Patienten vorausgesetzt – auf die angemessen einfachste, schnellste und schonendste Weise kunstgerecht[9] zu therapieren

---

1 Siehe S. 5, Fn. 2.

2 Siehe S. 6.

3 Laufs, Arztrecht, Rdnr. 56; Luig, Der Arztvertrag, 227.

4 Zum Inhalt des Arztvertrages: Laufs, Arztrecht, Rdnr. 61; Luig, 231ff.; vgl. auch Münch Komm-Söllner § 611, Rdnr. 55ff.

5 Das Arzthonorar richtet sich nach der Gebührenordnung für Ärzte (GOÄ) vom 12. November 1982 (BGBl 1982 I, 1522); durch schriftliche Vereinbarung kann eine von der GOÄ abweichende Höhe der Vergütung festgelegt werden. Zur neuen GOÄ s. Laufs, Die Entwicklung des Arztrechts 1982/83, NJW 1983, 1346; Borchmann, Die neue Gebührenordnung für Ärzte, NJW 1983, 315ff.; Herzog, Neue Gebührenordnung für Ärzte in Kraft, ArztR 1983, 13ff.; Weißauer, Die neue Gebührenordnung für Ärzte – Tendenzen, Kompetenzen, Interpretationen, MedR 1983, 2ff.

6 Siehe hierzu Kriele, „Stand der medizinischen Wissenschaft“ als Rechtsbegriff, NJW 1976, 355ff.

7 Zur Aufklärungspflicht: Kern/Laufs, Die ärztliche Aufklärungspflicht; Laufs, Arztrecht, Rdnr. 107ff.; Laufs, Die Entwicklung des Arztrechts, NJW 1979, 1232; NJW 1980, 1317; NJW 1981, 1291; NJW 1982, 1321; NJW 1983, 1349, NJW 1984, 1388; NJW 1985, 1366; NJW 1986, 1518; NJW 1987, 1454; Giesen, Wandlungen des Arzthaftungsrechts, 47ff.; Luig, 232ff.; Narr, Rdnr. 867ff., jeweils m. w. N.

8 Der ärztliche Eingriff, der ohne Einwilligung des Patienten vorgenommen wird, ist rechtswidrig; vgl. hierzu ausführlich S. 94f.

9 Zum ärztlichen Behandlungsfehler: Laufs, Arztrecht, Rdnr. 296ff.; Giesen, Wandlungen des Arzthaftungsrechts, 11ff.; Narr, Rdnr. 883ff.; Luig, 245ff., jeweils m. w. N.

mit dem Ziel, die Krankheit zu heilen oder zu lindern.[10] Darüber hinaus ist der Arzt mit der Übernahme der Behandlung zu besonderer Obhut und Fürsorge verpflichtet, um Schaden von dem Patienten abzuwenden.[11] Den Eintritt des tatsächlichen Heilerfolges schuldet er dagegen nicht. Deshalb finden auf den Arztvertrag[12] in aller Regel die Vorschriften über den Dienstvertrag, §§ 611 ff. BGB, Anwendung.[13] Dies gilt auch für Verträge über Operationen.[14] Die Vorschriften über den Werkvertrag, §§ 631 ff. BGB, kommen nur dann in Betracht,[15] wenn der Arzt rein technische Leistungen erbringt, wie etwa bei der Herstellung und Lieferung von Prothesen, Korsetts oder Schuheinlagen durch einen Orthopäden.[16]

Der Vertrag des Zahnarztes mit dem Patienten ist ebenfalls ein Dienstvertrag. Dies gilt auch für die zahnprothetische Behandlung. Werkvertragsrecht ist jedoch dann anzuwenden, wenn eine spezifisch zahnärztliche Heilbehandlung nicht vorliegt, sondern wenn es nur um die technische Anfertigung der Prothese geht.[17]

Mit den anderen in der Arztpraxis tätigen Personen tritt der Patient nicht in vertragliche Beziehungen.[18] Dies gilt sowohl für die nichtärztlichen Mitarbeiter (z.B. Arzthelferinnen, Krankenschwestern usw.) wie auch für die ärztlichen Mitarbeiter (Famuli,[19] Assistenzärzte).[20] Selbst wenn in Abwesenheit des Praxisinhabers in der Praxis ein Vertreter[21] tätig wird, kommt der Behandlungsvertrag nicht mit dem

---

[10] Zur Therapiefreiheit siehe Siebert, Strafrechtliche Grenzen ärztlicher Therapiefreiheit.

[11] Siehe hierzu Laufs, Arztrecht, Rdnr. 305ff.; Laufs, Die Entwicklung des Arztrechts, NJW 1979, 1231; NJW 1980, 1316; NJW 1981, 1290; NJW 1982, 1320; NJW 1983, 1347; NJW 1984, 1385f.; NJW 1985, 1365; NJW 1986, 1520; NJW 1987, 1452f.

[12] Vgl. den Gesetzesvorschlag zum medizinischen Behandlungsvertrag von Deutsch und Geiger, „Empfiehlt sich eine besondere Regelung der zivilrechtlichen Beziehungen zwischen dem Patienten und dem Arzt im BGB?" in: Gutachten und Vorschläge zur Überarbeitung des Schuldrechts, Bd. II, 1981, 1049ff., Bundesminister der Justiz (Hrsg).

[13] Laufs, Arztrecht, Rdnr. 54; Kern/Laufs, Die ärztliche Aufklärungspflicht, 154; Giesen, Wandlungen des Arzthaftungsrechts, 3; Palandt-Putzo, Anm. 2 a bb Einf. vor § 611; Münch Komm-Söllner, § 611, Rdnr. 44; Soergel-Wlotzke-Volze, Rdnr. 101 vor § 611; Staudinger-Mohnen-Neumann, Rdnr. 185 vor § 611.

[14] So auch OLG Düsseldorf NJW 1975, 595 (für die Sterilisation).

[15] Die Unterscheidung ist für das Entstehen und die Fälligkeit des Vergütungsanspruchs sowie für die Auflösung des Vertrages von Bedeutung. Zur Abgrenzungsproblematik siehe: Laufs, Arztrecht, Rdnr. 54ff.; Luig, 225ff.; vgl. auch Narr, Rdnr. 853.

[16] AG Krefeld NJW 1967, 1512.

[17] So auch BGH NJW 1975, 305; dagegen Jakobs, Die zahnärztliche Heilbehandlung als Werkleistung, NJW 1975, 1437ff. und Barnikel, Anm. zum Urteil des BGH (NJW 1975, 305), NJW 1975, 592, die bei zahnärztlicher Behandlung überhaupt Werkvertragsrecht anwenden wollen; vgl. auch die im übrigen uneinheitliche Rechtsprechung: OLG Karlsruhe NJW 1967, 1512; LG Wuppertal NJW 1965, 349; LG Bremen NJW 1965, 2015; LG Offenburg NJW 1959, 817; LG Hannover NJW 1980, 1340.

[18] Vgl. LG Hannover 1981, 1320, für einen in einer Praxis angestellten Zahnarzt.

[19] Nach der Approbationsordnung muß der Medizinstudent während des Studiums eine 4monatige Tätigkeit als Famulus ableisten (§ 7 ApprO); siehe hierzu Narr, Rdnr. 195ff., 969.

[20] Assistent ist, wer unter Anleitung und Kontrolle bei gleichzeitiger Anwesenheit des Praxisinhabers tätig wird, wobei Ausbildungs-, Entlastungs- oder Weiterbildungsassistenten zu unterscheiden sind. Siehe hierzu ausführlich Narr, Rdnr. 1078ff.

[21] Hier ist die kollegiale Vertretung bei kurzfristiger Abwesenheit des Praxisinhabers (z.B. Urlaub, Weiterbildungsveranstaltungen usw.) von der längerfristigen Beschäftigung eines Vertreters auf Kosten und für Rechnung des Praxisinhabers zu unterscheiden; siehe hierzu ausführlich Narr, Rdnr. 1064ff.

Vertreter, sondern mit dem Praxisinhaber zustande. Der Vertreter schließt den Vertrag mit dem Patienten nicht im eigenen Namen, sondern stellvertretend im Namen des Praxisinhabers ab.[22]

b. In der Gemeinschaftspraxis

Anders ist die Rechtslage dann zu beurteilen, wenn der Patient sich in eine Gemeinschaftspraxis[23] begibt. Da die in einer Gemeinschaftspraxis zusammengeschlossenen Ärzte als Einheit auftreten und deshalb lediglich *eine* Praxis besteht, kommt der Behandlungsvertrag regelmäßig[24] nicht mit dem einzelnen Arzt zustande,[25] sondern mit allen Partnern der Gemeinschaftspraxis; diese bilden eine Gesellschaft des bürgerlichen Rechts.[26] Mit den anderen in der Gemeinschaftspraxis tätigen Personen tritt der Patient auch hier nicht in vertragliche Beziehungen.

c. Im Krankenhaus

Begibt sich der Privatpatient zur ambulanten Behandlung in ein Krankenhaus, so ist zu unterscheiden, ob das Krankenhaus selbst als Institution die ambulanten Leistungen anbietet - in diesem Fall spricht man von „Institutsleistungen" - oder ob die ambulanten Leistungen - wie es nach den gegenwärtigen Rechts- und Vertragsverhältnissen in der Regel der Fall ist - als sog. „Vertragsleistungen" von den leitenden Krankenhausärzten im Rahmen ihrer genehmigten Nebentätigkeit erbracht werden.[27] Lediglich im zuletzt genannten Fall kommt ein Behandlungsvertrag zwischen dem leitenden Krankenhausarzt und dem Patienten zustande. Vertragliche Beziehungen entstehen weder zum Krankenhausträger noch zu den anderen Krankenhausmitarbeitern.[28] Werden die ambulanten Leistungen dagegen ausnahmsweise vom Krankenhaus als Institutsleistungen erbracht - wie es derzeit praktisch nur in den poliklinischen Einrichtungen der Hochschulen[29] der Fall ist - so kommen vertragliche Beziehungen des Patienten lediglich zum Krankenhausträger zustande, der die Leistungen unter Zuhilfenahme angestellter Ärzte und nichtärztlicher Mitarbeiter erbringt. Zu den behandelnden Ärzten und den anderen Krankenhausmitarbeitern entstehen dagegen keine vertraglichen Beziehungen.[30]

---

[22] Narr, Rdnr. 1074, 854; vgl. auch OLG Düsseldorf, VersR 1985, 370.

[23] Siehe S. 6.

[24] Ausnahmen sind möglich, etwa wenn der Arzt nicht im Zusammenhang mit der Praxis Dienstleistungen erbringt, Sondergutachten erstattet usw.

[25] Narr, Rdnr. 1141; Henke, NJW 1974, 2038; Uhlenbruck, Arztrecht 1969, 153f; BGH NJW 1986, 2364 = MedR 1986, 321.

[26] Narr, Rdnr. 1141; Henke, NJW 1974, 2035f.; Uhlenbruck, ArztR 1969, 154; BSG MedR 1983, 196; BGH NJW 1986, 2364 = MedR 1986, 321.

[27] Vgl. hierzu W. Adam, 149ff.

[28] W. Adam, 150; Narr, Rdnr. 858.

[29] Vgl. S. 7.

[30] W. Adam, 150.

2. *Hinzuziehung weiterer Ärzte*

Besonderheiten hinsichtlich der rechtlichen Beziehungen zwischen den Beteiligten ergeben sich in den Fällen ambulanter Behandlung dann, wenn sich zur Versorgung des Patienten die Hinzuziehung eines oder mehrerer anderer Ärzte als notwendig erweist. Je nach Umfang der Tätigkeit des hinzugezogenen Arztes sind folgende Fallgruppen zu unterscheiden:

a. Erteilung eines Rates

Der behandelnde Arzt bespricht den Krankheitsfall mit einem anderen Arzt, dem er die Krankheitsgeschichte nur theoretisch geschildert hat.
Gibt der mit dem Fall konfrontierte Arzt eine Stellungnahme ab, so kommen vertragliche Beziehungen zwischen diesem und dem Patienten nicht zustande. Möglich ist jedoch ein Raterteilungsvertrag zwischen dem behandelnden und dem hinzugezogenen Arzt. Hierfür müssen allerdings konkrete Anhaltspunkte vorliegen. Insbesondere muß der behandelnde Arzt den Kollegen ausdrücklich um die Erteilung eines Rates gebeten und dabei zum Ausdruck gebracht haben, daß er eine verbindliche Erklärung erwarte.
In aller Regel wird der mit dem Krankheitsfall konfrontierte Arzt jedoch keine verbindliche Stellungnahme abgeben wollen, so daß ein Raterteilungsvertrag nicht angenommen werden kann. Dies gilt insbesondere dann, wenn sich – wie es häufig der Fall sein wird – die Arztkollegen rein zufällig treffen und der eine dem anderen die Sache lediglich interessehalber vorträgt. Es liegt in diesen Fällen lediglich eine unverbindliche Erteilung eines Rates vor, so daß § 676 BGB zur Anwendung kommt, wonach derjenige, der einem anderen einen Rat oder eine Empfehlung erteilt, in aller Regel zum Ersatz des aus der Befolgung des Rates oder der Empfehlung entstehenden Schadens nicht verpflichtet ist.[31]

b. Konsilium

Weiterhin besteht die Möglichkeit, daß der behandelnde Arzt einen oder mehrere andere Ärzte zur Beratung über die zu stellende Diagnose und/oder die zur Behandlung des Patienten einzuschlagende Therapie hinzuzieht. In diesem Fall spricht man von einem Konsilium.[32] In der Regel wird der Beratung eine diagnostische Tätigkeit (Untersuchung des Patienten, Begutachtung von Röntgenbildern usw.) des Konsiliararztes vorausgehen; begriffsnotwendig ist dies allerdings nicht, weil auch (z. B. bei eindeutiger Diagnose) ein Konsilium allein über die Festlegung des Heilplanes möglich ist. Die diagnostische Tätigkeit des Konsiliararztes geschieht jedoch allein zum

---

[31] Vgl. Andreas und Siegmund-Schultze, Abgrenzung von Konsilium und Mitbehandlung, ArztR. 1977, 243ff. (245).
[32] Narr, Rdnr. 724; Andreas und Siegmund-Schultze, ArztR 1977, 243ff.; Grosse bei Kuhns I, 177.

Zwecke der Beratung. Eine Behandlung des Patienten umfaßt die Konsiliartätigkeit dagegen nicht.[33]

Für die Hinzuziehung eines Konsiliararztes wird der behandelnde Arzt in der Regel die Zustimmung des Patienten eingeholt haben. In diesen Fällen kommt dann zwischen dem Konsiliararzt und dem Patienten ein eigenes Vertragsverhältnis zustande.

Fehlt die ausdrückliche Zustimmung des Patienten, so kann der Vertragsschluß auch konkludent erfolgen, so z. B. dadurch, daß der Patient die Untersuchung durch den Konsiliararzt duldet. Ist auch dies nicht der Fall – wie beispielsweise beim bewußtlosen Patienten[34] – entsteht eine vertragsähnliche Beziehung nach den Grundsätzen der Geschäftsführung ohne Auftrag,[35] sofern die Hinzuziehung des Konsiliararztes dem wirklichen oder mutmaßlichen Willen des Patienten entspricht, wovon in der Regel auszugehen sein wird.[36]

Ein Konsilium kann ausnahmsweise seinen Grund aber auch in einem Vertrag zwischen dem behandelnden Arzt und dem Konsiliararzt haben. Dies wird allerdings lediglich dann der Fall sein, wenn der behandelnde Arzt die konsiliarische Tätigkeit zu seiner eigenen Sicherheit für die von ihm gestellte Diagnose oder Therapie für angebracht hält. In diesen Fällen kommen zwischen Konsiliararzt und Patient weder vertragliche noch vertragsähnliche Beziehungen zustande.[37]

c. *Mitbehandlung*

Schließlich besteht die Möglichkeit, daß ein oder mehrere andere Ärzte zur selbständigen und eigenverantwortlichen diagnostischen und therapeutischen Tätigkeit hinzugezogen werden. In diesem Fall spricht man von Mitbehandlung.[38]

Dabei ist der Fall der Mitbehandlung im eigentlichen Sinne und der Fall der Weiterbehandlung zu unterscheiden. Eine Mitbehandlung im eigentlichen Sinne liegt vor, wenn ein oder mehrere Ärzte die Behandlung gemeinsam durchführen, was in der Regel bei einer Mitbehandlung von Ärzten gleicher Fachrichtung der Fall sein wird. Wird dagegen ein Arzt einer anderen Fachrichtung hinzugezogen, so wird dieser häufig zur selbständigen, alleinverantwortlichen Weiterbehandlung aufgefordert.

In beiden Fällen der Mitbehandlung kommt regelmäßig[39] ein selbständiger Behandlungsvertrag zwischen dem hinzugezogenen Arzt und dem Patienten zustande.

---

[33] Anders Schmelcher bei Kuhns I, 487, der unter Konsilium die Hinzuziehung weiterer Ärzte zum Zwecke der Beratung des behandelnden Arztes oder zur Behandlung weiterer Erkrankungen versteht. Dem kann nicht gefolgt werden, weil danach das Konsilium auch die Mitbehandlung (vgl. S. 63 unten) umfassen würde; vgl. auch OLG Köln MedR 1983, 112.

[34] Siehe hierzu ausführlich S. 64ff.

[35] Zur Problematik der Anwendung der Regeln der Geschäftsführung ohne Auftrag auf das Verhältnis von Arzt und Patient: siehe S. 65f.

[36] Andreas und Siegmund-Schultze, ArztR 1977, 244; Laufs, Arztrecht, Rdnr. 53.

[37] Andreas und Siegmund-Schultze, ArztR 1977, 244.

[38] Siehe hierzu Andreas und Siegmund-Schultze, ArztR 1977, 244; vgl. auch Laufs, Arztrecht, Rdnr. 53.

[39] Zu den Ausnahmen s. S. 64ff.

3. *Behandlung geschäftsunfähiger, beschränkt geschäftsfähiger und bewußtloser Patienten*

Besonderheiten hinsichtlich der rechtlichen Beziehungen zwischen Arzt und Patient ergeben sich bei der Behandlung geschäftsunfähiger und beschränkt geschäftsfähiger Patienten (insbesondere Minderjähriger) sowie bei der Behandlung bewußtloser Patienten.

Geschäftsunfähige oder in der Geschäftsfähigkeit beschränkte Personen können nämlich allein grundsätzlich[40] keine wirksamen Willenserklärungen abgeben und damit auch keine Verträge schließen.[41]

Kommt ein geschäftsunfähiger Minderjähriger (bis zur Vollendung des 7. Lebensjahres) allein zum Arzt und gibt die Erklärungen zum Abschluß des Arztvertrages selbst ab, so kommen vertragliche Beziehungen überhaupt nicht zustande, weil Willenserklärungen von Geschäftsunfähigen unwirksam sind (§ 105 BGB). Handelt es sich dagegen um einen beschränkt geschäftsfähigen Minderjährigen (7.–18. Lebensjahr), so ist zur Wirksamkeit des Arztvertrages die Zustimmung (vorherige Einwilligung oder nachträgliche Genehmigung) des gesetzlichen Vertreters notwendig (§§ 107, 108 BGB). Liegt sie nicht vor, kommen vertragliche Beziehungen in der Regel ebenfalls nicht zustande. Möglich erscheint in diesem Fall jedoch auch, daß der Minderjährige als Bote des gesetzlichen Vertreters dessen Willenserklärungen übermittelt und der Vertrag durch Annahme seitens des Arztes zwischen diesem und dem Vertreter des Patienten mit dem Minderjährigen als berechtigtem Dritten im Sinne des § 328 BGB zustande kommt.

Häufig werden die vertraglichen Erklärungen jedoch nicht von dem Minderjährigen selbst, sondern von den Eltern oder einem Elternteil abgegeben. In diesen Fällen kommt der Vertrag regelmäßig zwischen dem Arzt und den Eltern als Vertrag zugunsten Dritter im Sinne des § 328 BGB zustande.[42] Bei bestehender Ehe werden dabei nach § 1357 BGB beide Elternteile berechtigt und verpflichtet,[43] und zwar unabhängig davon, welcher von beiden Elternteilen die vertraglichen Erklärungen abgegeben hat. Ist die Ehe geschieden oder leben die Eheleute getrennt, findet § 1357 BGB keine Anwendung, so daß grundsätzlich nur der Elternteil aus dem Arztvertrag

---

[40] Ausnahmen können sich nur im Rahmen der partiellen Geschäftsfähigkeit nach den §§ 112, 113 BGB ergeben.

[41] Siehe hierzu ausführlich Laufs, Arztrecht, Rdnr. 58ff.; Uhlenbruck, Der ärztliche Honoraranspruch und seine Durchsetzung, Dt. Med. Wochenschr. 1965, 1883ff., insb. 1885ff.

[42] RGZ 85, 183 und RGZ 152, 175; siehe auch Laufs, Arztrecht, Rdnr. 58; Luig, 229ff.; Uhlenbruck, Dt. Med. Wochenschr. 1965, 1885; Münch Komm-Söllner, § 611, Rdnr. 53; Münch Komm-Gottwald, § 328, Rdnr. 30; Staudinger-Mohnen-Neumann, Rdnr. 188 vor § 611; Erman-Westermann, Rdnr. 19 zu § 328.

[43] Das gleiche gilt heute auch dann, wenn ein Ehepartner sich selbst in ärztliche Behandlung begibt, es sei denn, daß sich aus den Umständen etwas anderes ergibt, so etwa, wenn ein Ehepartner die Krankheit vor dem anderen erkennbar geheimgehalten wissen will; vgl. Münch Komm-Söllner, § 611, Rdnr. 53; Zur Rechtslage vor Inkrafttreten des § 1357 BGB n. F. (1. 7. 1977) Uhlenbruck, Dt. Med. Wochenschr. 1965, 1884ff.

berechtigt und verpflichtet wird, der das Kind in Behandlung gibt.[44] Nur unter ganz besonderen Umständen ist in diesen Fällen davon auszugehen, daß die gesetzlichen Vertreter als solche den Vertrag im Namen des Kindes abschließen wollen.

Im Zweifel ergeben sich also die rechtlichen Beziehungen bei der Behandlung von Minderjährigen im Wege der Auslegung aus den Umständen des Einzelfalles. Dabei sind v. a. die Art der Einlassung der Beteiligten, Ort und Zeit der Erklärungen sowie das frühere Verhalten der Beteiligten und die erkennbaren Interessenlagen zu beachten.[45] Entsprechendes gilt auch für die Behandlung anderer geschäftsunfähiger oder beschränkt geschäftsfähiger Personen. Auch hier kommen ohne Mitwirkung des gesetzlichen Vertreters vertragliche Beziehungen nicht zustande.

Auch der Bewußtlose kann keine Willenserklärungen abgeben und daher keinen Behandlungsvertrag abschließen. Arzt und Patient werden den Vertragsabschluß regelmäßig jedoch nachholen, sobald die Möglichkeit dazu besteht. Das kann auch konkludent durch die Fortsetzung der Behandlung oder durch die Entgegennahme der Rechnung geschehen.[46]

In der Regel entstehen also in allen oben genannten Fällen vertragliche Beziehungen zwischen den Beteiligten. Ist dies ausnahmsweise nicht der Fall, so bestimmen sich die Rechtsbeziehungen zwischen Arzt und Patient nach den Vorschriften des BGB über die Geschäftsführung ohne Auftrag (§§ 677ff. BGB).[47]

Schwierigkeiten ergeben sich dabei jedoch einmal deshalb, weil dann der Arzt nach § 683 BGB nur wie ein Beauftragter Ersatz seiner Aufwendungen verlangen und nicht seine üblichen Gebühren liquidieren könnte. Nach vorherrschender Ansicht ist jedoch insoweit zugunsten des Arztes und anderer Geschäftsführer in ähnlicher Lage eine Ausnahme zu machen. Fällt nämlich das Geschäft in den Kreis der beruflichen und gewerblichen Tätigkeiten des Geschäftsführers und wollte dieser seine Hilfe auch nur gegen Entgelt gewähren, so steht ihm ein Anspruch auf das übliche Honorar zu.[48]

Zum anderen ist gemäß § 680 BGB die Haftung des Geschäftsführers auf Vorsatz und grobe Fahrlässigkeit beschränkt, wenn die Geschäftsführung die Abwendung einer drohenden Gefahr bezweckt, was bei Unglücksfällen in der Regel der Fall sein wird. Da jedoch für die Haftung des Arztes kein Unterschied bestehen darf, ob der Patient den Arzt noch um Hilfe bitten kann, so daß ein Behandlungsvertrag zustande kommt, oder ob er bereits bewußtlos ist, erscheint die Anwendung dieser Haftungserleichterung auf die Durchführung der ärztlichen Behandlung nicht angemessen. § 680 BGB wird deshalb in diesen Fällen nicht angewendet.[49]

---

[44] Vgl. aber LG Saarbrücken NJW 1971, 1894, wonach die Mutter, die von ihrem Ehemann getrennt lebt, berechtigt sein soll, bei akuter Behandlungsnotwendigkeit des Kindes in Vollmacht des Vaters für diesen einen Vertrag mit dem Arzt über die Behandlung abzuschließen. Zurecht kritisch hierzu: Olschewski, Anm. zum Urteil des LG Saarbrücken (NJW 1971, 1894), NJW 1972, 346ff. und Berg, Notgeschäftsführung und Vertretungsmacht bei ärztlicher Behandlung eines Kindes, NJW 1972, 1117.

[45] Laufs, Arztrecht, Rdnr. 58; Uhlenbruck, Dt. Med. Wolchenschr. 1965, 1183ff.

[46] Siehe hierzu Laufs, Arztrecht, Rdnr. 72; Luig, 227ff.

[47] Laufs, Arztrecht, Rdnr. 71; Luig, 227ff.; Münch Komm-Söllner, § 611, Rdnr. 54.

[48] Laufs, Arztrecht, Rdnr. 71; Luig, 228; Palandt-Thomas, Anm. 4a zu § 683; Erman-Hauß, Rdnr. 6 zu § 683; Soergel-Mühl, Rdnr. 4 zu § 683; Staudinger-Nipperdey, Rdnr. 22 zu § 683.

[49] Laufs, Arztrecht, Rdnr. 71; Luig, 227ff.; Uhlenbruck, Dt. Med. Wochenschr. 1965, 45.

Wegen der genannten Schwierigkeiten, die deutlich machen, daß die Bestimmungen des BGB über die Geschäftsführung ohne Auftrag dem Verhältnis Arzt-Patient nicht in vollem Umfang gerecht werden, wird vorgeschlagen,[50] die Regeln über faktische Vertragsverhältnisse - ohne Haftungserleichterung und mit vollem Vergütungsanspruch - anzuwenden.
Dagegen ist jedoch einzuwenden, daß die Grundvoraussetzungen, die zur Hauptgruppe der „faktischen Vertragsverhältnisse" (aus „sozialtypischem" Verhalten) geführt haben, nämlich die dogmatische und praktische Bewältigung der durch ihre Massenhaftigkeit und Typizität geprägten Beziehungen zur öffentlichen „Daseinsvorsorge", überhaupt nicht auf das seinem Wesen nach personale Verhältnis von Arzt und Patient passen. Auch bei der Gruppe der sog. „Eingliederungsverhältnisse", bei denen es im wesentlichen um Abwicklungsschutz hinsichtlich länger dauernder, in Vollzug gesetzter Gemeinschaftsverhältnisse geht, ist die Interessenlage eine andere. Arzt und Patient bedürfen eines solchen Schutzes gerade nicht.[51]

4. Unentgeltliche Behandlung

Die Frage nach den rechtlichen Beziehungen zwischen Arzt und Patient stellt sich schließlich noch in den Fällen, bei denen der Arzt den Patienten unentgeltlich behandelt.[52] Während früher allgemein die Auffassung vertreten wurde, daß in diesen Fällen keine Rechtsbeziehungen zwischen den Beteiligten entstehen, weil der Arzt nicht im Rechtssinne tätig werde, „sondern nur eine Liebespflicht unter Ablehnung jeglicher Rechtsfolgen erfüllen" wolle,[53] ist heute im wesentlichen zwischen 2 Fallgruppen zu unterscheiden:

a. Behandlung von Unterhaltsberechtigten

Zum einen handelt es sich um die Fälle, bei denen der Arzt die Heilbehandlung gegenüber Angehörigen aufgrund seiner gesetzlichen Unterhaltspflicht erfüllt (§§ 1601 ff. BGB). Hier entstehen keine vertraglichen Beziehungen zwischen Arzt und Patient, nachdem der Lebensbedarf im Sinne des § 1610 Abs. 2 BGB auch die Kosten einer notwendigen Heilbehandlung umfaßt und der Unterhaltsverpflichtete bei Vorliegen der gesetzlichen und persönlichen Voraussetzungen die zur gesetzlichen Unterhaltspflicht gehörende Behandlung selbst erbringen kann. Es können daher auch keine Honoraransprüche geltend gemacht werden.

---

[50] So Luig, 228.
[51] Zu den Regeln über das faktische Vertragsverhältnis allgemein: Soergel-Siebert, Rdnr. 85ff. vor § 145 m. w. N.
[52] Siehe hierzu ausführlich Uhlenbruck, Unentgeltliche Heilbehandlung und ärztliche Haftung, Dt. Med. Wochenschr. 1968, 1777ff.
[53] So RG-Recht 1928, Nr. 1546.

Wird die Behandlung durch einen Ehegatten gegenüber dem anderen oder durch einen Elternteil gegenüber dem Kind erbracht, so beschränkt sich die Haftung nach den Vorschriften der §§ 1359 und 1664 Abs. 1 BGB auf die „eigenübliche" Sorgfalt (diligentia quam in suis).[54]

b. *Behandlung von Arztkollegen und Freunden*

Bei der anderen Fallgruppe handelt es sich um die Fälle, bei denen der Arzt gegenüber Arztkollegen, Freunden und deren Angehörigen nicht liquidiert. Hier kommt regelmäßig ein Behandlungsvertrag üblichen Inhalts zustande.[55]

Von einem reinen, für den behandelnden Arzt weithin unverbindlichen Gefälligkeitsverhältnis ohne Vertragscharakter auszugehen, würde den berechtigten Belangen des Patienten nicht gerecht, weil in der Regel dem Patienten der Anspruch auf volle ärztliche Sorgfalt wichtiger sein wird, als ein in Aussicht stehender Honorarverzicht.

Auch die Annahme eines Schenkungsvertrages im Sinne der §§ 516ff. BGB, der eine Haftungsbeschränkung auf Vorsatz und grobe Fahrlässigkeit zur Folge hätte, entspricht in der Regel nicht dem Willen der Beteiligten. Dies bedeutet nicht, daß nicht abweichende Vereinbarungen möglich sind, die die Annahme eines reinen Gefälligkeitsverhältnisses, eines Schenkungsvertrags oder auch eines Auftrags gerechtfertigt erscheinen lassen. Hierfür müssen jedoch besondere Anhaltspunkte vorliegen. Auch sind im Einzelfall Abreden möglich, die die ärztliche Haftung ausschließen oder einschränken. Liegen jedoch auch insoweit keine ausdrücklichen Vereinbarungen vor, ist davon auszugehen, daß auch bei der unentgeltlichen Heilbehandlung die üblichen Anforderungen an die dem Arztvertrag entspringende Sorgfaltspflicht weder entfallen noch abgeschwächt werden.[56]

Vereinbaren die Beteiligten vor Behandlungsbeginn, daß die Behandlung unentgeltlich vorgenommen werden soll, so liegt ein mit dem Behandlungsvertrag gekoppelter antizipierter Erlaßvertrag im Sinne des § 397 BGB vor. Möglich ist auch, daß zunächst ein üblicher entgeltlicher Arztvertrag abgeschlossen wird, der Behandelnde aber nachträglich dann auf die Geltendmachung seiner Dienstleistungsvergütung (anders meist für die Entschädigung von Sachleistungen) verzichtet, wodurch nachträglich ein Erlaßvertrag im Sinne des § 397 BGB zustande kommt.

Häufig wird auch vereinbart, daß der Honoraranspruch des behandelnden Arztes auf den Betrag beschränkt sein soll, den der Patient von der Krankenversicherung erstattet bekommt. Es kommt dann ein Behandlungsvertrag zustande, der mit einem teilweisen antizipierten Erlaßvertrag im Sinne des § 397 BGB gekoppelt ist.

---

[54] Für den Ausschluß dieses milderen Haftungsmaßstabes besteht im Gegensatz zum Fall eines fahrlässig verursachten Verkehrsunfalls (vgl. BGHZ 35, 323; BGHZ 53, 352; BGHZ 61, 101) kein Anlaß.

[55] Uhlenbruck, Dt. Med. Wochenschr. 1968, 1778; BGH NJW 1977, 2120; Münch Komm-Söllner, § 611, Rdnr. 52.

[56] So auch BGH NJW 1977, 2120; BGH NJW 1976, 2344.

II. Behandlung der Kassenpatienten

1. Bedeutung des § 368 d Abs. 4 RVO

Das Rechtsverhältnis zwischen Arzt und Patient ist nach allgemeiner Meinung auch dann privatrechtlicher Natur, wenn sich ein Patient, der Mitglied einer der sogenannten RVO-Krankenkassen des § 225 RVO[57] ist, als Kassenpatient in ambulante ärztliche Behandlung begibt.[58]

Heftig umstritten ist jedoch der Rechtscharakter dieses Rechtsverhältnisses. Ausgangspunkt des Streits sind die verschiedenen Deutungsmöglichkeiten des § 368 d Abs. 4 RVO, wonach die Übernahme der Behandlung den Kassenarzt den zu Behandelnden gegenüber zur Sorgfalt nach den Vorschriften des bürgerlichen Vertragsrechts verpflichtet.

Teilweise wird vertreten, § 368 d Abs. 4 RVO sei nur eine gesetzliche Klarstellung dahingehend, daß – wie zwischen Arzt und Privatpatient – auch zwischen Kassenarzt und Kassenpatient ein bürgerlich-rechtlicher Dienst- oder Werkvertrag zustande kommt, allerdings mit der Besonderheit, daß der Vergütungsanspruch des Arztes nicht gegenüber dem Kassenpatienten, sondern gegenüber der Kassenärztlichen Vereinigung entstehe.[59]

Nach anderer Ansicht handelt es sich bei § 368 d Abs. 4 RVO um eine gesetzliche „Folgenverweisung" auf Vertragswirkungen, die mangels eines Vertrages Kassenarzt – Kassenpatient sonst nicht eintreten würden.

Hinsichtlich des Umfangs der Verweisung sind wiederum verschiedene Meinungen anzutreffen.

Zum einen wird vertreten, § 368 d Abs. 4 RVO ordne für das Verhältnis Kassenarzt – Kassenpatient an, daß es – seinen Wirkungen nicht seinem Grunde nach – in jeder Beziehung (ausgenommen die Honorarzahlungspflicht) wie das bürgerliche Vertragsverhältnis Arzt – Privatpatient behandelt werden solle,[60] etwa nach Art eines gesetzlich angeordneten „faktischen Vertragsverhältnisses".[61]

Zum anderen wird vertreten, § 368 d Abs. 4 RVO gebe dem Kassenpatienten lediglich einen gesetzlichen Schadensersatzanspruch für sorgfaltswidriges ärztliches Verhalten.[62]

---

57 Das sind die Ortskrankenkassen, die Betriebskrankenkassen und die Innungskrankenkassen.

58 Laufs, Arztrecht, Rdnr. 45; Eberhardt, AcP 1971, 289ff.; Bewer bei Kuhns I, 26; Luig, 227; Krauskopf/Siewert, 32; BGHZ 63, 265 = NJW 1975, 589; BGH NJW 1987, 2289.

59 Laufs, Arztrecht, Rdnr. 45; Jantz/Prange, Das gesamte Kassenarztrecht, Anm. II,2 zu § 368 d; Bewer bei Kuhns I,26; Krauskopf/Siewert, 32; Palandt-Putzo, Einf. vor § 611, Anm. 2 a bb; Münch Komm-Söllner, § 611, Rdnr. 49; Soergel-Wlotzke-Volze, Rdnr. 102, vor § 611; Erman-Küchenhoff, Rdnr. 51 vor § 611; Luig, 240; Schindera, Das Recht des Kassenarztes im System der sozialen Krankenversicherung unter besonderer Berücksichtigung des Honorarwesens, 66ff.; Hennies, Das Verhältnis zwischen Kassenarzt und Kassenpatient in rechtlicher Sicht, ÄM 1960, 2335ff. (2336).

60 Siebeck, Vertrags- und Vergütungssystem im Kassenarztrecht, 25ff.; Staudinger-Mohnen-Neumann, Rdnr. 193 vor § 611.

61 Hess/Venter, Das Gesetz über Kassenarztrecht, Anm. IV zu § 368 d; Haueisen, Die Rechtsgrundlage der Beziehungen zwischen Kassenarzt und Kassenpatient, NJW 1956, 1745ff. (1746).

62 Heinemann-Liebold, Kassenarztrecht, Anm. 15 zu § 368 d; Klette, Die Kassenarztverträge der sozialen Krankenversicherung, 216.

Zutreffend und mit eingehender Begründung hat nunmehr jedoch Dietrich Eberhardt[63] dargelegt, daß ein unmittelbares Vertragsverhältnis zwischen Kassenarzt und Kassenpatient nicht angenommen werden kann, weil der Wille der Parteien nicht auf Abschluß eines zivilrechtlichen Vertrages gerichtet ist. Der Kassenpatient geht vielmehr davon aus, daß die Krankenkassen aus seinen Beiträgen seine ärztliche Versorgung „in natura" bereitgestellt hat (sog. Sachleistungsprinzip, § 182 RVO),[64] so daß er sie im Bedarfsfalle nur noch - ohne weitere Kosten und Verpflichtungen - als die ihm zustehende Leistung in Anspruch zu nehmen braucht. Wenn der Kassenpatient also mit dem Krankenschein einen Kassenarzt aufsucht, hat er nicht die gefühls- oder willensmäßige Einstellung, den Arzt zu einer Leistung vertraglich zu verpflichten, sondern er begehrt Behandlung in der berechtigten Auffassung, eine Leistung entgegenzunehmen, die er sich durch seine Mitgliedsbeiträge schon erkauft hat. Der Kassenarzt auf der anderen Seite weiß, daß er mit der Behandlung seine aus der Mitgliedschaft in der Kassenärztlichen Vereinigung resultierende Pflicht zur kassenärztlichen Versorgung (§ 368 a Abs. 4 RVO) erfüllt und als Entgelt einen Vergütungsanspruch gegen die Kassenärztliche Vereinigung[65] erwirbt. Das Gesetz bildet den Rechtsgrund für Leistung und Gegenleistung; die Inanspruchnahme der ärztlichen Leistung durch den Kassenpatienten konkretisiert nur den Leistungsfall. Von einem zivilrechtlichen Vertrag im Sinne einer privatautonomen gewollten Begründung wechselseitiger Rechte und Pflichten kann hier keine Rede sein.[66]

Die juristische wie faktische Situation des Kassenpatienten entspricht also nicht der Stellung eines Vertragspartners des Kassenarztes, sondern der eines Drittberechtigten nach § 328 BGB.[67]

Dementsprechend haben früher Rechtssprechung und Lehre[68] die Einzeldienstverträge, die die Krankenkassen in Erfüllung ihres gesetzlichen Auftrages mit den einzelnen Kassenärzten geschlossen haben,[69] als Verträge zugunsten der Kassenmitglieder im Sinne des § 328 BGB angesehen. Spätestens mit Inkrafttreten des Gesetzes über das Kassenarztrecht vom 17. 8. 1955[70] ist jedoch auch diese Dreieckskonstruktion über § 328 BGB nicht mehr möglich,[71] weil danach die Kassenärztlichen Vereinigungen kraft Gesetzes die Aufgabe haben, die den Krankenkassen obliegende ärztliche Versorgung sicherzustellen und die Kassenärzte ausschließlich aufgrund ihrer Zulassung in Erfüllung mitgliedschaftlicher, nach den Grundsätzen des öffentlichen Rechts zu

---

[63] Eberhardt, AcP 1971, 289ff., insbes. 296ff.

[64] Siehe S. 10.

[65] Siehe S. 11f.

[66] Eberhardt, AcP 1971, 296ff.; Siebeck, 25ff.; Haueisen, NJW 1956, 1746.

[67] Der Dritte, der die ihm aus dem Vertrag gemäß § 328 BGB zustehende Leistung in Anspruch nimmt, tritt dadurch nicht in ein Vertragsverhältnis mit dem Leistenden: Palandt-Heinrichs, Anm. 2 c, Einf. vor § 328; Erman-Westermann, Rdnr. 6, vor § 328; Soergel-Siebert, Anm. 11 vor § 328; RG JW 1938, 2967.

[68] Vgl. Siebeck, 25; Eberhardt AcP, 1971, 295ff. m. w. N.; RGZ 165, 91.

[69] Siehe S. 10.

[70] BGBl. 1955 I, 513.

[71] Unzutreffend deshalb Soergel-Siebert-Schmidt, Rdnr. 8 zu § 328; Luig, 240, die ungeachtet aller Änderungen durch das Gesetz über das Kassenarztrecht vom 17. 8. 1955 weiterhin von einem Vertrag zugunsten Dritter i. S. d. § 328 BGB ausgehen.

beurteilender Pflichten gegenüber der Kassenärztlichen Vereinigung tätig werden.[72] Unmittelbare vertragliche Rechtsbeziehungen zwischen Kassenarzt und Krankenkasse, die für die Anwendung des § 328 BGB die Grundlage bilden könnten, bestehen daher nicht mehr.[73] Auch die „Gesamtverträge" zwischen Kassenärztlicher Vereinigung und Krankenkasse kommen als Grundlage für § 328 BGB nicht in Betracht, weil es sich dabei um öffentlich-rechtliche Verträge handelt, so daß schon aus diesem Grunde ein zivilrechtlicher Anspruch nach § 328 BGB, der sich gerade auf die den öffentlich-rechtlichen Charakter des Vertrages ausmachenden Aufgaben beziehen würde, nicht möglich ist.[74]

Nachdem also weder ein unmittelbares Vertragsverhältnis zwischen Kassenarzt und Kassenpatient angenommen werden kann, noch unmittelbar die Dreieckskonstruktion über § 328 BGB weiterhin möglich ist, mußte der Gesetzgeber mit § 368 d Abs. 4 RVO die früher über die Dreieckskonstruktion erreichte Gleichstellung des Kassenpatienten mit dem Privatpatienten auf bürgerlich-rechtlichem Gebiet auch für das neue Recht sicherstellen und so eine durch das Ende des Einzeldienstvertrages entstandene Lücke schließen. Es ist daher davon auszugehen, daß § 368 d Abs. 4 RVO mit der „Übernahme der Behandlung" ein besonderes, durch die Integration in das soziale Krankenversicherungssystem geprägtes und determiniertes gesetzliches Schuldverhältnis zwischen Kassenarzt und Kassenpatient entstehen läßt.[75]

Der Charakter dieses gesetzlichen Schuldverhältnisses läßt sich aber nicht durch die Annahme eines gesetzlich anerkannten und bestimmten „faktischen Vertragsverhältnisses"[76] bestimmen, nachdem – wie oben dargelegt[77] – das Verhältnis Kassenarzt – Kassenpatient nach seiner objektiven wie subjektiven Grundstruktur nicht das von vertragsschließenden Parteien ist, sondern das der Inanspruchnahme einer bereits bezahlten und zur Verfügung stehenden Leistung durch einen Berechtigten bei einem Verpflichteten.[78]

Andererseits wäre auch die Annahme eines gesetzlichen Schadensersatzanspruchs für sorgfaltswidrige Behandlung als ausschließlicher Inhalt des § 368 d Abs. 4 RVO[79] zu wenig, nachdem bereits der Gesetzeswortlaut des § 368 d Abs. 4 RVO darauf hinweist, daß der Kassenpatient Gläubiger eines schuldrechtlichen Behandlungsanspruchs werden soll.[80]

Da – wie oben dargelegt[81] – die juristische wie faktische Situation des Kassenpatienten der Stellung des Drittberechtigten gemäß § 328 BGB entspricht, der unmittelbare Weg über § 328 BGB durch das Gesetz über das Kassenarztrecht vom 17. 8. 1955 jedoch endgültig unpassierbar geworden ist, ist das durch „die Übernahme der Behandlung"

---

72 Vgl. S. 11f.

73 Eberhardt AcP 1971, 303ff.; Siebeck, 24ff.

74 Eberhardt, AcP 1971, 306ff.

75 Eberhardt, AcP 1971, 301ff., 306ff.; Siebeck, 25; Hess-Venter, Anm. I, 3 zu § 368 a; so jetzt auch Erman-Westermann, Rdnr. 19 zu § 328; Palandt-Heinrichs, Anm. 2d zu § 328. Münch Komm-Gottwald, § 328, Rdnr. 30; vgl. auch BGH NJW 1986, 2364; BGH, NJW 1987, 2289.

76 Vgl. S. 68.

77 Siehe S. 69.

78 Vgl. Eberhardt, AcP 1971, 302.

79 Vgl. S. 69.

80 Vgl. Eberhardt, AcP 1971, 303.

81 Siehe S. 69.

entstehende gesetzliche Schuldverhältnis zwischen Kassenarzt und Kassenpatient an der früheren Dreieckskonstruktion auszurichten und mit dem Inhalt zu füllen, den das Rechtsverhältnis zwischen Kassenarzt und Kassenpatient früher hatte. Als Inhalt sind demnach grundsätzlich die rechtlichen Beziehungen anzunehmen, wie sie zwischen dem Kassenarzt als Versprechendem und dem Kassenpatienten als Drittberechtigtem gemäß §§ 328, 611ff. BGB bestanden haben.[82]
Der Umfang der Verpflichtung des Kasssenarztes bei der Behandlung von Kassenpatienten entspricht daher dem Umfang der Verpflichtung des Arztes bei der Behandlung von Privatpatienten.[83]

2. *Berechtigte des § 368 d Abs. 4 RVO*

Der Kassenpatient erwirbt also mit der „Übernahme der Behandlung"[84] kraft Gesetzes (§ 368 d Abs. 4 RVO) einen bürgerlich-rechtlichen Anspruch auf sorgfältige Behandlung gegen den Kassenarzt, wie er ihn als Berechtigter aus einem Vertrag zugunsten Dritter nach § 328 BGB erworben hätte. Dies gilt sowohl für das Kassenmitglied selbst wie auch für seine mitversicherten Angehörigen, die – wie es sich bereits aus dem Wortlaut des § 368 d Abs. 4 RVO ergibt[85] – mit der Behandlungsübernahme einen eigenen Anspruch auf sorgfältige Behandlung erwerben.[86]
Die Behandlungsübernahme ist dabei ein rein tatsächlicher Vorgang, nämlich der Beginn der Behandlung. Dies hat zur Folge, daß bei der Behandlung geschäftsunfähiger, beschränkt geschäftsfähiger sowie bewußtloser Kassenpatienten nicht wie u. U. bei den Privatpatienten auf die dem Verhältnis zwischen Arzt und Patient nicht in vollem Umfang gerecht werdenden Vorschriften der Geschäftsführung ohne Auftrag[87] zurückgegriffen werden muß, zu deren Anwendung die Vertreter der Vertragstheorie[88] notwendigerweise gelangen müssen.[89]
Nach der hier vertretenen Auffassung erfüllt der Kassenarzt vielmehr mit der Behandlung des geschäftsunfähigen oder bewußtlosen Patienten nichts anderes als den durch die Behandlungsübernahme endgültig zur Entstehung gekommenen, nach den Grundsätzen des bürgerlichen Vertragsrechts zu beurteilenden Behandlungsanspruch des Kassenpatienten nach § 368 d Abs. 4 RVO in Verbindung mit §§ 328, 611 BGB. Die strengen willensmäßigen Kontraktvoraussetzungen müssen für die Entstehung dieses Anspruchs also nicht vorliegen.[90] Der Anspruch auf sorgfältige Behandlung nach § 368 d Abs. 4 RVO in Verbindung mit §§ 328, 611ff. BGB besteht allerdings dann nicht, wenn der Patient zur kassenärztlichen Behandlung nicht berechtigt ist, etwa weil

---

82 Eberhardt, AcP 1971, 303ff., insbes. 307ff.
83 Siehe hierzu Eberhardt, AcP 1971, 316 und oben S. 59ff.
84 Nicht bereits mit dem Hilfeersuchen des Kassenpatienten; siehe hierzu Eberhardt, AcP 1971, 315ff.
85 § 368 d Abs. 4 RVO spricht von Sorgfalt gegenüber „dem zu Behandelnden".
86 Dies gilt, obwohl nach § 205 RVO nur der Versicherte den Anspruch gegen die Krankenkasse auf Krankenhilfe für die Familienangehörigen hat und folglich nur er allein zur Durchsetzung gegenüber der Kasse berechtigt ist. Vgl. hierzu ausführlich: Eberhardt, AcP 1971, 311.
87 Siehe S. 65.
88 Siehe S. 68, FN 59.
89 So ausdrücklich: Laufs, Arztrecht, Rdnr. 71; Luig, 227ff.
90 Eberhardt, AcP 1971, 308, 311ff.; Haueisen, NJW 1956, 1746.

er ohne „triftigen Grund" im Quartal den Kassenarzt gewechselt hat (Verstoß gegen § 368 d Abs. 3 RVO). Dies gilt selbst dann, wenn ein Krankenschein vorgelegt wird. In diesen Fällen kommt - falls keine besondere Vereinbarung zwischen Kassenarzt und Kassenpatient vorliegt - nach der hier vertretenen Auffassung kein Behandlungsvertrag mit dem Kassenarzt zustande.[91] Da auch das gesetzliche Schuldverhältnis nach § 368 d Abs. 4 RVO, aufgrund dessen der Kassenarzt seine Leistung zu erbringen glaubte, nicht besteht, hat der Kassenarzt seine Leistung ohne Rechtsgrund erbracht und kann daher das „Geleistete" vom Patienten nach den Grundsätzen der „ungerechtfertigten Bereicherung" herausverlangen. Nach § 812 Abs. 1 BGB in Verbindung mit § 818 Abs. 2 BGB ist der Wert der geleisteten Dienste herauszugeben.[92]

3. *Verpflichtete des § 368 d Abs. 4 RVO*

Der Anspruch der Kassenpatienten nach § 368 d Abs. 4 RVO in Verbindung mit §§ 328, 611 ff. BGB besteht gegenüber allen Ärzten, die an der kassenärztlichen Versorgung teilnehmen.

Das sind zum einen die Kassenärzte der sog. RVO-Krankenkassen,[93] das heißt alle freiberuflich tätigen Ärzte, die durch die Zulassung zur „kassenärztlichen Versorgung" berechtigt und verpflichtet sind.[94]

§ 368 d Abs. 4 RVO verpflichtet zum anderen auch die sog. „beteiligten Ärzte"; das sind die angestellten oder im Beamtenverhältnis stehenden leitenden Krankenhausärzte (Chefärzte und Leiter selbständiger Fachabteilungen) oder anderen Krankenhausfachärzte, die unmittelbar oder auf Überweisung durch Kassenärzte an der kassenärztlichen Versorgung beteiligt wurden.[95] Sie haben, ohne Kassenärzte zu sein, für die Dauer und den Umfang ihrer Beteiligung die Rechte und Pflichten der Kassenärzte. Gleiches gilt für die „in besonderen Fällen" zur Teilnahme an der kassenärztlichen Versorgung ermächtigten Ärzte.[96]

§ 368 d Abs. 4 RVO verpflichtet außerdem die ärztlich geleiteten Einrichtungen, die zur Teilnahme an der kassenärztlichen Versorgung ermächtigt wurden,[97] sowie die poliklinischen Einrichtungen der Hochschulen,[98] die die ambulanten Leistungen als

---

[91] Zur Begründung: s. S. 69; anders die Vertreter der Vertragstheorie, nach deren Auffassung der Vertrag in diesen Fällen hinsichtlich der Vergütung lediglich einen anderen Inhalt bekommt. An die Stelle der nicht entstehenden oder zumindest nicht durchsetzbaren Honorarforderung gegen die Kassenärztliche Vereinigung tritt der normale dienstvertragliche Vergütungsanspruch gegen den Patienten selbst, dessen Höhe mangels einer speziellen Vereinbarung nach § 612 Abs. 2 BGB durch die amtliche Gebührenordnung bestimmt wird. Vgl. Hennies, ÄM 1960, 2335 ff. (2337); Münch Komm-Söllner, § 611, Rdnr. 69.

[92] Eberhardt, AcP 1971, 320 ff.; Münch Komm-Gottwald, § 328, Rdnr. 30; zur Frage des Vergütungsanspruchs des Kassenarztes bei Nichtvorlage des Krankenscheins trotz Berechtigung des Kassenpatienten zur Kassenärztlichen Versorgung siehe Eberhardt, AcP 1971, 317 ff.; Münch Komm-Gottwald, § 328, Rdnr. 30; Münch Komm-Söllner, § 611, Rdnr. 69.

[93] Das sind alle Orts-, Betriebs- und Innungskrankenkassen; § 225 RVO.

[94] Siehe § 368 a RVO u. oben S. 11.

[95] Siehe § 368 a Abs. 1 und 8 RVO u. oben S. 12, BGH NJW 1987, 2289.

[96] Siehe § 368 a Abs. 1, § 368 c Abs. 2 Ziff. 12 RVO u. oben S. 12.

[97] Siehe S. 12.

[98] Siehe S. 12.

sog. Institutsleistungen[99] erbringen. Der Anspruch des Patienten nach § 368 d Abs. 4 RVO in Verbindung mit §§ 328, 611 ff. BGB besteht hier deshalb nicht gegenüber dem behandelnden Arzt, sondern ausschließlich gegenüber dem Krankenhausträger oder dem sonstigen Inhaber der ärztlich geleiteten Einrichtung.[100]

Schließlich besteht der Anspruch nach § 368 d Abs. 4 RVO auch gegenüber dem Notfallarzt.[101] Das ist der nichtzugelassene, nichtbeteiligte und auch nichtermächtigte Arzt, den der Kassenpatient nach § 368 d Abs. 1 S. 2 RVO „in Notfällen" in Anspruch nehmen darf. Unter einem Notfall ist eine akute Bedrohung der gesundheitlichen Existenz, also eine gesundheitliche Notlage zu verstehen, für deren Behebung ein Kassenarzt nicht rechtzeitig zur Verfügung steht.[102] Da dem Versicherten dieses Recht zur Inanspruchnahme gesetzlich eingeräumt wurde, geht man davon aus, daß die §§ 368 ff. RVO ein öffentlich-rechtliches Auftragsangebot an den Nichtkassenarzt enthalten, in Notfällen wie ein Kassenarzt zur kassenärztlichen Versorgung tätig zu werden.[103] Ein Notfallarzt steht also insoweit dem Kassenarzt gleich. Nach Sinn und Zweck der Vorschrift ist daher auch auf ihn die Anwendung des § 368 d Abs. 4 RVO geboten.

Der Anspruch nach § 368 d Abs. 4 RVO besteht nur gegenüber dem behandelnden Kassenarzt, nicht auch gegenüber den anderen in der Kassenarztpraxis tätigen Personen (wie Vertreter, Famuli, Assistenzärzte, nichtärztliche Mitarbeiter). Dies gilt sowohl für die Einzelpraxis wie auch für die Praxisgemeinschaft.[104]

Lediglich dann, wenn der Patient sich in eine Gemeinschaftspraxis[105] begibt, entsteht der Anspruch nicht nur gegenüber dem ihn gerade behandelnden Arzt, sondern gegenüber allen Partnern der Gemeinschaftspraxis, weil hier die „Übernahme der Behandlung" nicht durch den einzelnen Arzt, sondern durch alle Partner der Gemeinschaftspraxis erfolgt. Gegenüber den anderen in der Gemeinschaftspraxis tätigen Personen (ärztliche wie nichtärztliche Mitarbeiter) entsteht der Anspruch jedoch auch hier nicht.

Werden zur Versorgung des Patienten ein oder mehrere andere Ärzte hinzugezogen, so entsteht nach der hier vertretenen Auffassung, wonach mit der Behandlungsübernahme ein gesetzliches Schuldverhältnis zwischen Kassenarzt und Kassenpatient entsteht, der Anspruch nach § 368 d Abs. 4 RVO mit dem Beginn der Tätigkeit des Konsiliararztes[106] oder des mitbehandelnden Arztes.[107] Dies gilt unabhängig davon, ob der Patient von der Tätigkeit des hinzugezogenen Arztes Kenntnis erhalten hat oder nicht. Lediglich dann, wenn der hinzugezogene Arzt dem behandelnden Arzt nur einen Rat erteilt,[108] ist für den Anspruch gemäß § 368 d Abs. 4 RVO kein Raum, weil in diesen Fällen von einer „Übernahme der Behandlung" nicht gesprochen werden kann.

---

99 Vgl. S. 61.
100 Vgl. hierzu S. 100.
101 Eberhardt, AcP 1971, 314; Peters, Handbuch der Krankenversicherung, Anm. 9 c zu § 368 d.
102 Eberhardt, AcP 1971, 314; Peters, Anm. 8 c zu § 368 d; Hess-Venter, Anm. II, 3 zu § 368 d.
103 Eberhardt, AcP 1971, 314; Peters, Anm. 8 d zu § 368 d.
104 Vgl. S. 6.
105 Siehe S. 6.
106 Siehe S. 62 f.
107 Siehe S. 63.
108 Vgl. S. 62.

Für die Vertreter der Vertragstheorie ergeben sich bei Hinzuziehung weiterer Ärzte dagegen dieselben Probleme wie bei der Hinzuziehung weiterer Ärzte bei der Behandlung von Privatpatienten,[109] weil sie für den Anspruch nach § 368 d Abs. 4 RVO den Abschluß eines Vertrages zwischen Patient und hinzugezogenem Arzt voraussetzen müssen.

4. *Analoge Anwendung des § 368 d Abs. 4 RVO*

a. *Ersatzkassen*

Die Ersatzkassen gehören – wie bereits dargelegt[110] – nicht zu den Kassen, denen die „kassenärztliche Versorgung" obliegt, so daß die §§ 368ff. RVO auf das Vertragssystem der Ersatzkassen unmittelbar keine Anwendung finden. § 368 d Abs. 4 RVO ist daher auf das Verhältnis zwischen Ersatzkassenarzt und Ersatzkassenpatient nicht direkt anwendbar.

Der BGH ist in seinem Urteil vom 3. 2. 1967 (sog. Ersatzkassenurteil)[111] ohne weitere Erörterung davon ausgegangen, daß zwischen Ersatzkassenarzt und Ersatzkassenpatient ein bürgerlich-rechtlicher Vertrag geschlossen wird. Die Annahme eines Vertragsschlusses zwischen Ersatzkassenarzt und Ersatzkassenpatient begegnet jedoch grundsätzlich denselben Einwendungen wie die Annahme eines Vertragsschlusses zwischen RVO-Kassenarzt und RVO-Kassenpatient.[112]

Auch für die ärztliche Versorgung der Ersatzkassenpatienten gilt das Natural- oder Sachleistungsprinzip (§§ 507, 182 Abs. 1 Ziff. 1 RVO) und nicht das Kostenerstattungsprinzip. Die Ersatzkasse hat also die Krankenpflege, insbesondere die ärztliche Behandlung, als Sachleistung in Natur zu gewährleisten und erfüllt diese gesetzliche öffentlich-rechtliche Pflicht durch die Bereitstellung von Vertragsärzten über den Arzt-Ersatzkassen-Vertrag mit der Kassenärztlichen Vereinigung.[113]

Dem Sachleistungsprinzip korrespondiert die gefühls- und willensmäßige Einstellung des Ersatzkassenpatienten bei Inanspruchnahme des Vertragsarztes, eine von der Ersatzkasse ihm zur Verfügung gestellte Leistung entgegenzunehmen. Das ist aber nicht die Situation des Vertragsschließenden, sondern genau die typische Situation des Drittberechtigten beim Vertrag zugunsten Dritter.[114]

Die Dreieckskonstruktion über § 328 BGB kann aber auch hier[115] nicht mehr herangezogen werden, weil durch das Dazwischentreten der Kassenärztlichen Vereinigung zwischen dem Arzt und der Ersatzkasse wie bei den RVO-Kassen keinerlei vertragliche Beziehungen mehr bestehen.

Vertragspartner sind die Kassenärztliche Vereinigung und die Ersatzkasse. Auch hier wird der Ersatzkassenarzt aufgrund seiner öffentlich-rechtlichen Mitgliedschaft in der

---

[109] Siehe S. 62f.
[110] Siehe oben S. 13.
[111] BGHZ 47, 75 = NJW 1967, 673 = VersR 1967, 408.
[112] Vgl. S. 69.
[113] Siehe S. 13.
[114] Entsprechendes gilt für den Patienten der RVO-Krankenkassen; vgl. oben S. 69.
[115] Wie beim Patienten der RVO-Krankenkassen; vgl. oben S. 69f.

Kassenärztlichen Vereinigung tätig. Da der Arzt-Ersatzkassen-Vertrag nach allgemeiner Meinung als öffentlich-rechtlicher Vertrag anzusehen ist,[116] können aus ihm auch keine zivilrechtlichen Vertragsansprüche Dritter nach § 328 BGB entspringen.
Es besteht also nicht nur Gleichheit der Interessenlage, sondern auch völlige Gleichheit der rechtlichen Beziehungen zwischen RVO-Kassenarzt und RVO-Kassenpatient einerseits und Ersatzkassenarzt und Ersatzkassenpatient andererseits. Dies rechtfertigt eine analoge Anwendung des § 368 d Abs. 4 RVO auf den Ersatzkassenarzt.[117] Das oben[118] zu dem Verhältnis zwischen RVO-Kassenarzt und RVO-Kassenpatient Gesagte gilt daher für das Verhältnis zwischen Ersatzkassenarzt und Ersatzkassenpatient entsprechend.

b. *Unfallversicherung*

Die gleiche Situation liegt vor, wenn bei einem Arbeitsunfall der Träger der Unfallversicherung die Heilbehandlung übernimmt.[119] Auch für das berufsgenossenschaftliche Heilverfahren gilt das Sachleistungsprinzip (§ 557 RVO). Auch beim Mitglied der Unfallversicherung wird die öffentlich-rechtliche Leistungsverpflichtung der Berufsgenossenschaft durch einen öffentlich-rechtlichen Vertrag (Abkommen Ärzte - Berufsgenossenschaften) mit der Kassenärztlichen Vereinigung erfüllt und der mit der berufsgenossenschaftlichen Heilbehandlung betraute Arzt (Durchgangsarzt oder H-Arzt) dem Versicherten zur Verfügung gestellt. Bei der Entgegennahme der ärztlichen Leistungen durch den Versicherten liegt also die gleiche Grundstruktur der Drittberechtigung wie beim Vertrag zugunsten Dritter vor. Der unmittelbare Rückgriff auf § 328 BGB ist wie bei den RVO- und Ersatzkrankenkassen durch das Dazwischentreten der Kassenärztlichen Vereinigung und den öffentlich-rechtlichen Charakter des Abkommens Ärzte - Berufsgenossenschaften unmöglich geworden, so daß auch bei der berufsgenossenschaftlichen Heilbehandlung einschließlich der Erstversorgung durch den Durchgangsarzt[120] § 368 d Abs. 4 RVO analog anzuwenden ist.[121]

---

[116] BGH VersR 1957, 232 = ÄM 1957, 887; Eberhardt, AcP 1971, 323; Peters, Anm. 5c zu § 368 und Anm. 12d, bb zu § 368 n; Hess-Venter, Anm. II 3 zu § 368 n; Jantz-Prange, Anm. I zu § 368 n.

[117] So zutreffend mit eingehender Begründung Eberhardt, AcP 1971, 322ff.; Münch Komm-Gottwald, § 328, Rdnr. 30.

[118] Siehe S. 70f.

[119] Siehe § 365 RVO u. oben S. 14f.

[120] Etwas anderes gilt jedoch für die Entscheidung des Durchgangsarztes über die Frage, ob und in welcher Weise ein Verletzter in die berufsgenossenschaftliche Heilbehandlung übernommen wird; siehe hierzu S. 77.

[121] Vgl. BGHZ 63, 265 (270) = NJW 1975, 589 (591); der BGH hat in dieser Entscheidung zur Frage des Rechtscharakters des Verhältnisses zwischen Durchgangsarzt und Patient nicht näher Stellung genommen, sondern lediglich entschieden, daß der Durchgangsarzt bei der berufsgenossenschaftlichen Heilbehandlung und der ärztlichen Erstversorgung des Unfallverletzten nicht in Ausübung eines öffentlichen Amtes handelt.

c. *Sonstige Fälle*

Die gleichen rechtlichen Beziehungen und die gleichen Interessenlagen sind auch in den übrigen Fällen gegeben, in denen die Kassenärztlichen Vereinigungen die ärztliche Versorgung aufgrund des § 368 n Abs. 2 RVO in ihren Aufgabenbereich übernommen haben. Hier ist v. a. die ärztliche Versorgung der Anspruchsberechtigten der Seekasse, der Bundesknappschaft, der Versorgungsträger und der Sozialhilfeträger zu nennen.[122] Weiterhin gehört hierher die ärztliche Versorgung der Personen, die aufgrund dienstrechtlicher Vorschriften über die Gewährung von Heilfürsorge einen Anspruch auf unentgeltliche ärztliche Versorgung haben (Bundeswehrangehörige, Polizeibeamte, Zivildienstleistende und Bundesgrenzschutzangehörige).[123] Eine analoge Anwendung des § 368 d Abs. 4 RVO auch auf die Ärzte, die an der Versorgung dieser Personenkreise teilnehmen, ist daher geboten.

III. Behandlung in Ausübung hoheitlicher Tätigkeit

Das Rechtsverhältnis zwischen Arzt und Patient bei ambulanter Behandlung ist – wie bereits dargelegt[124] – in der Regel privatrechtlicher Natur. Dies gilt auch dann, wenn der Arzt Beamter im staatsrechtlichen Sinne ist, wie es häufig bei den leitenden Krankenhausärzten (Chefärzten) in öffentlichen Krankenhäusern der Fall ist.[125] Ausnahmsweise kann jedoch auch ein öffentlich-rechtliches Verhältnis vorliegen.[126] Das ist immer dann der Fall, wenn die Tätigkeit des Arztes in Ausübung ihm übertragener Hoheitsrechte erfolgt, also insbesondere, wenn der Arzt in seiner Eigenschaft als Amtsarzt tätig wird.

Hierher gehören alle Fälle, in denen sich die ärztliche Maßnahme als Zwangsmaßnahme darstellt (z. B. Zwangsimpfungen, Entnahmen von Blutproben sowie andere körperliche Eingriffe auf amtliche Veranlassung) oder der Arzt mit ihr unmittelbar ein ihm übertragenes öffentliches Amt ausübt, wie etwa der Amtsarzt des Gesundheitsamtes.[127]

Auch die ärztliche Versorgung der Untersuchungs- und Strafgefangenen durch den Anstaltsarzt sowie durch den ihm gleichgestellten Vertragsarzt der Justizvollzugsanstalt stellt eine hoheitliche Tätigkeit dar. Dies gilt auch für die Tätigkeit eines Facharztes, dem der Gefangene auf Veranlassung des Anstaltsarztes von Amts wegen vorgestellt wird, etwa weil es sich um einen schwierigen Fall handelt, oder aus sonstigen Gründen die medizinischen Möglichkeiten des Anstaltsarztes nicht ausreichen.[128]

---

122 Vgl. Krauskopf/Schroeder-Printzen, Anm. 4 zu § 368 n.

123 Siehe § 368 n Abs. 2 RVO; Krauskopf/Schroeder-Printzen, Anm. 4.2 zu § 368 n.

124 Siehe S. 59, 68.

125 Vgl. S. 49.

126 Laufs, Arztrecht, Rdnr. 45 FN 4; Burck, Die Haftung für Behandlungsfehler der Ärzte an Universitätskliniken unter dem Blickpunkt gefahrengeneigter Arbeit, VersR 1968, 613; Geigel-Wagner, Der Haftpflichtprozeß, Kap. 20, Rdnr. 18; Palandt-Thomas, Anm. 15 zu § 839; Erman-Drees, Rdnr. 134 zu § 839.

127 BGHZ 59, 310; BGH NJW 1961, 600 = VersR 1960, 909 (ärztliche Tätigkeit bei einer Röntgenreihenuntersuchung); Zu den Aufgaben der Gesundheitsämter s. S. 9.

128 BGH NJW 1982, 1328.

Anders ist die Rechtslage lediglich dann, wenn einem Untersuchungsgefangenen mit Zustimmung des Haftrichters als Vergünstigung gestattet wird, auf eigene Kosten einen beratenden Arzt hinzuzuziehen (Nr. 56 I 2 UVollZO). In diesem Fall kommt ein privatrechtlicher Behandlungsvertrag zwischen dem Untersuchungsgefangenen und dem hinzugezogenen Arzt zustande.[129]

Die Vertrauensärzte der Krankenkassen[130] und Versorgungsämter und die sonstigen von den Sozialversicherungsträgern beauftragten Ärzte, die von diesen zur Unterstützung bei der Bewältigung ihrer Aufgaben herangezogen werden, erledigen dabei dem jeweiligen Sozialversicherungsträger selbst obliegende öffentlich-rechtliche Aufgaben und üben daher in diesen Fällen ebenfalls hoheitliche Tätigkeit aus.[131]

Auch der Durchgangsarzt[132] erfüllt bei seiner Entscheidung, ob und in welcher Weise ein Verletzter in die berufsgenossenschaftliche Heilbehandlung übernommen werden soll, eine der Berufsgenossenschaft[133] obliegende öffentlich-rechtliche Pflicht und wird daher bei dieser Entscheidung und den sie vorbereitenden Maßnahmen (Untersuchung) hoheitlich tätig.[134] Anders ist die Rechtslage jedoch dann zu beurteilen, wenn der Durchgangsarzt die Erstversorgung des Unfallverletzten[135] oder bereits die berufsgenossenschaftliche Heilbehandlung durchführt. In diesen Fällen nimmt der Durchgangsarzt ärztliche Heilbehandlung vor und übt dabei - wie der Kassenarzt - keine hoheitliche Tätigkeit aus. Das Rechtsverhältnis ist in diesen Fällen vielmehr privatrechtlicher Natur.[136]

---

129 BGH NJW 1982, 1328.

130 Siehe § 369 b RVO.

131 BGH NJW 1968, 2293 = VersR 1968, 691 (öffentlich-rechtliche Tätigkeit eines Vertrauensarztes der AOK); BGH NJW 1961, 969 = VersR 1961, 184 (vom Versorgungsamt mit Begutachtung beauftragter Krankenhausarzt); BGH VersR 1961, 225 (Vertrauensarzt der Knappschaft).

132 Vgl. S. 14f.

133 Die Berufsgenossenschaften sind Körperschaften des öffentlichen Rechts. Die Beziehungen zu den bei ihnen versicherten Personen sind öffentlich-rechtlicher Natur, jedenfalls soweit es sich um die in der RVO geregelten beiderseitigen Pflichten handelt. Ihre Organe und Bediensteten handeln bei Erfüllung ihrer eigentlichen öffentlich-rechtlichen Aufgaben gegenüber dem Versicherten nicht im fiskalischen Bereich, sondern in Ausübung schlicht hoheitlicher, fürsorgerischer Betätigung und damit in einem ihnen anvertrauten öffentlichen Amt. Siehe BGH VersR 1961, 225 und BGHZ 63, 265 (269) = NJW 1975, 589 (590).

134 Vgl. BGHZ 63, 265 (272) = NJW 1975, 589 (591); der BGH mußte diese Frage in dem der Entscheidung zugrundeliegenden Fall allerdings nicht endgültig beantworten.

135 Diese hat der Durchgangsarzt - soweit erforderlich - vorzunehmen; s. Abkommen Ärzte - Berufsgenossenschaften vom 1. 1. 1956 nach dem Stande vom 1. 1. 1976, abgedruckt bei Nienhaus, 34ff.

136 BGHZ 63, 265 (270) = NJW 1975, 589 (591).

B. Rechtsbeziehungen bei stationärer Krankenhausbehandlung

I. Rechtsnatur des Verhältnisses zwischen Patient und Krankenhaus oder Patient und Krankenhausarzt

1. Bürgerlich-rechtliches Verhältnis als Regelfall

Das Rechtsverhältnis zwischen dem Patienten auf der einen Seite und dem Krankenhausträger oder dem Krankenhausarzt auf der anderen Seite ist auch bei stationärer Aufnahme des Patienten in ein Krankenhaus in der Regel privatrechtlicher Natur,[1] und zwar unabhängig davon, ob sich der Patient als Privatpatient oder als Kassenpatient in stationäre ärztliche Behandlung begibt.

Das gilt nach heute[2] allgemeiner Meinung auch für das Verhältnis der Patienten zu den öffentlichen Krankenhäusern und ihren Ärzten, und zwar selbst dann, wenn die Einweisung des Kranken auf Vorgängen des öffentlichen Rechts beruht.[3] Die Krankenhausbehandlung des Patienten fällt also regelmäßig in den privatrechtlichen Tätigkeitsbereich der öffentlichen Krankenhäuser und ihrer Ärzte.

2. Öffentlich-rechtliches Verhältnis im Ausnahmefall

Etwas anderes gilt jedoch bei Zwangseinweisungen aufgrund von Unterbringungsvorschriften[4] (z. B. bei der Unterbringung Geisteskranker, Geschlechtskranker usw. oder bei der Unterbringung von Straftätern gemäß §§ 63ff. StGB) sowie bei der Behandlung von Strafgefangenen in Krankenhäusern der Justizvollzugsanstalten.

In diesen Fällen fällt die Behandlung der Patienten in den hoheitlichen Tätigkeitsbereich der Krankenanstalten und ihrer Ärzte, so daß das Verhältnis zwischen dem Patienten und der Krankenanstalt oder den Anstaltsärzten öffentlich-rechtlicher Natur ist.

---

[1] Laufs, Arztrecht, Rdnr. 351; Kern/Laufs, Die ärztliche Aufklärungspflicht, 156; Kern, Die Haftpflicht des beamteten Arztes aus § 839 BGB, VersR 1981, 316; Kern, Zur deliktischen Haftung der öffentlich-rechtlichen Krankenhausträger bei Aufklärungspflichtverletzungen, Krankenhauskalender 1981, 368f.; Hübner/Drost, Ärztliches Haftpflichtrecht, 10ff.; Narr, Rdnr. 900; Daniels, Probleme des Haftungssystems bei stationärer Krankenhausbehandlung, NJW 1972, 305 (307); W. Adam, 54; Burck, VersR 1968, 613 (614); Münch Komm-Söllner, § 611, Rdnr. 70; Erman-Küchenhoff, Rdnr. 50 vor § 611; BGHZ 1, 383; BGHZ 4, 138 (152); BGHZ 9, 145 (147); BGHZ 59, 310 (313); BGHZ 63, 265 (270); BGH VersR 1961, 225; BGH NJW 1980, 1901.

[2] Zur gegenteiligen Rechtsprechung des Reichsgerichts s. Hübner/Drost, 10.

[3] BGHZ 4, 138 (Einweisung aufgrund öffentlicher Fürsorge).

[4] BGHZ 38, 49 = BGH NJW 1963, 40; Palandt-Putzo, Einf. vor § 611, Anm. 2a cc; Münch Komm-Söllner, § 611, Rdnr. 72; Geigel-Wagner, Kap. 20, Rdnr. 17; Burck, VersR 1968, 613.

II. Krankenhausaufnahmeverträge

1. Allgemeines zum Krankenhausaufnahmevertrag

Der stationären Behandlung des Patienten im Krankenhaus liegt in der Regel ein bürgerlich-rechtlicher Vertrag, der sog. Krankenhausaufnahmevertrag zugrunde.[5] Durch ihn erhält der Patient Anspruch auf die Summe der für die Feststellung, Heilung oder Linderung seiner Krankheit notwendigen Leistungen, die das Krankenhaus als Institution bereithalten muß.

Hierzu gehört zum einen die sog. Krankenhausversorgung;[6] das sind alle zur Heilbehandlung erforderlichen Leistungen, die nicht durch den behandelnden Arzt selbst, sondern mit den personellen und sachlichen Einrichtungen des Krankenhauses gewährt werden, nämlich Unterkunft, Pflege, Verpflegung, medikamentöse Ausstattung sowie alle medizinisch-technischen Leistungen. Daneben hat der Patient Anspruch auf die notwendige ärztliche Behandlung. Ihm werden Untersuchungen, ärztliche Eingriffe (z. B. Operationen) und Therapien nach den Regeln der ärztlichen Kunst geschuldet, außerdem die notwendigen Anordnungen über die Pflege sowie die ärztliche Kontrolle über die Gesamtheit der für ihn im Krankenhaus bewirkten Heilmaßnahmen.

Der Krankenhausaufnahmevertrag enthält daher Elemente des Beherbergungs-, Kauf-, Miet-, Werk- und Dienstvertrages, so daß er zu den typengemischten Verträgen zu zählen ist. Wegen des Vorrangs der ärztlichen und pflegerischen Leistungen, also der Elemente des Dienstvertrags, finden jedoch auf das gesamte Vertragsverhältnis die Regeln dieses Vertragstyps (§§ 611 ff. BGB) Anwendung (sog. Typenverschmelzungsvertrag).[7]

Vom Privatpatienten (Selbstzahler) wird der Krankenhausaufnahmevertrag regelmäßig selbst abgeschlossen. Bei der Aufnahme geschäftsunfähiger, beschränkt geschäftsfähiger und bewußtloser Privatpatienten gilt hinsichtlich der rechtlichen Beziehungen zwischen den Beteiligten das für die ambulante Behandlung Gesagte[8] entsprechend. Ohne Mitwirkung des gesetzlichen Vertreters bzw. ohne nachträglichen Vertragsabschluß können auch hier also nur die Regeln der Geschäftsführung ohne Auftrag Anwendung finden.[9]

Bei der Krankenhausaufnahme eines Patienten der RVO-Krankenkassen und der Ersatzkassen kommt dagegen nach allgemeiner Meinung in Rechtsprechung[10] und Lehre[11]

---

[5] Siehe hierzu ausführlich: Uhlenbruck, Der Krankenhausaufnahmevertrag, jur. Dissertation; Uhlenbruck, Typische Formen des Krankenhausaufnahmevertrages NJW 1964, 431 ff.; Uhlenbruck, NJW 1973, 1399 ff.; Schmelcher bei Kuhns I, 572 ff.; R. Eichholz, 14 ff.; Narr, Rdnr. 855 ff.; Diederichsen, 7 ff., 85 f.; Laufs, Arztrecht, Rdnr. 45.

[6] Nipperdey, KHA 1949, Heft 4, 5; Uhlenbruck, Der Krankenhausaufnahmevertrag, 36; Uhlenbruck, NJW 1964, 432, FN 1; R. Eichholz, 14; BGHZ 5, 321 (323) = NJW 1952, 658; BGH NJW 1962, 1763.

[7] So die h. M.: BGHZ 2, 94 (96) = NJW 1951, 596; Uhlenbruck, Der Krankenhausaufnahmevertrag, 58 ff.; Uhlenbruck, NJW 1973, 1400 f.; W. Adam, 55; Palandt-Putzo, Anm. 2 a cc vor § 611 BGB; Soergel-Wlotzke-Volze, Rdnr. 52, 101 vor § 611; anders lediglich Diederichsen, 85 f., der – wegen des Instituts des allgemeinen Pflegesatzes zu Unrecht – einen sog. Typenkombinationsvertrag für gegeben erachtet.

[8] Siehe S. 64 ff.

[9] Vgl. Diederichsen, 89; W. Adam, 56 ff.

[10] BGHZ 1, 383 (385); BGHZ 4, 138 (149); BGH NJW 1959, 816; BGH NJW 1966, 1855; BGH NJW 1969, 553; offen gelassen: BGH NJW 1984, 1820; vgl. auch BGH NJW 1985, 1542.

[11] Laufs, Arztrecht, Rdnr. 45; Eberhardt, AcP 1971, 296, 298, 323; Luig, 229; Diederichsen, 8; W. Adam, 55; Erman-Westermann, Rdnr. 19 zu § 328; Palandt-Heinrichs, Anm. 2 d zu § 328; vergl. auch Münch Komm-Gottwald, § 328, Rdnr. 30; Lenz, NJW 1985, 649 ff.; Kleinmann, NJW 1985, 1367 ff.

kein Vertrag zwischen Kassenpatient und Krankenhausträger zustande, sondern ein Vertrag zwischen Krankenkasse und Krankenhausträger, aus dem dem Patienten ein unmittelbarer Leistungsanspruch gemäß § 328 BGB gegen die Klinik erwächst. Diese Konstruktion ist – im Gegensatz zur ambulanten Behandlung der Kassenpatienten[12] – bei der Krankenhausbehandlung möglich geblieben, weil die Krankenkassen auch heute noch unmittelbar Verträge mit den Krankenhäusern abschließen (§§ 371, 372, 525 c Abs. 4 RVO);[13] diese lassen sich ohne Schwierigkeiten als zivilrechtliche Rahmenverträge auffassen, durch die der Inhalt der mit der jeweiligen Einweisung entstehenden Einzelverträge festgelegt wird.[14] Auch die Aufnahme geschäftsunfähiger, beschränkt geschäftsfähiger und bewußtloser Patienten ist unproblematisch, weil der Patient nach allgemeiner Meinung nicht geschäftsfähig sein muß, um den nach Vertragsmaßstäben zu beurteilenden Behandlungs- und Sorgfaltsanspruch gemäß § 328 BGB zu erwerben.[15]

2. *Gestaltungsmöglichkeiten der Krankenhausaufnahmeverträge*

Die inhaltliche Gestaltung der Krankenhausaufnahmeverträge ist je nach dem Parteiwillen, dem Behandlungszweck, der Organisation des Krankenhauses oder den vertraglichen Beziehungen zwischen den Krankenhausärzten und dem Krankenhausträger verschieden. In der Praxis haben sich 3 Grundtypen herausgebildet. Nach den Erklärungen der Parteien bei der Krankenhausaufnahme und den Umständen im Einzelfall ist der Aufnahmevertrag als „totaler Krankenhausaufnahmevertrag“, als „gespaltener Krankenhausaufnahmevertrag“ oder als „totaler Krankenhausaufnahmevertrag mit Arztzusatzvertrag“ anzusehen.

a. Totaler Krankenhausaufnahmevertrag

Der totale Krankenhausaufnahmevertrag[16] hat als Verpflichtung des Krankenhausträgers die Gesamtleistungen des Krankenhauses zum Inhalt. Das Krankenhaus schuldet aufgrund dieses Vertrages sowohl die Krankenhausversorgung als auch die ärztliche Behandlung. Die ärztliche Behandlung läßt das Krankenhaus im Wege zulässiger Substitution durch seine angestellten oder ins Beamtenverhältnis berufenen Ärzte erbringen; sie werden dabei als Erfüllungsgehilfen des Krankenhausträgers tätig.
Das Krankenhaus (und nicht die Ärzte) wird demnach alleiniger Vertragspartner des stationär aufgenommenen Patienten. Da auch der leitende Krankenhausarzt (Chefarzt) nicht in vertragliche Beziehungen zum Patienten tritt, steht diesem dem Patienten gegenüber regelmäßig auch kein Honoraranspruch zu. Etwas anderes gilt nur dann, wenn dem Chefarzt die Gläubigerstellung entweder durch einen vom Krankenhausträger mit dem Patienten abgeschlossenen Vertrag zugunsten Dritter gemäß § 328 BGB oder durch

---

[12] Siehe S. 69f.
[13] Siehe S. 13.
[14] Eberhardt, AcP 1971, 298.
[15] Eberhardt, AcP 1971, 300 m. w. N.
[16] Siehe hierzu Uhlenbruck, Der Krankenhausaufnahmevertrag, 35ff.; Uhlenbruck, NJW 1964, 432; Uhlenbruck, NJW 1973, 1400; R. Eichholz, 14ff.; Narr, Rdnr. 855; Schmelcher bei Kuhns I, 574; Nipperdey, KHA 1949, 5; Molitor 33, 39; Busse, ArztR 1972, 185; Laufs, Arztrecht, Rdnr. 45; Diederichsen, 8; W. Adam, 63; Münch Komm-Söllner, § 611, Rdnr. 73, 74.

Vorausabtretung der künftigen Liquidationsforderungen des Krankenhauses (globaler antizipierter Abtretungsvertrag) eingeräumt worden ist.[17]
Der totale Krankenhausaufnahmevertrag wurde vor Inkrafttreten der Krankenhausreformgesetze[18] regelmäßig im Falle der stationären Behandlung eines nicht selbst zahlenden Kassenpatienten abgeschlossen.

b. Gespaltener Krankenhausaufnahmevertrag

Beim gespaltenen Krankenhausaufnahmevertrag[19] werden die Krankenhausleistungen dagegen von 2 Schuldnern erbracht, wobei diese jeweils nur einen Teil der zum Heilerfolg notwendigen Maßnahmen zu leisten haben. Der Krankenhausträger schuldet lediglich die Krankenhausversorgung, während die ärztliche Behandlung als Dienstleistung im Sinne der §§ 611 ff. BGB vom Krankenhausarzt (leitenden Krankenhausarzt oder Belegarzt) geschuldet wird.
Neben dem Vertrag des Patienten bzw. der Krankenkasse mit dem Krankenhausträger über die Krankenhausversorgung kommt dabei entweder ein gesonderter Vertrag[20] des Patienten mit dem Krankenhausarzt über die ärztliche Behandlung zustande, oder die ärztliche Behandlung ist ausnahmsweise Gegenstand der Gesamtverträge zwischen Krankenkassen und Kassenärztlichen Vereinigungen (§§ 368 g Abs. 6, 525 c Abs. 2 RVO)[21]. Im 1. Fall erwirbt der Krankenhausarzt aufgrund der vertraglichen Beziehungen einen eigenen Honoraranspruch gegenüber dem Patienten. Im 2. Fall kommen - wie bei der ambulanten Behandlung durch den Kassenarzt[22] - nach der hier vertretenen Auffassung vertragliche Beziehungen weder zwischen Arzt und Patient noch zwischen Arzt und Krankenkasse zustande.[23] Der Kassenpatient erwirbt vielmehr gegenüber dem behandelnden Arzt - wie bei ambulanter Behandlung - einen Anspruch auf sorgfältige Behandlung nach § 368 d Abs. 4 RVO bzw. § 368 d Abs. 4 RVO analog. Der behandelnde Arzt erhält die Vergütung seiner Leistungen von den Kassenärztlichen Vereinigungen.

---

[17] Die Einräumung der Gläubigerstellung erfolgt in der Regel durch Einräumung des Liquidationsrechts im Chefarztvertrag; s. hierzu S. 49ff.

[18] Gesetz zur wirtschaftlichen Sicherung der Krankenhäuser und zur Regelung der Krankenhauspflegesätze (Krankenhausfinanzierungsgesetz - KHG) vom 29. Juni 1972 (BGBl. I, 1009), zuletzt geändert durch das Krankenhausneuordnungsgesetz vom 20. Dezember 1984 (BGBl. I, 1716) und Verordnung zur Regelung der Krankenhauspflegesätze (Bundespflegesatzverordnung - BPflV) vom 25. April 1973 (BGBl. I, 333), zwischenzeitlich ersetzt durch Verordnung zur Regelung der Krankenhauspflegesätze (Bundespflegesatzverordnung - BPflV) vom 21. August 1985 (BGBl. I, 1666).

[19] Siehe hierzu Uhlenbruck, Der Krankenhausaufnahmevertrag, 46ff.; Uhlenbruck NJW 1964, 432ff.; Uhlenbruck NJW 1973, 1400; R. Eichholz, 15; Narr, Rdnr. 856; Nipperdey, KHA 1949, 7ff.; Molitor, 39ff.; Hübner-Drost, 8; Schmelcher bei Kuhns I, 574; Laufs, Arztrecht, Rdnr. 45; Diederichsen, 8f.; W. Adam, 63; Münch Komm-Söllner, § 611, Rdnr. 73, 75; BGHZ 5, 321.

[20] So die herrschende Meinung: Molitor, 34; Philipsborn, Kranker und Krankenhaus im Recht, 44; Burmester, Die Haftpflicht des Arztes und der Krankenanstalt, 204; Laufs, Arztrecht, Rdnr. 45; Narr, Rdnr. 856; R. Eichholz, 15; anders lediglich Uhlenbruck, Der Krankenhausaufnahmevertrag, 37; Uhlenbruck NJW 1964, 432, der einen einheitlichen Vertrag annimmt, der hinsichtlich der Verpflichtung zur Leistung eine Aufspaltung erfährt.

[21] So bei der ärztlichen Behandlung eines Kassenpatienten durch einen Belegarzt; siehe hierzu S. 88f.

[22] Siehe S. 69ff.

[23] Anders die Vertreter der Vertragstheorie, die auch zwischen Belegarzt und Kassenpatient den Abschluß eines Vertrages bejahen; vgl. S. 68.

Hauptfall des gespaltenen Krankenhausaufnahmevertrages war vor Inkrafttreten der Krankenhausreformgesetze[24] die stationäre ärztliche Behandlung durch einen Belegarzt. Außerdem galt dieser Vertragstypus auch als Regelfall der Vertragsgestaltung bei der Krankenhausaufnahme eines Selbstzahlers in die 1. und 2. Pflegeklasse.

c. *Totaler Krankenhausaufnahmevertrag mit Arztzusatzvertrag*

Bei diesem Vertragstyp[25] schuldet der Krankenhausträger aufgrund eines totalen Krankenhausaufnahmevertrages die Gesamtleistungen des Krankenhauses, also sowohl die Krankenhausversorgung als auch die ärztliche Behandlung. Daneben wird die ärztliche Behandlung gleichzeitig auch von dem leitenden Krankenhausarzt aufgrund eines zusätzlichen Behandlungsvertrages, dem sog. Arztzusatzvertrag, geschuldet.
Aufgrund dieses Zusatzvertrages, den der Patient zwecks besonderer Bindung an den leitenden Krankenhausarzt zusätzlich abschließt, ist der leitende Krankenhausarzt neben dem Krankenhausträger zur Liquidation seines Honorars für erbrachte ärztliche Leistungen gegenüber dem Patienten berechtigt.
Dieser Vertragstypus wurde vor Inkrafttreten der Krankenhausreformgesetze[26] regelmäßig in den Fällen angenommen, in denen ein Kassenpatient den Krankenhausaufenthalt über seine Krankenkasse finanzierte, die ärztliche Behandlung durch den Chefarzt jedoch privat bezahlte.

3. Beurteilung des Krankenhausaufnahmevertrages im Einzelfall

a. *Totaler Krankenhausaufnahmevertrag als Regelfall*

Für die Frage, mit wem der Patient bzw. die Krankenkasse bei der Krankenhausaufnahme in vertragliche Beziehungen tritt – mit dem Krankenhausträger, mit dem Krankenhausarzt oder mit beiden – ist entscheidend, welcher der genannten Vertragstypen im Einzelfall vorliegt.
Seit Inkrafttreten der Krankenhausreformgesetze[27] kommt bei der stationären Aufnahme eines Patienten in ein Krankenhaus, auf das die Krankenhausreformgesetze Anwendung finden,[28] regelmäßig ein totaler Krankenhausaufnahmevertrag zustande,[29] der als Verpflichtung des Krankenhausträgers die Gesamtleistungen des Krankenhauses einschließ-

---

[24] Siehe hierzu S. 81, Fn 18.

[25] Siehe hierzu Uhlenbruck, Der Krankenhausaufnahmevertrag, 50; Uhlenbruck NJW 1964, 434; Uhlenbruck, NJW 1973, 1400; Nipperdey, KHA 1949, 5; Molitor, 34ff.; R. Eichholz, 16; Schmelcher bei Kuhns I, 574; Diederichsen, 9; Münch Komm-Söllner, § 611, Rdnr. 73, 76.

[26] Siehe S. 81, Fn. 18.

[27] Siehe S. 81, Fn. 18.

[28] Vgl. S. 32f.

[29] Münch Komm-Söllner, § 611, Rdnr. 74; Palandt-Putzo, Einf. vor § 611, Anm. 2 a cc; Uhlenbruck, NJW 1973, 1399ff.; Uhlenbruck, ArztR 1973, 59ff.; Giesen, Wandlungen des Arzthaftungsrechts, 4; Narr, Rdnr. 855; BAG NJW 1978, 1699; AG Saarbrücken VersR 1976, 362; LG Hannover NJW 1978, 1695; anders Diederichsen, 79, der die Statuierung eines Regelfalls verneint, obwohl auch er die gesonderte Liquidation nach Operationen durch den Chefarzt bei bewußtlos ins Krankenhaus eingelieferten Patienten, die sterben ohne das Bewußtsein wiedererlangt zu haben, für unzulässig erachtet (S. 89).

lich der ärztlichen Behandlung zum Inhalt hat. Der Patient tritt folglich mit den behandelnden Krankenhausärzten grundsätzlich nicht mehr in vertragliche Beziehungen. Das gilt sowohl für die Aufnahme eines Kassenpatienten wie auch – im Gegensatz zur Rechtslage vor Inkrafttreten der Krankenhausreformgesetze – für die Aufnahme eines Selbstzahlers (Privatpatient) und ergibt sich aus der Bundespflegesatzverordnung, wonach für jedes Krankenhaus Pflegesätze zu vereinbaren sind, durch die alle unter Berücksichtigung der Leistungsfähigkeit des Krankenhauses medizinisch zweckmäßigen und ausreichenden Krankenhausleistungen (allgemeine Krankenhausleistungen) abgegolten werden einschließlich der Leistungen von nicht am Krankenhaus angestellten Konsiliarärzten sowie der Leistungen fremder Untersuchungsstellen.

b. Wahlleistung „Arzt"

Etwas anderes kann jedoch dann gelten, wenn der Patient von der Möglichkeit des § 7 BPflV Gebrauch macht und – sofern dies vom Krankenhausträger angeboten wird – ärztliche Leistungen als gesondert berechenbare Leistungen (sog. Wahlleistung „Arzt") in Anspruch nimmt.

Bei diesen gesondert berechenbaren ärztlichen Leistungen handelt es sich nicht um Luxusleistungen, die zusätzlich zu den ärztlichen Leistungen des Krankenhauses erbracht werden,[30] sondern um ein Aliud.

Anstelle der vom Krankenhausträger zu erbringenden ärztlichen Leistungen wird die persönliche Leistung des leitenden Krankenhausarztes (Chefarzt) geschuldet.[31]

Der leitende Krankenhausarzt ist in diesem Fall daher regelmäßig verpflichtet, den Patienten persönlich zu behandeln (§ 613 S. 1 BGB).[32] Dies besagt jedoch nicht, daß er jede Tätigkeit eigenhändig ausführen muß. Er erbringt seine Leistung vielmehr dann persönlich, wenn er die grundlegenden Entscheidungen über die Therapie selbst trifft und die Behandlung entweder selbst durchführt[33] oder zumindest persönlich überwacht. Er darf jedoch nicht sämtliche Aufgaben an nachgeordnete Ärzte delegieren.[34] Das Hinzuziehen von ärztlichen und nichtärztlichen Hilfskräften im erforderlichen und üblichen Umfang nimmt der ärztlichen Behandlung dagegen nicht die Qualität einer persönlichen Leistung.[35] Eine bei Abwesenheit des leitenden Krankenhausarztes (z. B. im Urlaubs- oder Krankheitsfall) vom Vertreter selbständig durchgeführte ärztliche Behandlung kann dagegen nicht als persönliche Leistung des Chefarztes angesehen werden. Der Umstand, daß ein ärztlicher Mitarbeiter in Vertretung des leitenden Krankenhausarztes die ärztliche Behandlung durchführt, besagt jedoch noch keineswegs, daß dadurch der Behandlungs-

---

[30] Siehe hierzu ausführlich Diederichsen, 17ff., 30ff.

[31] So auch Laufs, Arztrecht, Rdnr. 51; Diederichsen, 33ff., 84f. mit eingehender Begründung; Narr, Rdnr. 856; Weißauer NJW 1978, 2342ff.; Brandecker, Wilhelmy, Willner, 60f.; Brandecker, 39f.; OLG Celle NJW 1982, 2129.

[32] AG Aachen NJW 1976, 1797; LG Flensburg NJW 1978, 2342; Weißauer NJW 1978, 2342ff.; OLG Celle NJW 1982, 706; Laufs, Die Entwicklung des Arztrechts, NJW 1982, 1319; NJW 1983, 1346; Diederichsen, 84; OLG Karlsruhe, NJW 1987, 1489.

[33] Eine etwa erforderliche Operation hat der leitende Krankenhausarzt grundsätzlich persönlich durchzuführen; vgl. OLG Celle NJW 1982, 706.

[34] OLG Celle NJW 1978, 2129f.

[35] Weißauer NJW 1978, 2343; OLG Celle NJW 1978, 2129f.

vertrag nicht ordnungsgemäß erfüllt würde und deshalb der zusätzliche Honoraranspruch entfalle. Denn in der Regel rechnet der Patient, der ärztliche Wahlleistungen in Anspruch nimmt, mit der Behandlung durch den Vertreter, wenn der Chefarzt in Urlaub, erkrankt oder wegen dringender anderer dienstlicher Verrichtungen verhindert ist. Die Vertretung bei der Erbringung von ärztlichen Wahlleistungen im Falle der Verhinderung des Chefarztes ist auch notwendig und üblich. Gibt der Patient daher nicht zu erkennen, daß er in jedem Fall von dem leitenden Krankenhausarzt persönlich behandelt werden will, so nimmt er die Behandlung durch dessen Verteter in den genannten Fällen[36] regelmäßig in Kauf. Dies gilt nicht nur dann, wenn der Patient bei Abschluß des Behandlungsvertrages weiß, daß der Chefarzt an der persönlichen Leistung verhindert ist, sondern auch dann, wenn der Patient in Kenntnis der Abwesenheit des Chefarztes die Behandlung durch seinen Vertreter widerspruchslos hinnimmt. Der Patient erklärt sich in diesen Fällen konkludent damit einverstanden, daß die vereinbarte Leistung vom Vertreter erbracht wird.[37]

Die Erklärung, daß die Wahlleistung „Arzt" als gesondert berechenbare Leistung in Anspruch genommen wird, muß schriftlich erfolgen (§ 7 Abs. 2 BPflV), wobei die Beweislast für das Vorliegen der Erklärung den Krankenhausträger bzw. den Krankenhausarzt trifft.[38]

Die Wahlleistung „Arzt" kann sowohl vom Privatpatienten als auch vom Kassenpatienten[39] in Anspruch genommen werden. Der Vergütungsanspruch für die gesondert berechenbare Leistung richtet sich in beiden Fällen jedoch gegen den Patienten persönlich. Eine Kostenübernahme durch die gesetzlichen Krankenkassen erfolgt insoweit nicht.

Fraglich ist nun, welcher Vertragstyp in den Fällen vorliegt, in denen der Patient die ärztlichen Leistungen als gesondert berechenbare Leistungen in Anspruch nimmt. Diese Frage kann nicht einheitlich beantwortet werden. Maßgeblich hierfür sind vielmehr die zwischen den Parteien getroffenen Vereinbarungen.[40] Diese ergeben sich regelmäßig aus den sog. Krankenhausaufnahmebedingungen oder „Aufnahmeordnungen",[41] die für die Aufnahme ins Krankenhaus nahezu ausnahmslos bestehen, weil, bedingt durch die Vielzahl und den ständigen Wechsel der Patienten im Krankenhaus, eine Aushandlung des

---

[36] Dies gilt jedoch nicht für die Fälle, in denen der Chefarzt nur deshalb nicht tätig wird, weil er keinen Dienst hat; so zutreffend OLG Celle NJW 1982, 2129 für die Durchführung der Anästhesie durch einen Oberarzt.

[37] LG Flensburg NJW 1978, 2342; Weißauer NJW 1978, 2343; Das AG Aachen NJW 1976, 1797, wies dagegen die Honorarklage eines Chefarztes mit der Begründung ab, daß er die Behandlung des Patienten nicht, auch nicht zumindest teilweise, persönlich durchgeführt habe; in dem der Entscheidung zugrundeliegenden Fall war allerdings in dem Krankenhausaufnahmeformular nicht von besonderen ärztlichen Leistungen, sondern von einer persönlichen Behandlung durch den leitenden Abteilungsarzt die Rede; vgl. auch OLG Hamm VersR 1986, 897 u. OLG Karlsruhe, NJW 1987, 1489.

[38] So zutreffend auch Uhlenbruck, ArztR 1973, 62.

[39] Möglich ist allerdings, daß der Krankenhausträger die liquidationsberechtigte Leistung des Chefarztes nur verbunden mit einer gesondert berechenbaren Unterkunft in einem Ein- oder Zweibettzimmer anbietet; vgl. S. 30.

[40] Vgl. Diederichsen, 80; W. Adam, 64.

[41] Diese Aufnahmebedingungen haben eine den allgemeinen Geschäftsbedingungen entsprechende Funktion; sie enthalten eine einseitige, nicht auf den Einzelfall beschränkte Vorformulierung der normalen Vertragsbedingungen, die auf Verlangen des Krankenhausträgers Vertragsinhalt werden; das Gesetz zur Regelung der Allgemeinen Geschäftsbedingungen findet daher Anwendung; Diederichsen, 88; LG München NJW 1982, 2130; vgl. auch Bunte, Die neue Konditionenempfehlung „Allgemeine Vertragsbedingungen für Krankenhausbehandlungs-Verträge", NJW 1986, 2351 ff.

Vertragsinhalts in jedem Einzelfall praktisch nicht möglich ist.[42] Maßgeblich für den Krankenhausaufnahmevertrag ist damit der vom Krankenhausträger typisierte Vertragsinhalt, der bei der Krankenhausaufnahme durch die Aushändigung der Krankenhausaufnahmebedingungen, die allgemein sichtbare Aushängung einer Krankenhausaufnahmeordnung oder in Formularverträgen zur Geltung gebracht wird. Der Patient ist damit praktisch gezwungen, sich – wenn er sich für die Wahlleistung „Arzt" entschieden hat – dem vom Krankenhausträger festgesetzten Vertragsinhalt zu unterwerfen; für inhaltsgestaltende Vorstellungen des Patienten ist grundsätzlich dann kein Raum mehr.[43]

Die Gestaltung des Krankenhausaufnahmevertrages hängt entscheidend davon ab, ob der Krankenhausträger nach den Aufnahmebedingungen dem Kranken die Summe aller seiner Heilung dienenden Maßnahmen einschließlich der gesondert berechenbaren ärztlichen Leistungen als Gesamtleistung anbietet – in diesem Fall liegt ein totaler Krankenhausaufnahmevertrag vor – oder ob sich der Krankenhausträger lediglich zur Krankenhausversorgung verpflichten und die ärztliche Behandlung der Vereinbarung von Arzt und Patient überlassen will – in diesem Fall wird ein gespaltener Krankenhausaufnahmevertrag geschlossen.[44] Der Vertragsabschluß mit den leitenden Krankenhausärzten erfolgt dabei in der Regel bei der Aufnahme des Patienten durch den Krankenhausträger in Vertretung des Krankenhausarztes mit Wirkung für und gegen diesen (§ 164 BGB).[45] Möglich ist jedoch auch, daß der liquidationsberechtigte Krankenhausarzt selbst den Behandlungsvertrag mit dem Patienten abschließt.[46]

Die Entscheidung der Frage, zu welchen Leistungen der Krankenhausträger sich selbst verpflichten will, hängt in den Anstaltskrankenhäusern[47] von der weiteren Frage ab, welche Vereinbarungen dieser mit seinen leitenden Krankenhausärzten über das Liquidationsrecht getroffen hat.[48]

Ist den leitenden Krankenhausärzten in den sog. Chefarztverträgen[49] kein Liquidationsrecht eingeräumt, was durchauch möglich ist,[50] so kann nur davon ausgegangen werden, daß der Krankenhausträger sich zu sämtlichen Krankenhausleistungen einschließlich der wahlärztlichen Leistungen verpflichten will; in diesen Fällen liegt daher immer ein totaler Krankenhausaufnahmevertrag vor.

Gleiches gilt für die Fälle, in denen den leitenden Krankenhausärzten das Liquidationsrecht gegenüber den Patienten, die die Wahlleistungen „Arzt" in Anspruch nehmen (früher gegenüber den Patienten der 1. und 2. Pflegeklasse), durch Vorausabtretung der künftigen Liquidationsforderungen des Krankenhausträgers oder dadurch eingeräumt ist, daß der Krankenhausträger mit dem Patienten einen Vertrag zugunsten Dritter gemäß § 328 BGB

---

[42] Vgl. Uhlenbruck, Der Krankenhausaufnahmevertrag, 62; R. Eichholz, 18ff.

[43] Unzutreffend insoweit Uhlenbruck, ArztR 1973, 62, wenn er ausführt, „der Patient hat künftig die Wahl, ob er im Einzelfall in vertragliche Beziehungen zum Arzt treten möchte".

[44] Auch mit Inkrafttreten des KHG und der BPflV bleibt der Abschluß eines gespaltenen Krankenhausaufnahmevertrages möglich; siehe hierzu ausführlich Diederichsen, 71ff.; Gitter, 31ff.

[45] Diederichsen, 88f.

[46] Dies gilt, obwohl der Wortlaut des § 7 Abs. 1 S. 1 BPflV entgegensteht; vgl. hierzu Diederichsen, 90.

[47] Vgl. S. 20; zur Rechtslage in den Belegkrankenhäusern siehe S. 88f.

[48] So auch Diederichsen, 81.

[49] Siehe S. 49ff.

[50] So auch LG Hannover NJW 1978, 1695; Diederichsen, 78f., 81; Busse, 185; Gitter, 48f.; Wirzbach, Arbeit und Sozialpolitik 1973, 111ff., 113, 116; anders Küchenhoff, Die Sozialgerichtsbarkeit 1973, 345ff. und Med. Klinik 1974, 115ff., der die Ansicht vertritt, daß das „originäre Liquidationsrecht" des Chefarztes (vgl. S. 51.) nicht ausgeschlossen werden kann.

abschließt; auch hier kommt nur ein totaler Krankenhausaufnahmevertrag in Betracht. In diesen Fällen kommen also selbst dann, wenn die Patienten die Wahlleistung „Arzt“ in Anspruch nehmen, unmittelbar zwischen den leitenden Krankenhausärzten und den Patienten keine Behandlungsverträge zustande, obwohl den Krankenhausärzten Honoraransprüche gegenüber den Patienten zustehen.

Sollen die leitenden Krankenhausärzte nach den sog. Chefarztverträgen dagegen berechtigt sein, selbst und unmittelbar mit den Patienten in vertragliche Beziehungen zu treten, so will sich der Krankenhausträger nur zur Krankenhausversorgung verpflichten. Über die ärztliche Behandlung kommen dann zwischen den leitenden Krankenhausärzten und den Patienten Verträge zustande, die die Krankenhausärzte den Patienten gegenüber zur Liquidation ihrer Honorare berechtigen. In diesen Fällen liegt dann ein gespaltener Krankenhausaufnahmevertrag vor.

Beide Gestaltungsmöglichkeiten der Chefarztverträge und damit auch der Krankenhausaufnahmeverträge sind auch nach Inkrafttreten der Krankenhausreformgesetze[51] weiterhin möglich geblieben.[52]

Dies übersieht Narr[53], wenn er ausführt, daß mit einem stationär ins Krankenhaus aufgenommenen Patienten, der von der Möglichkeit des § 7 BPflV Gebrauch macht und die Wahlleistung „Arzt“ in Anspruch nimmt, nach neuem Recht kein aufgespaltener Krankenhausaufnahmevertrag mehr zustande kommt.

Es kann in diesen Fällen vielmehr, wie oben dargelegt, auch ein gespaltener Krankenhausaufnahmevertrag gegeben sein. Dem steht entgegen der von Narr vertretenen Auffassung auch nicht die Tatsache entgegen, daß gemäß § 2 Abs. 1 BPflV die Krankenhausleistungen auch Wahlleistungen umfassen. Weder aus dem Wortlaut der Vorschrift noch aus den Gesetzesmaterialien[54] ergibt sich nämlich, daß damit jede Wahlleistung begriffsnotwendig eine Leistung des Krankenhauses sein soll. Die Entscheidung hierüber bleibt vielmehr den vertraglichen Vereinbarungen zwischen den Beteiligten vorbehalten.

Lediglich ein totaler Krankenhausaufnahmevertrag mit Arztzusatzvertrag dürfte entgegen einer teilweise vertretenen Ansicht[55] nach neuem Recht nicht mehr in Betracht kommen. Die gesondert berechneten Arztkosten müssen danach nämlich bei der Bemessung der Pflegesätze berücksichtigt werden. Die Pflegesätze, mit denen gemäß § 3 BPflV alle für die Versorgung der Patienten erforderlichen allgemeinen Krankenhausleistungen vergütet werden, sind daher bei der Inanspruchnahme der Wahlleistung „Arzt“ gemäß § 8 BPflV um 5 vom Hundert zu ermäßigen.[56]

Dies gilt auch für die Fälle, in denen ein Kassenpatient den Krankenhausaufenthalt über seine Krankenkasse finanziert, jedoch die Mehrkosten für die Wahlleistung „Arzt“ privat bezahlt.[57] Daraus folgt, daß der totale Krankenaufnahmevertrag mit Arztzusatzvertrag

---

[51] Siehe S. 81, Fn. 18.

[52] So auch Diederichsen, 10, 89; Küchenhoff, Die Sozialgerichtsbarkeit, 1973, 341ff., 345ff.; Küchenhoff, Med. Klinik 1974, 117; Uhlenbruck, ArztR 1973, 62; AG Saarbrücken VersR 1976, 362; LG Hannover NJW 1978, 1695; LG Flensburg NJW 1978, 2342 mit Anm. von Weißauer.

[53] Narr, Rdnr. 856.

[54] Vergl. Jung, BPflV 86, 77ff.

[55] Uhlenbruck, NJW 1973, 1400ff.; Uhlenbruck, ArztR 1973, 60, 62; ebenso Neufelder und Wollenschläger, NJW 1974, 1415ff., 1418; Laufs, Arztrecht, S. 143, FN 3; vergl. auch BGH NJW 1985, 2189 = MedR 1986, 137.

[56] Siehe S. 31f.

[57] Dies sind also die Fälle, in denen früher ein sog. totaler Krankenhausaufnahmevertrag mit Arztzusatzvertrag angenommen wurde; vgl. S. 82.

nach der Regelung von KHG und BPflV jedenfalls insoweit[58] unzulässig ist, als damit eine vom Gesetzgeber verpönte doppelte Belastung des Selbstzahlers mit den vollen Arztkosten verbunden wäre.[59]
Da aber nicht davon ausgegangen werden kann, daß der Krankenhausträger sich neben dem Chefarzt, der aufgrund eigener vertraglicher Beziehungen mit dem Patienten gesondert liquidiert, zur ärztlichen Behandlung verpflichten will, wenn er keine Gegenleistung dafür erhält, ist für die Annahme eines totalen Krankenhausaufnahmevertrages mit Arztzusatzvertrag nach Inkrafttreten der Krankenhausreformgesetze[60], soweit diese Anwendung finden,[61] kein Raum mehr.
Problematisch ist die Situation allerdings dann, wenn sich aus dem Krankenhausaufnahmevertrag nicht eindeutig ergibt, ob der Patient mit dem leitenden Krankenhausarzt in vertragliche Beziehungen treten soll. Dies ist insbesondere dann der Fall, wenn der Patient – wie es in der Praxis häufig anzutreffen ist – auf dem Krankenhausaufnahmevertragsformular die von ihm gewünschte Wahlleistung, wie Unterbringung im Ein- oder Zweibettzimmer, Bereitstellung eines Fernsprechapparates und eben auch „gesondert berechenbare ärztliche Leistungen", lediglich ankreuzen muß. In diesem Fall wird für den Patienten häufig nicht erkennbar, von wem – vom Krankenhausträger oder vom leitenden Krankenhausarzt – die ärztliche Leistung geschuldet werden soll. Dies ergibt sich vielmehr aus den zwischen dem Krankenhausträger und den leitenden Krankenhausärzten geschlossenen Verträgen,[62] in die der Patient regelmäßig aber keinen Einblick hat. Da jedoch die auf der Ermächtigung des § 16 KHG beruhende Bundespflegesatzverordnung von dem Regelfall ausgeht, daß der Krankenhausträger die gesamten ärztlichen und nichtärztlichen Leistungen für den aufgenommenen Patienten zu erbringen hat und ihm gegenüber auch einheitlich berechnet, muß auch im Falle wahlärztlicher Leistungen im Regelfall davon ausgegangen werden, daß der Krankenhausträger sämtliche, auch die ärztlichen Leistungen anbietet und vertraglich schuldet. Wenn demgegenüber zwischen den Vertragsparteien etwas anderes verabredet werden soll, so muß das im Krankenhausaufnahmevertrag klar zum Ausdruck kommen.[63]
Im Regelfall kommt also auch bei Inanspruchnahme wahlärztlicher Leistungen ein totaler Krankenhausaufnahmevertrag zustande. Ein gespaltener Krankenhausaufnahmevertrag liegt nur dann vor, wenn im Krankenhausaufnahmevertrag klargestellt wird, daß im Falle wahlärztlicher Leistungen diese ausschließlich von den selbst liquidierenden, leitenden Krankenhausärzten geschuldet werden. Dieses Ergebnis entspricht auch den Bedürfnissen der Praxis; denn andernfalls müßte der Patient den „richtigen" Beklagten erst ausfindig machen. Dies aber kann ihm nicht zugemutet werden.
Für die Frage der rechtlichen Beziehungen des Patienten zu den anderen liquidationsberechtigten Ärzten des Krankenhauses gilt, soweit sie mit der Behandlung (im Wege der

---

58 Das Verbot betrifft lediglich die Vergütungsseite.
59 So auch Diederichsen, 142.
60 Siehe S. 81, Fn 18.
61 Vgl. S. 32f.
62 Siehe S. 49ff.
63 So auch BGH NJW 1985, 2189 = MedR 1986, 137, der im streitgegenständlichen Fall allerdings einen totalen Krankenhausaufnahmevertrag mit Arztzusatzvertrag für gegeben erachtet; vgl. auch Narr, Rdnr. 856.

Konsiliartätigkeit[64] oder Mitbehandlung[65]) befaßt werden, das zur Frage der rechtlichen Beziehungen zu dem behandelnden leitenden Krankenhausarzt Gesagte entsprechend, wobei beachtet werden muß, daß der Patient nach § 7 Abs. 3 BPflV, sofern er ärztliche Leistungen als gesondert berechenbare Leistungen in Anspruch nimmt, diese nicht auf die Tätigkeit einzelner liquidationsberechtigter Ärzte beschränken kann. Nur wenn ein gespaltener Krankenhausaufnahmevertrag geschlossen wird, kommen daher zwischen den hinzugezogenen liquidationsberechtigten Ärzten und dem Patienten vertragliche Beziehungen zustande,[66] aufgrund derer sie zur Liquidation berechtigt sind. Wird dagegen ein totaler Krankenhausaufnahmevertrag geschlossen, kann ihnen das Liquidationsrecht durch Vorausabtretung oder aufgrund eines Vertrages zugunsten Dritter zustehen.

c. *Krankenhausaufnahmevertrag im Belegkrankenhaus*

Ein gespaltener Krankenhausaufnahmevertrag und kein totaler Krankenhausaufnahmevertrag kommt außerdem auch heute noch – wie vor Inkrafttreten der Krankenhausreformgesetze[67] – in den Fällen zustande, in denen sich der Patient in ein Belegkrankenhaus oder in die Belegabteilung eines Anstaltskrankenhauses[68] begibt.

Der Privatpatient schließt dabei zum einen einen Vertrag mit dem Krankenhaus über die Krankenhausversorgung und zum anderen einen Vertrag mit dem Belegarzt über die ärztliche Behandlung ab. Aufgrund dieses Vertrages mit dem Belegarzt erwirbt dieser einen eigenen Honoraranspruch gegenüber dem Privatpatienten.

Begibt sich dagegen ein RVO- oder Ersatzkassenpatient in ein Belegkrankenhaus oder in die Belegabteilung eines Anstaltskrankenhauses, so schließt die Krankenkasse mit dem Krankenhausträger einen Vertrag zugunsten des Patienten gemäß § 328 BGB über die Krankenhausversorgung ab. Die ärztliche Behandlung durch den Belegarzt wird dagegen – wie bei der ambulanten Behandlung der Kassenpatienten – aufgrund der Gesamtverträge zwischen den Krankenkassen und den Kassenärztlichen Vereinigungen von den Kassenärztlichen Vereinigungen sichergestellt, so daß der Belegarzt die Vergütung für seine Leistungen von den Kassenärztlichen Vereinigungen erhält (§§ 368 g Abs. 6, 525 Abs. 2 RVO).

Der Belegarzt nimmt also auch bei der stationären ärztlichen Behandlung von Kassenpatienten an der kassenärztlichen Versorgung teil,[69] so daß – wie bei der ambulanten Behandlung[70] – auf das Verhältnis von Belegarzt und RVO-Kassenpatient § 368 d Abs. 4 RVO Anwendung findet. Unmittelbare vertragliche Beziehungen zwischen Belegarzt und Kassenpatient kommen auch hier nicht zustande.[71] Denn der Wille der Parteien ist auch hier nicht auf den Abschluß eines Behandlungsvertrages gerichtet. Der Kassenpatient geht vielmehr davon aus, daß er die ihm aufgrund seiner Mitgliedsbeiträge von der Kranken-

---

[64] Vgl. S. 62f.

[65] Vgl. S. 63.

[66] Siehe hierzu ausführlich S. 141ff.

[67] Siehe S. 81, Fn. 18.

[68] Siehe S. 21.

[69] Vgl. Krauskopf/Siewert, 97f.

[70] Siehe S. 68ff.

[71] Anders dagegen die Vertreter der Vertragstheorie (s. S. 68), die selbstverständlich auch hier den Abschluß eines Behandlungsvertrages zwischen Belegarzt und Kassenpatient bejahen.

kasse zur Verfügung gestellte Leistung entgegennimmt. Der Belegarzt erfüllt mit der Behandlung dagegen seine aus der Mitgliedschaft zur Kassenärztlichen Vereinigung resultierende Pflicht zur kassenärztlichen Versorgung.
Mit der Übernahme der Behandlung durch den Belegarzt entsteht daher - wie bei der ambulanten Behandlung des Kassenpatienten durch den Kassenarzt - ein gesetzliches Schuldverhältnis, das dem Patienten einen Anspruch auf sorgfältige Behandlung gegen den Belegarzt gibt, wie er ihn als Berechtigter aus einem Vertrag zugunsten Dritter erworben hätte.[72] Für die Ersatzkassenpatienten gilt dies aufgrund analoger Anwendung des § 368 d Abs. 4 RVO entsprechend.[73]
Ein totaler Krankenhausaufnahmevertrag kann in den Belegkrankenhäusern sowie für die Belegabteilungen in den Anstaltskrankenhäusern nicht zustande kommen, weil dieser Vertragstypus dem Wesen des Belegkrankenhauses, das ja nur die Krankenhausversorgung anbieten will,[74] widerspricht.

d. Krankenhausaufnahmevertrag in den von der Krankenhausreform nicht erfaßten Krankenhäusern

In den Krankenhäusern, die von den Krankenhausreformgesetzen[75] nicht erfaßt werden,[76] sind alle bisher genannten Vertragsgestaltungen möglich. So steht es auch diesen Krankenhausträgern frei, die Krankenhausleistungen entsprechend den Krankenhausreformgesetzen anzubieten, so daß im Regelfall ein totaler Krankenhausaufnahmevertrag und bei Innspruchnahme der Wahlleistung „Arzt" entweder ein totaler Krankenhausaufnahmevertrag oder ein gespaltener Krankenhausaufnahmevertrag abgeschlossen wird.[77]
Es besteht in diesen Krankenhäusern jedoch auch die Möglichkeit, die Krankenhausleistungen „nach altem Recht" anzubieten. Bei der Aufnahme eines Kassenpatienten in die 3. Pflegeklasse[78] würde die Krankenkasse also in der Regel einen totalen Krankenhausaufnahmevertrag zugunsten des Kassenpatienten abschließen. Möglich wäre in diesen Fällen allerdings auch, daß der Kassenpatient zusätzlich zu dem totalen Krankenhausaufnahmevertrag einen Vertrag mit dem leitenden Krankenhausarzt über die ärztliche Behandlung abschließt, so daß ein totaler Krankenhausaufnahmevertrag mit Arztzusatzvertrag vorliegen würde.[79]
Bei der Aufnahme eines Privatpatienten in die 1. oder 2. Pflegeklasse würde - wie nach der Rechtslage vor Inkrafttreten der Krankenhausreformgesetze - in der Regel ein gespaltener Krankenhausaufnahmevertrag zustande kommen.[80] Ausnahmsweise ist jedoch auch hier ein totaler Krankenhausaufnahmevertrag mit einem Liquidationsrecht des leitenden Krankenhausarztes aufgrund einer Vorausabtretung oder eines Vertrages zugunsten Dritter möglich.

---

[72] Zur Begründung kann auf das zur ambulanten Behandlung Gesagte verwiesen werden; s. S. 69ff.
[73] Siehe S. 74f.
[74] Siehe S. 21.
[75] Siehe S. 81, Fn 18.
[76] Siehe S. 32f.
[77] Vgl. S. 82ff.
[78] In diesen Krankenhäusern kann das alte Pflegeklassensystem beibehalten werden.
[79] Vgl. S. 82.
[80] Vgl. Uhlenbruck, NJW 1964, 432; Uhlenbruck, NJW 1973, 1400.

Schließlich können auch die Krankenhäuser, die nicht in den Anwendungsbereich der Krankenhausreformgesetze fallen, als Belegkrankenhäuser organisiert sein, so daß notwendigerweise ein gespaltener Krankenhausaufnahmevertrag abgeschlossen werden muß.[81]
Für die Frage, welcher Vertragstyp im Einzelfall vorliegt, ist wiederum das zwischen den Parteien Vereinbarte maßgeblich, was sich aus den Krankenhausaufnahmebedingungen bzw. den Aufnahmeordnungen ergibt.

Die obigen Ausführungen machen deutlich, daß die Frage der Ausgestaltung des Krankenhausaufnahmevertrages, und damit auch die Frage der rechtlichen Beziehungen des Patienten zum Krankenhausträger und den Krankenhausärzten bei stationärer Krankenhausbehandlung unmittelbar davon abhängig ist, wie das Krankenhaus hinsichtlich der ärztlichen Leistungen organisiert ist, wobei auch die Ausgestaltung der Verträge des Krankenhausträgers mit den Krankenhausärzten eine erhebliche Rolle spielt. Es ist daher zu fordern, daß die Krankenhausträger diese Fragen in ihren Krankenhausaufnahmebedingungen unzweideutig offenlegen, damit der Patient weiß, mit wem er bei der Krankenhausaufnahme in vertragliche Beziehungen tritt. Diese Forderung nach allseitiger Klarheit und Vorhersehbarkeit des Vereinbarten ist ein rechtsstaatliches Gebot, dem gerade im Bereich des Krankenhauswesens eine besondere Bedeutung zukommt.

---

81 Siehe S. 88f.

Teil 3

Anspruchsgegner des Patienten bei Erfüllung eines Haftpflichttatbestandes

Für die Frage, wen der Patient in Anspruch nehmen kann, wenn er bei der ärztlichen Behandlung einen Schaden erleidet, ist wiederum zwischen ambulanter Behandlung und stationärer Krankenhausbehandlung zu unterscheiden, wobei bei der stationären Krankenhausbehandlung von entscheidender Bedeutung ist, welcher Krankenhausaufnahmevertragstyp vorliegt.
Vor allem ist aber auch stets zwischen Vertrags- und Deliktshaftung zu unterscheiden. Diese Unterscheidung ist von erheblicher praktischer Bedeutung, nachdem Vertrags- und Deliktsrecht teilweise voneinander abweichende Regelungen enthalten. Dies sind zum einen die Vorschriften über die Verjährung; die vertraglichen Ansprüche verjähren nach § 195 BGB in 30 Jahren, während die deliktischen Ansprüche nach § 852 BGB bereits in 3 Jahren nach Kenntnis von Schaden und Schädiger verjähren. Unterschiede ergeben sich zum anderen auch bei der Frage der Haftung für Hilfspersonen. Während sich im Rahmen des Vertragsrechts die Haftung nach § 278 BGB bestimmt, besteht im Gegensatz hierzu im Rahmen der Deliktshaftung grundsätzlich die Entlastungsmöglichkeit nach § 831 BGB. Von besonderer Bedeutung gerade für den Arzthaftpflichtprozeß ist schließlich noch der Unterschied im Umfang der Entschädigung; während aufgrund von Deliktsrecht ein Schmerzensgeldanspruch zuerkannt werden kann (§ 847 BGB), besteht diese Möglichkeit nach Vertragsrecht nicht (vgl. § 253 BGB). Außerdem bestehen im Rahmen der Deliktshaftung im Gegensatz zur Vertragshaftung Ersatzansprüche Dritter im Falle der Tötung (§ 844 BGB) und wegen entgangener Dienste (§ 845 BGB).
Im Hinblick auf die Durchsetzbarkeit des Anspruchs wird häufig wegen der Anwendung des § 278 BGB und der längeren Verjährungsfrist die vertragliche Lösung vorzuziehen sein. Im Hinblick auf den Umfang der Entschädigung ist dagegen wegen des Schmerzensgeldes der deliktische Anspruch für den Geschädigten von Vorteil.

A. Anspruchsgegner bei ambulanter Behandlung

I. Anspruchsgegner in der Einzelpraxis und in der Praxisgemeinschaft

1. Vertragliche Haftung

Der niedergelassene Arzt, der in einer Einzelpraxis oder in einer Praxisgemeinschaft einen Privatpatienten behandelt und sich dabei einen Behandlungsfehler[1] zuschulden kommen läßt, sonst gegen eine ärztliche Sorgfaltspflicht verstößt[2] oder einen ärztlichen Eingriff ohne vorherige Aufklärung und entsprechende Einwilligung[3] vornimmt, verletzt – sofern ein Behandlungsvertrag zustande gekommen ist[4] – seine vertraglichen Pflichten gegenüber dem Patienten. Für einen daraus entstehenden Schaden hat er aufgrund des Behandlungsvertrages nach den Grundsätzen der positiven Vertragsverletzung einzustehen.[5]

Ist der Schaden des Patienten nicht auf ein eigenes Fehlverhalten des behandelnden Arztes, sondern auf das Fehlverhalten seiner Mitarbeiter (ärztliche sowie nichtärztliche Mitarbeiter) oder seines Vertreters zurückzuführen, so haftet er für deren Verschulden nach § 278 BGB in gleichem Umfang wie für eigenes Verschulden. Dabei gibt es für den Arzt keine Exkulpationsmöglichkeit; er kann sich insbesondere nicht darauf berufen,

---

1 Zum Behandlungsfehler s. Laufs, Arztrecht, Rdnr. 296ff.; Laufs, Die Entwicklung des Arztrechts, NJW 1979, 1231; NJW 1980, 1316; NJW 1981, 1290; NJW 1982, 1320; NJW 1983, 1347; NJW 1985, 1362f.; NJW 1986 1518f.; Giesen, Wandlungen des Arzthaftungsrechts, 11ff.; Luig, 245ff.; Narr, Rdnr. 883ff., jeweils m. w. N.

2 Laufs, Arztrecht, Rdnr. 305ff.; Laufs, Die Entwicklung des Arztrechts, NJW 1979, 1231; NJW 1980, 1316; NJW 1981, 1290; NJW 1982, 1320; NJW 1983, 1347; NJW 1984, 1385f.; NJW 1985, 1365; NJW 1986, 1520; NJW 1987,1452f.

3 Zur Aufklärungspflicht und Einwilligung siehe Laufs, Arztrecht, Rdnr. 107ff.; Kern/Laufs, Die ärztliche Aufklärungspflicht; Laufs, Die Entwicklung des Arztrechts, NJW 1979, 1232; NJW 1980, 1317; NJW 1981, 1291; NJW 1982, 1321; NJW 1983, 1349; NJW 1984, 1385f.; NJW 1985, 1365; NJW 1986, 1520; NJW 1987, 1452f.; Giesen, 47ff.; Luig, 232ff., 248ff.; Narr, Rdnr. 883ff., jeweils m. w. N.

4 Vgl. S. 59; kommt bei der Behandlung geschäftsunfähiger, beschränkt geschäftsfähiger oder bewußtloser Patienten ausnahmsweise kein Vertrag zustande (siehe S. 64ff.), ergibt sich die Haftung des behandelnden Arztes aus den Vorschriften des BGB über die Geschäftsführung ohne Auftrag (§§ 661, 276, 278 BGB); die Haftungserleichterung des § 680 BGB findet jedoch keine Anwendung (siehe S. 65).

5 BGHZ 5, 324; Laufs, Arztrecht, Rdnr. 61; Luig, 244, 248; Münch Komm-Söllner, § 611, Rdnr.64; Geigel-Schlegelmilch, Kap. 14, Rdnr. 211; zur Frage der Beweislast siehe: Laufs, Arztrecht, Rdnr. 359ff.; Luig, 245ff.; Giesen, Wandlungen des Arzthaftungsrechts, 90ff., jeweils m. w. N.

er habe seine Mitarbeiter sorgfältig ausgewählt. Vertragliche Ansprüche gegen die Mitarbeiter oder den Vertreter selbst bestehen dagegen nicht.[6]
Bei der Behandlung eines Kassenpatienten, bei der kein Behandlungsvertrag zwischen Arzt und Patient zustande kommt,[7] besteht eine entsprechende Haftung des behandelnden Arztes über § 368 d Abs. 4 RVO (für die RVO-Kassenpatienten)[8] bzw. über eine analoge Anwendung des § 368 d Abs. 4 RVO (für die Ersatzkassenpatienten).[9]
Die vertraglichen Schadensersatzansprüche des Patienten richten sich also allein gegen den behandelnden Arzt. Dies gilt sowohl für den in freier Einzelpraxis tätigen Arzt als auch für den Arzt, der seine Tätigkeit in einer Praxisgemeinschaft[10] ausübt.

2. *Deliktische Haftung*

Das Verhalten des Arztes, das eine schuldhafte Verletzung der Vertragspflicht darstellt, erfüllt daneben auch zugleich den Tatbestand einer unerlaubten Handlung nach § 823 Abs. 1 BGB und nach § 823 Abs. 2 BGB in Verbindung mit einem Schutzgesetz (z. B. §§ 223, 230 StGB), so daß der behandelnde Arzt auch aufgrund von Deliktsrecht zum Schadensersatz verpflichtet ist.[11] Dies gilt sowohl beim Vorliegen eines Behandlungsfehlers oder eines sonstigen ärztlichen Sorgfaltspflichtverstoßes als auch beim Vorliegen ärztlicher Eigenmacht.
Im zuletzt genannten Fall ist die rechtliche Einordnung in der Rechtsprechung einerseits und der herrschenden Lehre andererseits heftig umstritten. Nach der ständigen Rechtsprechung des BGH[12] ist die indizierte und lege artis durchgeführte Heilbehandlung als Eingriff in die körperlichen Funktionen des Patienten eine Körperverletzung im Sinne der §§ 823 BGB und 223 StGB, die in der Regel allerdings durch die Einwilligung des Patienten gerechtfertigt ist. Fehlt es mangels Aufklärung an dieser Einwilligung, so ist auch die sonst fehlerfreie Heilbehandlung rechtswidrig.
Die in der Literatur überwiegende Meinung lehnt die tatbestandsmäßige Gleichsetzung von Heilbehandlung und Körperverletzung ab; sie gelangt aber dennoch bei fehlender Aufklärung und Einwilligung wie der BGH zur Annahme eines Deliktstatbestandes, indem sie die eigenmächtige ärztliche Behandlung als Beeinträchtigung des allgemei-

---

[6] Vgl. S. 60f. und LG Hannover NJW 1981, 1320 für den Fall eines angestellten Zahnarztes.
[7] Siehe S. 69.
[8] Siehe S. 68ff.
[9] Siehe S. 74f.
[10] Siehe hierzu S. 6; Narr, Rdnr. 1144; Uhlenbruck ArztR 1969, 151 (152); Henke, NJW 1974, 2035 (2037).
[11] Luig, 244ff.; Giesen, 1f.; Münch Komm-Söllner, § 611, Rdnr. 64; Geigel-Schlegelmilch, Kap. 14, Rdnr. 211.
[12] Vgl. BGHZ 29, 46; BGHZ 29, 176; BGH LM Nr. 26 zu § 823 BGB; BGH, NJW 1972, 335; ebenso Soergel-Zeuner, Rdnr. 16 zu § 823; Narr, Rdnr. 867.

nen Persönlichkeitsrechts qualifiziert.[13] Das verletzte Rechtsgut ist nach Ansicht des BGH die körperliche Unversehrtheit, nach Ansicht der Literatur das Selbstbestimmungsrecht des Patienten.
Die praktischen Unterschiede beider Meinungen bestehen zum einen im Umfang des Schadensersatzanspruches und zum anderen bei der Beweislastverteilung.[14] Während auf der Grundlage der Theorie vom Persönlichkeitsrecht dem Patienten bei eigenmächtiger Behandlung lediglich ein Schmerzensgeld[15] zugebilligt werden kann und dies zudem nur bei einer erheblichen Beeinträchtigung und dem Vorliegen schwerer Schuld, ist dem Patienten aufgrund der Körperverletzungstheorie jeder entstehende materielle Schaden sowie in jedem Fall auch ein Schmerzensgeld zuzuerkennen. Da die Aufklärung eine Voraussetzung für das Vorliegen des Rechtsfertigungsgrundes der Einwilligung ist, liegt nach der Rechtsprechung des BGH die Beweislast für Aufklärung und Einwilligung beim Arzt. Nach der Lehre von der Verletzung des Persönlichkeitsrechts besteht dagegen das Unrecht selbst in der nicht ordnungsgemäßen Aufklärung; die Beweislast hierfür liegt beim Geschädigten.[16]
Ist der Schaden des Patienten nicht auf eine unerlaubte Handlung des Praxisinhabers, sondern auf eine unerlaubte Handlung seiner Mitarbeiter (ärztliche sowie nichtärztliche Mitarbeiter) oder seines Vertreters zurückzuführen, so haftet der Praxisinhaber für diese nach § 831 BGB[17]. Anders als bei der vertraglichen Haftung kann er sich in diesen Fällen jedoch nach § 831 Abs. 1 S. 2 BGB mit dem Hinweis darauf entlasten, daß er den Mitarbeiter sorgfältig ausgewählt und ihn während seiner längeren Tätigkeit auch überwacht und dabei festgestellt hat, daß er sorgfältig und zuverlässig arbeitet.[18]
Daneben ist der Mitarbeiter oder Vertreter, der den Schaden verschuldet hat, selbst nach § 823 Abs. 1 BGB und § 823 Abs. 2 BGB in Verbindung mit einem Schutzgesetz (z. B. §§ 223, 230 StGB) zum Schadensersatz verpflichtet.
Gelingt dem Arzt der Entlastungsbeweis, so entfällt die deliktische Haftung des Arztes für seinen Mitarbeiter. Die Schadensersatzansprüche aus unerlaubter Handlung richten sich in diesem Fall allein gegen den Schädiger. Gelingt der Entlastungsbeweis dagegen nicht, haften Arzt und Schädiger gemäß § 840 BGB als Gesamtschuldner.
Das zur deliktischen Haftung Gesagte gilt sowohl für die in einer Einzelpraxis als auch für die in einer Praxisgemeinschaft[19] begangenen unerlaubten Handlungen.

---

[13] Laufs, Arztrecht, Rdnr. 107ff.; Laufs, Zur deliktsrechtlichen Problematik ärztlicher Eigenmacht, NJW 1969, 529ff.; Laufs, Die Verletzung der ärztlichen Aufklärungspflicht und ihre deliktische Rechtsfolge, NJW 1974, 2025ff.; Laufs, Schutz der Persönlichkeitssphäre und ärztliche Heilbehandlung, VersR. 1972, 1ff.; Deutsch, Schutzbereich und Tatbestand des unerlaubten Eingriffs im Zivilrecht, NJW 1965, 1985ff.; Wiethölter, Arzt und Patient als Rechtsgenossen, 71ff.; Grünwald, Heilbehandlung und ärztliche Aufklärungspflicht, 125ff.

[14] Siehe hierzu ausführlich Luig, 249ff.

[15] Laufs, Arztrecht, Rdnr. 116; Laufs, NJW 1969, 532; anders: Deutsch, NJW 1965, 1985ff.

[16] So Grünwald, 140; eine vermittelnde Meinung in der Literatur geht davon aus, daß der Patient die fehlende Aufklärung beweisen müsse, worauf der Arzt mit dem Beweis der Entbehrlichkeit der Aufklärung aus besonderen Gründen zuzulassen sei; so Laufs, NJW 1969, 533; siehe auch Laufs, VersR 1972, 6.

[17] Vgl. LG Hannover NJW 1981, 1320 für den Fall eines angestellten Zahnarztes.

[18] Zum Entlastungsbeweis s. Palandt-Thomas, Anm. 6 zu § 831; Erman-Drees, Rdnr. 33ff. zu § 831; Soergel-Zeuner, Rdnr. 34ff. zu § 831; Münch Komm-Mertens, § 831, Rdnr. 57ff.

[19] Siehe hierzu S. 6; Narr, Rdnr. 1144; Uhlenbruck, ArztR 1969, 152; Henke, NJW 1974, 2037.

Eine Besonderheit besteht in der Praxisgemeinschaft lediglich dann, wenn der Patient dadurch zu Schaden kommt, daß die Mitglieder der Praxisgemeinschaft ihrer allgemeinen Aufsichtspflicht hinsichtlich der gemeinschaftlich benutzten technischen Apparaturen, des Labors oder der Praxisräume nicht nachkommen oder die allgemeinen Verkehrssicherungspflichten in bezug auf die gemeinsam genutzten Räumlichkeiten verletzen. In diesen Fällen besteht eine gesamtschuldnerische Haftung aller Partner der Praxisgemeinschaft (§§ 823, 831, 840 BGB)[20].

II. Anspruchsgegner in der Gemeinschaftspraxis

1. *Vertragliche Haftung*

Da der Privatpatient, der sich in eine Gemeinschaftspraxis begibt, den Behandlungsvertrag in der Regel[21] mit allen Partnern der Gemeinschaftspraxis abschließt[22], so daß diese Gesamtschuldner der im Behandlungsvertrag übernommenen Pflichten werden, haften auch alle Partner der Gemeinschaftspraxis gesamtschuldnerisch für etwaige Schadensersatzansprüche aus dem Behandlungsvertrag. Dies gilt sowohl bei einem Fehlverhalten der Partner der Gemeinschaftspraxis (und zwar auch dann, wenn nur der Arzt, der die Behandlung durchführt, den Schaden verschuldet hat[23]) als auch gemäß § 278 BGB bei einem Fehlverhalten eines Mitarbeiters (ärztlicher und nichtärztlicher Mitarbeiter) oder eines Vertreters[24].

Dies ergibt sich jedoch nicht schon aus den Bestimmungen des Gesellschaftsrechts. Daß nach § 714 BGB jeder Gesellschafter den anderen rechtsgeschäftlich verpflichten kann, heißt nämlich nicht, daß er dann, wenn er die so begründeten Pflichten verletzt, auch den anderen zum Schadensersatz verpflichtet. Daher ist mit der Tatsache, daß die Partner einer Gemeinschaftspraxis Gesamtschuldner der im Behandlungsvertrag übernommenen Pflichten sind, noch nicht gesagt, daß auch jeder von ihnen für die Fehler, die sein Partner gemacht hat, einzustehen hat. Das ist nach dem Gesetz grundsätzlich sogar gerade nicht der Fall (§ 425 BGB). Jedoch zeigen die Besonderheiten des mit einer Gemeinschaftspraxis geschlossenen Vertrages, daß sich aus dem Schuldverhältnis in diesem Fall das Gegenteil ergibt (§ 425 Abs. 1 BGB). Dem Recht der zur Gemeinschaftspraxis verbundenen Ärzte, selbst darüber zu bestimmen, wer von ihnen den Patienten betreuen soll, insofern also dem Patienten gegenüber immer als Einheit, als „die Gemeinschaftspraxis" aufzutreten, steht nämlich die Pflicht gegenüber, ihm ggf. dann auch „als Gemeinschaftspraxis" zu haften.

---

[20] Narr, Rdnr. 1144; Uhlenbruck, ArztR 1969, 152ff.

[21] Kommt der Behandlungsvertrag ausnahmsweise nur mit einem Partner der Gemeinschaftspraxis zustande (vgl. S. 61, FN 24), so haftet allein dieser Arzt für etwaige vertragliche Schadensersatzansprüche des Patienten.

[22] Siehe S. 61.

[23] Narr, Rdnr. 1141; Henke, NJW 1974, 2035 (2037); Uhlenbruck, ArztR 1969, 151 (153); BGH NJW 1986, 2364.

[24] Eine Vertretertätigkeit ist auch in einer Gemeinschaftspraxis möglich; Narr, Rdnr. 1073.

Entsprechendes ist für die Anwaltssozietät seit der Entscheidung des BGH vom 6. 7. 1971[25] allgemein anerkannt.[26] Was für den Anwalt gilt, ist jedoch auch auf die an einer Gemeinschaftspraxis beteiligten Ärzte anzuwenden. Die persönlichen Vertrauensbeziehungen zwischen Anwalt und Klient sind nämlich mit denen zwischen Arzt und Patient durchaus vergleichbar.[27]

Teilweise werden hiergegen Bedenken geäußert,[28] weil ärztliche Sozietäten der Verkehrsanschauung nach nicht so geläufig seien wie Anwaltssozietäten, und weil das Arzt-Patient-Verhältnis persönlicher sei als das Verhältnis von Anwalt und Mandant. Selbst wenn man davon ausgeht, daß es richtig ist, daß im Gegensatz zum Anwalt-Mandant-Verhältnis beim Arzt-Patient-Verhältnis ein noch individuelleres Vertrauensverhältnis besteht, darf dennoch die haftungsrechtliche Seite der Ärztesozietät keine andere Beurteilung erfahren als die der Anwaltssozietät. Denn wenn man schon die Stellung des Patienten gegenüber dem Mandanten als „privilegierter" ansieht, dann wäre es unbillig, ihm die haftungsrechtlich günstige Stellung des Mandanten vorzuenthalten. Zurecht weist auch Henke[29] in diesem Zusammenhang darauf hin, daß die Beweissituation des Geschädigten nahezu hoffnungslos werden könnte, wenn man eine gesamtschuldnerische Haftung der in der Gemeinschaftspraxis zusammengeschlossenen Ärzte verneinen würde. Da die Ärzte in der Gemeinschaftspraxis ihre ärztliche Tätigkeit gemeinsam ausüben, wird sich nämlich häufig nicht feststellen lassen, welcher der Ärzte für eine schadensstiftende Handlung oder Unterlassung verantwortlich ist. Auch aus diesem Grunde ist daher die gesamtschuldnerische Haftung der in einer Gemeinschaftspraxis zusammengeschlossenen Ärzte gerechtfertigt. Ohne die vom Arzt eingegangene Sozietät mit ihren Vorteilen der Arbeitserleichterung und Arbeitsteilung befände sich der Patient nämlich in einer einwandfreien Beweissituation. Wer die Vorteile in Anspruch nimmt, die die Sozietät mit sich bringt, muß auch bereit sein, die damit verbundenen Risiken zu übernehmen.

Für die Haftung bei der Behandlung eines Kassenpatienten in einer Gemeinschaftspraxis gilt entsprechendes über § 368 d Abs. 4 RVO (für die RVO-Kassenpatienten)[30] bzw. über eine analoge Anwendung des § 368 d Abs. 4 RVO (für die Ersatzkassenpatienten)[31]; alle Partner der Gemeinschaftspraxis haften also in der Regel als Gesamtschuldner für etwaige Schadensersatzansprüche des Patienten.

---

[25] BGHZ 56, 355 = BGH NJW 1971, 1801.

[26] Müller, NJW 1969, 903ff.; Müller, NJW 1969, 1416ff.; Palandt-Heinrichts, Anm. 3a zu § 425; Palandt-Thomas, Anm. 9b aa zu § 705; Münch Komm-Selb, § 425, Rdnr. 8; Erman-Westermann, Rdnr. 3 zu § 425; Staudinger-Kaduk, Rdnr. 81 zu § 425; Münch Komm-Ulmer, § 714 Rdnr. 37; Ehmann, Die Gesamtschuld, 208f.

[27] So auch Narr, Rdnr. 1141; Henke, NJW 1973, 2038; Palandt-Thomas, Anm. 9b aa zu § 705; BGH NJW 1986, 2364.

[28] Staudinger-Kaduk, Rdnr. 81 zu § 425.

[29] NJW 1974, 2038.

[30] Vgl. S. 68ff.

[31] Vgl. S. 74f.

2. *Deliktische Haftung*

Ansprüche aus unerlaubter Handlung können dagegen nur dem Schädiger gegenüber, also innerhalb einer Gemeinschaftspraxis nur dem Arzt gegenüber geltend gemacht werden, der die unerlaubte Handlung begangen hat.[32] Eine Haftung der anderen Partner der Gemeinschaftspraxis käme nur unter den Voraussetzungen des § 831 BGB in Betracht. Im Verhältnis zwischen mehreren in einer Gemeinschaftspraxis tätigen Ärzten scheidet die Anwendung des § 831 BGB jedoch mangels Abhängigkeit des einen vom anderen aus.[33] Eine gesamtschuldnerische Haftung aller Partner der Gemeinschaftspraxis kommt im deliktischen Bereich daher grundsätzlich nicht in Betracht. Etwas anderes gilt nur dann, wenn mehrere Ärzte der Gemeinschaftspraxis den eingetretenen Schaden gemeinsam durch rechtswidrige und schuldhafte Handlungen oder Unterlassungen herbeigeführt haben, so z. B. bei gemeinsamer Behandlung oder bei gemeinsam zu verantwortenden Organisationsmängeln. In diesen Fällen haften die beteiligten Ärzte nach § 840 BGB als Gesamtschuldner.
Ist der Schaden des Patienten nicht auf eine unerlaubte Handlung eines Partners der Gemeinschaftspraxis, sondern auf eine unerlaubte Handlung eines Mitarbeiters (ärztlicher oder nichtärztlicher Mitarbeiter) oder eines Vertreters (der nicht Partner der Gemeinschaftspraxis ist) zurückzuführen, so haften alle Partner der Gemeinschaftspraxis für diese als Gesamtschuldner nach § 831 BGB, weil nicht der einzelne Arzt, sondern alle Partner der Gemeinschaftspraxis den Mitarbeiter bzw. Vertreter zum Verrichtungsgehilfen bestellt haben.[34] Sie können sich jedoch nach § 831 Abs. 1 S. 2 BGB mit dem Hinweis darauf entlasten, daß sie den Mitarbeiter sorgfältig ausgewählt, überwacht und dabei festgestellt haben, daß er sorgfältig und zuverlässig arbeitet.
Daneben ist der Mitarbeiter oder Vertreter, der den Schaden verschuldet hat, selbst nach § 823 Abs. 1 BGB und § 823 Abs. 2 BGB in Verbindung mit einem Schutzgesetz (z. B. §§ 223, 230 StGB) zum Schadensersatz verpflichtet.

III. Anspruchsgegner bei ambulanter Behandlung im Krankenhaus

1. *Vertragliche Haftung*

Für die Frage, gegen wen die vertraglichen Schadensersatzansprüche des Patienten bei ambulanter Behandlung im Krankenhaus zu richten sind, ist zu unterscheiden, ob die ambulanten Leistungen als sog. „Vertragsleistungen“[35] oder als sog. „Institutsleistungen“[36] erbracht werden.

---

[32] So auch Henke, NJW 1974, 2038.
[33] Vgl. BGHZ 45, 311; Palandt-Thomas, Anm. 3 d zu § 714 u. Anm. 3 a zu § 831; Münch Komm-Ulmer, § 705, Rdnr. 189ff.
[34] Vgl. BGH NJW 1975, 533; Palandt-Thomas, Anm. 4 a zu § 718.
[35] Vgl. S. 61.
[36] Vgl.S. 61.

a. Vertragsleistungen

Werden die ambulanten Leistungen im Krankenhaus als sog. „Vertragsleistungen" erbracht, so richten sich die vertraglichen Schadensersatzansprüche des Patienten allein gegen den behandelnden Arzt; vertragliche Schadensersatzansprüche gegenüber dem Krankenhausträger bestehen dagegen nicht.[37]
Sogenannte „Vertragsleistungen" werden zum einen dann erbracht, wenn sich ein Privatpatient in ambulante Behandlung eines leitenden Krankenhausarztes begibt, dem in seinem Dienstvertrag mit dem Krankenhaus die ambulante Behandlung von Privatpatienten als Nebentätigkeit gestattet ist.[38] Hier haftet der leitende Krankenhausarzt aufgrund des Behandlungsvertrages sowohl für eigenes schuldhaftes Fehlverhalten als auch nach § 278 BGB für das schuldhafte Fehlverhalten seiner ärztlichen und nichtärztlichen Mitarbeiter.
Sogenannte „Vertragsleistungen" erbringen zum anderen aber auch die angestellten oder ins Beamtenverhältnis berufenen leitenden Krankenhausärzte (Chefärzte und Leiter selbständiger Fachabteilungen) sowie die anderen Krankenhausfachärzte, die unmittelbar oder auf Überweisung durch Kassenärzte an der kassenärztlichen Versorgung beteiligt sind.[39] Um von der Beteiligung Gebrauch machen zu können, benötigen aber auch diese Krankenhausärzte eine entsprechende Nebentätigkeitsgenehmigung durch den Krankenhausträger.[40] Hier kommen zwar keine vertraglichen Beziehungen zwischen Arzt und Patient zustande. Eine entsprechende Haftung ergibt sich jedoch über § 368 d Abs. 4 RVO (für die RVO-Kassenpatienten)[41] bzw. über eine analoge Anwendung des § 368 d Abs. 4 RVO (für die Ersatzkassenpatienten).[42]
Vertragliche Haftungsansprüche gegenüber dem Krankenhausträger könnten in diesen Fällen allenfalls über die §§ 89, 31 BGB in Betracht kommen, wenn der leitende Krankenhausarzt – wie es regelmäßig der Fall ist[43] – als verfassungsmäßig berufener Vertreter im Sinne der §§ 89, 31 BGB anzusehen ist. Dies würde jedoch voraussetzen, daß der verfassungsmäßig berufene Vertreter bei der Schadenszufügung in Ausführung einer ihm übertragenen Verrichtung gehandelt hat. Zwischen dem Aufgabenbereich und dem schadenstiftenden Verhalten des Organs müßte ein innerer, d. h. sachlicher, nicht nur rein örtlicher und zeitlicher Zusammenhang bestehen; der verfassungsmäßig berufene Vertreter müßte also gerade für den Krankenhausträger tätig werden.[44] Dies ist aber in den Fällen, in denen die ambulanten Leistungen als sog. „Vertragsleistungen" erbracht werden, gerade nicht der Fall. Zwar ergibt sich dies nicht schon allein daraus, daß der behandelnde Arzt in Wahrnehmung eigener Verbindlichkeiten (und zwar in Erfüllung seiner vertraglichen Pflichten gegenüber dem Privatpatienten oder bei der Behandlung eines Kassenpatienten in Erfüllung seiner Pflichten gegenüber der

---

[37] Vgl. W. Adam, 150; BGH NJW 1987, 2289.
[38] Siehe S. 51.
[39] Vgl. S. 12; BGH NJW 1987, 2289.
[40] W. Adam, 150ff.
[41] Vgl. S. 68ff.
[42] Vgl. S. 74f.
[43] Siehe hierzu ausführlich S. 112ff.
[44] Staudinger-Coing, Rdnr. 21ff. zu § 21; Soergel/Schultze-von Lasaulx, Rdnr. 28ff. zu § 31; Erman-Westermann, Rdnr. 3 zu § 31.

Kassenärztlichen Vereinigung[45]) tätig wird. Er kann nämlich durchaus in Erfüllung eigener Verbindlichkeiten und gleichzeitig „für" den Krankenhausträger tätig werden.[46] In den Fällen, in denen die ambulanten Leistungen als „Vertragsleistungen" erbracht werden, wird der behandelnde Arzt jedoch nicht „für" den Krankenhausträger tätig, weil hier die ambulanten Leistungen – im Gegensatz zu den sog. Institutsleistungen – nicht vom Krankenhausträger angeboten werden und deshalb auch die ambulante Versorgung der Patienten nicht zum Aufgabenbereich des Krankenhausträgers gehört. Die Krankenhausärzte sind dementsprechend zwar berechtigt, jedoch dem Krankenhausträger gegenüber nicht verpflichtet, die ambulante Behandlung der Patienten zu übernehmen. Diese Tätigkeit gehört nicht zu ihren Dienstpflichten, sondern es handelt sich hier vielmehr um eine reine Privattätigkeit. Die Krankenhausärzte werden daher nicht in Ausführung einer ihnen übertragenen Verrichtung tätig, so daß eine Haftung des Krankenhausträgers nach §§ 89, 31 BGB nicht in Betracht kommt.[47]

b. Institutsleistungen

Werden die ambulanten Leistungen im Krankenhaus dagegen als sog. „Institutsleistung" erbracht – wie es derzeit praktisch nur in den poliklinischen Einrichtungen der Hochschulen und den ärztlich geleiteten Einrichtungen, die zur Teilnahme an der kassenärztlichen Versorgung ermächtigt sind, der Fall ist,[48] so richten sich die vertraglichen Schadensersatzansprüche allein gegen den Krankenhausträger; vertragliche Schadensersatzansprüche gegenüber den behandelnden Ärzten sowie den ärztlichen und nichtärztlichen Mitarbeitern bestehen demgegenüber nicht.[49]

Bei der Behandlung eines Privatpatienten ergibt sich die Haftung des Krankenhausträgers unmittelbar aus dem mit dem Patienten geschlossenen Vertrag;[50] der Krankenhausträger hat dabei für die schuldhaften Vertragspflichtverletzungen seiner angestellten oder ins Beamtenverhältnis berufenen Ärzte und nichtärztlichen Mitarbeiter nach § 278 BGB einzustehen.

Bei der Behandlung der Kassenpatienten ergibt sich eine entsprechende Haftung über § 368 d Abs. 4 RVO (für die RVO-Kassenpatienten)[51] bzw. über eine analoge Anwendung des § 368 d Abs. 4 RVO (für die Ersatzkassenpatienten)[52].

2. Deliktische Haftung

Auch im Rahmen der deliktischen Haftung ist zu unterscheiden, ob die ambulanten Leistungen als sog. „Vertragsleistungen" oder als sog. „Institutsleistungen" erbracht werden.

---

[45] Vgl. S. 11f.,69.
[46] Vgl. S. 152ff.
[47] So auch OLG Braunschweig NJW 1980, 643.
[48] Siehe S. 12.
[49] W. Adam, 149f.
[50] Vgl. S. 61.
[51] Vgl. S. 68ff.
[52] Vgl. S. 74f.

a. Vertragsleistungen

Werden sog. Vertragsleistungen erbracht und erfüllt das Verhalten des behandelnden Arztes den Tatbestand einer unerlaubten Handlung, so haftet dieser nach § 823 Abs. 1 BGB, § 823 Abs. 2 BGB in Verbindung mit einem Schutzgesetz (z. B. §§ 223, 230 StGB). Fraglich ist, ob dies auch für die ins Beamtenverhältnis berufenen Ärzte in den öffentlichen Krankenhäusern gilt oder ob hier § 839 BGB eingreift mit der Folge, daß der Beamte aufgrund des Haftungsprivilegs des § 839 Abs. 1 S. 2 BGB bei fahrlässiger Schädigung persönlich nur dann in Anspruch genommen werden kann, wenn der Geschädigte nicht auf andere Weise Ersatz verlangen kann.[53] Da jedoch – wie bereits ausgeführt[54] – die ambulanten „Vertragsleistungen" nicht zum Aufgaben- und Pflichtenkreis des Krankenhausträgers gehören und der beamtete Arzt in diesen Fällen eine reine Privattätigkeit ausübt, erfüllt er bei der Behandlung auch keine ihm obliegenden Dienstpflichten, so daß er auch keine ihm obliegende Amtspflicht verletzt. Eine Haftung nach § 839 BGB kommt daher nicht in Betracht.
Außer für von ihm selbst schuldhaft begangene unerlaubte Handlungen haftet der behandelnde Arzt nach § 831 BGB für die tatbestandsmäßigen, rechtswidrigen (nicht notwendig schuldhaften) unerlaubten Handlungen seiner Mitarbeiter. Er kann sich jedoch von der Haftung durch den Nachweis befreien, daß er bei der Auswahl, Ausrüstung und Leitung der Verrichtungsgehilfen die im Verkehr erforderliche Sorgfalt beobachtet hat (§ 831 Abs. 1 S. 2 BGB).
Daneben ist der Mitarbeiter, der den Schaden verschuldet hat, selbst nach §§ 823ff. BGB zum Schadensersatz verpflichtet.
Gelingt dem behandelnden Arzt der Entlastungsbeweis, so entfällt die deliktische Haftung des Arztes für seinen Mitarbeiter. Die Schadensersatzansprüche aus unerlaubter Handlung richten sich in diesem Fall allein gegen den Schädiger. Gelingt der Entlastungsbeweis dagegen nicht, haften Arzt und Mitarbeiter gemäß § 840 BGB als Gesamtschuldner.

b. Institutsleistungen

Werden die ambulanten Leistungen im Krankenhaus dagegen als sog. „Institutsleistungen" erbracht, so entspricht die Rechtslage im deliktischen Bereich der Rechtslage bei stationärer Krankenhausbehandlung im Falle eines totalen Krankenhausaufnahmevertrages. In beiden Fällen werden nämlich sämtliche Leistungen allein vom Krankenhausträger geschuldet.
Da ambulante Leistungen als sog. „Institutsleistungen" – zumindest derzeit noch – nur in Ausnahmefällen erbracht werden, während bei stationärer Krankenhausbehandlung der totale Krankenhausaufnahmevertrag den Regelfall bildet, sollen die dabei

---

[53] Der BGH hat diese Frage in seinem Urteil vom 30. 11. 1982 (NJW 1983, 1374 = MedR 1983, 104) für die ambulante Behandlung ausdrücklich offen gelassen.
[54] Siehe S. 100.

auftretenden Probleme erst in diesem Zusammenhang erörtert werden. Das dort Gesagte[55] gilt hier also entsprechend.

IV. Anspruchsgegner bei Hinzuziehung weiterer Ärzte

1. Vertragliche Haftung

Zieht der behandelnde Arzt einen oder mehrere andere Ärzte zu einem sog. Konsilium[56] hinzu und kommt dabei zwischen Patient und Konsiliararzt – wie es bei der Behandlung eines Privatpatienten in der Regel der Fall ist – ein Vertrag zustande,[57] so haften beide, behandelnder Arzt und Konsiliararzt, für Schäden, die ihre Ursache in dem Konsilium haben, weil insoweit immer beide ihre Pflichten aus den Behandlungsverträgen verletzen. Die vertraglichen Schadensersatzansprüche des Patienten können in diesen Fällen also sowohl gegenüber dem behandelnden Arzt als auch gegenüber dem Konsiliararzt oder beiden gegenüber geltend gemacht werden; beide haften als Gesamtschuldner.[58] Entsprechendes gilt auch für die Fälle, in denen ausnahmsweise zwar keine vertraglichen Beziehungen zwischen Konsiliararzt und Patient, jedoch vertragsähnliche Beziehungen nach den Grundsätzen der Geschäftsführung ohne Auftrag entstehen;[59] auch hier haften behandelnder Arzt und Konsiliararzt als Gesamtschuldner.

Etwas anderes gilt jedoch dann, wenn der Schaden des Patienten seine Ursache nicht in dem Konsilium, sondern in den im Anschluß an das Konsilium durch den behandelnden Arzt vorgenommenen Maßnahmen hat, soweit diese nicht Gegenstand des Konsiliums waren. In diesen Fällen verletzt allein der behandelnde Arzt seine Pflichten aus dem Behandlungsvertrag mit dem Patienten, so daß auch allein er zum Schadensersatz verpflichtet ist.

So trägt beispielsweise der behandelnde Arzt allein die Verantwortung für die Höhe und Dauer der Rezeptur eines Medikaments, wenn bei dem Konsilium lediglich ein Behandlungsversuch mit dem betreffenden Medikament ohne Festlegung der Dosis beschlossen wurde. Ist dagegen die Verordnung des Medikaments überhaupt fehlerhaft, so haften für die daraus entstehenden Schäden beide, der behandelnde Arzt und der Konsiliararzt, als Gesamtschuldner. Die Verantwortung für die Aufklärung des Patienten trägt dagegen wiederum allein der behandelnde Arzt.[60]

Bei der Behandlung eines Kassenpatienten ergibt sich eine entsprechende Haftung der beteiligten Ärzte über § 368 d Abs. 4 RVO (für die RVO-Kassenpatienten)[61] bzw. über eine analoge Anwendung des § 368 d Abs. 4 RVO (für die Ersatzkassenpatienten).[62]

---

[55] Siehe S. 111 ff.
[56] Siehe S. 62 f.
[57] Siehe S. 63.
[58] Andreas/Siegmund-Schultze, ArztR 1977, 244; vgl. auch Ehmann, 231 f.
[59] Vgl. S. 63.
[60] So zutreffend OLG Köln MedR 1983, 112.
[61] Siehe S. 68 ff.
[62] Siehe S. 74 f.

Hat das Konsilium dagegen seinen Grund in einem Vertrag zwischen behandelndem Arzt und Konsiliararzt[63], hat der Patient weder vertragliche noch vertragsähnliche Ansprüche gegenüber dem Konsiliararzt; die vertraglichen Ansprüche des Patienten richten sich vielmehr allein gegen den behandelnden Arzt. Auch ein Anspruch des Kassenpatienten gegenüber dem Konsiliararzt über § 368 d Abs. 4 RVO besteht in diesen Fällen nicht, weil hier von einer „Übernahme der Behandlung" im Sinne der § 368 d Abs. 4 RVO durch den Konsiliararzt nicht gesprochen werden kann. Allerdings hat der behandelnde Arzt gegenüber dem Konsiliararzt aufgrund dessen Mitverschuldens einen Freistellungsanspruch, der sich in der Regel auf den halben Schadensbetrag belaufen wird.[64]

In den Fällen der Mitbehandlung[65] ist zu unterscheiden, ob ein Fall der Mitbehandlung im eigentlichen Sinne oder ein Fall der Weiterbehandlung des hinzugezogenen Arztes vorliegt.

Liegt eine Mitbehandlung im eigentlichen Sinne[66] vor, so daß mehrere Ärzte die Behandlung gemeinsam durchführen, wie es in der Regel bei einer Mitbehandlung von Ärzten gleicher Fachrichtung der Fall sein wird, und verschulden die behandelnden Ärzte dabei gemeinsam einen Schaden des Patienten, so haften sie gesamtschuldnerisch für etwaige Schadensersatzansprüche aus den Behandlungsverträgen. Verursacht dagegen nur einer der mitbehandelnden Ärzte den Schaden, so verletzt nur dieser den Behandlungsvertrag mit dem Patienten, so daß auch nur er allein zum Schadensersatz verpflichtet ist.

Möglich ist jedoch auch eine Mitbehandlung im eigentlichen Sinne von Ärzten verschiedener Fachrichtung (z. B. von Chirurgen und Anästhesisten bei einer Operation). Da dies im ambulanten Bereich jedoch nicht häufig der Fall ist, wird die dabei auftretende Problematik erst im Rahmen der stationären Krankenhausbehandlung erörtert. Das dort zur Abgrenzung der Verantwortungsbereiche und der entsprechenden Haftung der einzelnen Ärzte Gesagte[67] gilt hier entsprechend.

Wird dagegen der hinzugezogene Arzt zur selbständigen eigenverantwortlichen Weiterbehandlung[68] aufgefordert, wie es im ambulanten Bereich regelmäßig bei der Hinzuziehung eines Arztes einer anderen Fachrichtung der Fall sein wird, so haftet dieser für seine Tätigkeit allein. Vertragliche Schadensersatzansprüche sind also nicht gegen den behandelnden Arzt, sondern allein gegen den hinzugezogenen Arzt zu richten.

Bei der Behandlung von Kassenpatienten gilt in den Fällen der Mitbehandlung entsprechendes über § 368 d Abs. 4 RVO (für die RVO-Kassenpatienten) bzw. über eine analoge Anwendung des § 368 d Abs. 4 RVO (für die Ersatzkassenpatienten).

Zieht der behandelnde Arzt einen oder mehrere andere Ärzte zur Besprechung des Krankheitsfalles hinzu, ohne daß ein Konsilium oder eine Mitbehandlung vorliegt,[69] ist, nachdem vertragliche Beziehungen zwischen Patient und hinzugezogenem Arzt

---

63 Siehe S. 63.
64 Andreas/Siegmund-Schultze, ArztR 1977, 244.
65 Siehe S. 63.
66 Vgl. S. 63.
67 Siehe S. 146ff.
68 Siehe S. 63.
69 Siehe S. 62.

nicht zustande kommen,[70] für vertragliche Ansprüche des Patienten diesem gegenüber kein Raum. Auch Ansprüche des Kassenpatienten gegenüber dem hinzugezogenen Arzt über § 368 d Abs. 4 RVO kommen nicht in Betracht, weil auch hier von einer „Übernahme der Behandlung“ im Sinne des § 368 d Abs. 4 RVO durch den hinzugezogenen Arzt nicht gesprochen werden kann.
Falls in diesen Fällen ausnahmsweise vertragliche Beziehungen zwischen den Ärzten zustande kommen,[71] besteht jedoch ein Freistellungsanspruch des behandelnden Arztes gegenüber seinem Kollegen, der sich in der Regel wiederum auf den halben Schadensbetrag belaufen wird.

2. Deliktische Haftung

Im Falle eines Konsiliums[72] bestehen deliktische Ansprüche für Schäden, deren Ursache das Konsilium ist, unabhängig von den vertraglichen Beziehungen zwischen den Beteiligten, immer sowohl gegenüber dem behandelnden Arzt als auch gegenüber dem Konsiliararzt, weil insoweit beide immer gemeinsam tätig werden und daher nach den §§ 823ff., 840 BGB als Gesamtschuldner haften.
Hat der Schaden des Patienten seine Ursache dagegen nicht in dem Konsilium, sondern in im Anschluß an das Konsilium von dem behandelnden Arzt vorgenommenen Maßnahmen, die nicht Gegenstand des Konsiliums waren, so hat dafür allein der behandelnde Arzt einzustehen.[73]
In den Fällen der Mitbehandlung[74] ist auch im Rahmen der deliktischen Haftung zwischen einer Mitbehandlung im eigentlichen Sinne und einer selbständigen Weiterbehandlung durch den hinzugezogenen Arzt zu unterscheiden.
Liegt eine Mitbehandlung im eigentlichen Sinne von Ärzten gleicher Fachrichtung vor und haben diese dabei gemeinsam den eingetretenen Schaden schuldhaft verursacht, so haften beide als Gesamtschuldner nach den §§ 823ff., 840 BGB. Hat dagegen nur einer der mitbehandelnden Ärzte den Schaden verursacht, so haftet dieser allein nach den §§ 823 Abs. 1, 823 Abs. 2 in Verbindung mit einem Schutzgesetz (z. B. §§ 223, 230 StGB). Problematischer sind dagegen die Fälle der Mitbehandlung im eigentlichen Sinne von Ärzten verschiedener Fachrichtung. Wegen der geringen Häufigkeit dieser Fälle im ambulanten Bereich werden die dabei auftretenden Fragen erst im Rahmen der stationären Krankenhausbehandlung erörtert. Das dort Gesagte[75] gilt hier entsprechend.
Wird der hinzugezogene Arzt dagegen zur selbständigen Weiterbehandlung aufgefordert und fügt er dabei dem Patienten schuldhaft einen Schaden zu, so haftet er dafür allein nach den §§ 823 Abs. 1, 823 Abs. 2 in Verbindung mit einem Schutzgesetz (z. B. §§ 223, 230 StGB).

---

[70] Siehe S. 62.
[71] Siehe S. 62.
[72] Siehe S. 62f.
[73] Vgl. S. 102.
[74] Siehe S. 63
[75] Siehe S. 160ff.

Liegt weder ein Konsilium noch eine Mitbehandlung vor, sondern bespricht der behandelnde Arzt den Krankheitsfall lediglich mit einem Kollegen,[76] so wird dieser dem Patienten gegenüber überhaupt nicht tätig, so daß deliktische Ansprüche des Patienten ihm gegenüber nicht entstehen können.
Das zur Frage der Anspruchsgegner bei Hinzuziehung weiterer Ärzte Gesagte gilt bei ambulanter Behandlung des Patienten in der Einzelpraxis, in der Praxisgemeinschaft, in der Gemeinschaftspraxis und bei ambulanter Behandlung im Krankenhaus, sofern diese als sog. „Vertragsleistung“[77] erbracht wird. In der Gemeinschaftspraxis haften hinsichtlich der vertraglichen Ansprüche allerdings neben dem Arzt, der die Behandlung durchführt, alle Partner der Gemeinschaftspraxis als Gesamtschuldner.
Werden die ambulanten Leistungen im Krankenhaus dagegen als sog. „Institutsleistungen“[78] erbracht, so richten sich alle vertraglichen Ansprüche des Patienten auch bei Hinzuziehung weiterer Ärzte allein gegen den Krankenhausträger. Hinsichtlich der deliktischen Schadensersatzansprüche gilt das für die Haftung bei ärztlicher Teamarbeit bei stationärer Krankenhausbehandlung Gesagte[79] entsprechend.

V. Anspruchsgegner bei Behandlung in Ausübung hoheitlicher Tätigkeit

Erfolgt die ärztliche Behandlung in Ausübung hoheitlicher Tätigkeit,[80] haftet – nachdem das Staatshaftungsgesetz vom 26. 6. 1981[81] nach dem Urteil des Bundesverfassungsgerichts vom 19. 10. 1982[82] nichtig ist – für ein schuldhaftes Handeln des Arztes[83] nach Art. 34 Satz 1 GG in Verbindung mit § 839 BGB der Staat oder die Körperschaft, in deren Diensten er steht. Gleiches gilt für ein Fehlverhalten einer Hilfsperson, ohne daß in diesem Falle eine Exkulpationsmöglichkeit für den Staat bestehen würde.
Bei fahrlässig begangener Amtspflichtverletzung besteht der Anspruch gegenüber dem Staat jedoch nur dann, wenn eine anderweitige Ersatzmöglichkeit nicht gegeben ist (§ 839 Abs. 1 S. 2 BGB). Die Leistungen der gesetzlichen und der privaten Krankenkassen sind dabei nicht als anderer Ersatz im Sinne des § 839 Abs. 1 S. 2 BGB anzusehen.[84]
Eine Eigenhaftung des hoheitlich handelnden Arztes bzw. der Hilfsperson dem Patienten gegenüber besteht dagegen nicht. Der Dienstherr hat jedoch nach Art. 34 Satz 2 GG und den damit in Einklang stehenden Beamtengesetzen des Bundes und der Länder[85] eine Rückgriffsmöglichkeit in den Fällen, in denen dem Bediensteten Vorsatz oder grobe Fahrlässigkeit zur Last zu legen ist.

---

76 Siehe S. 62.
77 Vgl. S. 61.
78 Vgl. S. 61.
79 Siehe S. 124, 160ff.
80 Siehe S. 76f.
81 BGBl. 1981 I, 553.
82 BVerfG NJW 1983, 25 = MedR 1983, 23 (L).
83 Gleichgültig hierfür ist, ob der Arzt Beamter im beamtenrechtlichen Sinne ist oder nicht.
84 BGH NJW 1981, 623; BGH NJW 1981, 626.
85 Vgl. § 78 Abs. 2 BBG; § 46 Abs. 2 BRRG; z. B. § 96 Abs. 2 LBG Ba-Wü.

B. Anspruchsgegner bei stationärer Krankenhausbehandlung

Für die Frage, wen der Patient in Anspruch nehmen kann, wenn er bei stationärer Krankenhausbehandlung einen Schaden erleidet, ist von entscheidender Bedeutung, welcher Krankenhausaufnahmevertragstyp (totaler Krankenhausaufnahmevertrag, gespaltener Krankenhausaufnahmevertrag oder totaler Krankenhausaufnahmevertrag mit Arztzusatzvertrag) zwischen dem Krankenhausträger und dem Patienten bzw. der Krankenkasse vereinbart ist.

I. Anspruchsgegner im Falle eines totalen Krankenhausaufnahmevertrages

1. Vertragliche Haftung

a. Haftung des Krankenhausträgers

Kommt – wie es seit Inkrafttreten der Krankenhausreformgesetze[1] in der Regel der Fall ist[2] – ein sog. totaler Krankenhausaufnahmevertrag[3] zustande, und wird irgendeine der sich aus diesem Vertrag ergebenden Pflichten verletzt, so richten sich alle vertraglichen Ansprüche des Patienten allein gegen den Krankenhausträger. Der Anspruch des Selbstzahlers (Privatpatient) besteht dabei aufgrund des mit dem Krankenhausträger geschlossenen Krankenhausaufnahmevertrages[4].

Der Anspruch des Kassenpatienten ergibt sich dagegen aus dem zwischen Krankenkasse und Krankenhausträger zugunsten des Patienten geschlossenen Krankenhausaufnahmevertrag.[5]

Dies gilt unabhängig von der Rechtsform[6], in der das Krankenhaus betrieben wird; lediglich die Anspruchsgrundlage für die vertragliche Haftung ist insoweit verschieden.

---

[1] Gesetz zur wirtschaftlichen Sicherung der Krankenhäuser und zur Regelung der Krankenhauspflegesätze (Krankenhausfinanzierungsgesetz – KHG) vom 29. Juni 1972 (BGBl. I, 1009), zuletzt geändert durch das Krankenhausneuordnungsgesetz vom 20. Dezember 1984 (BGBl. I, 1716) und Verordnung zur Regelung der Krankenhauspflegesätze (Bundespflegesatzverordnung – BPflV) vom 25. April 1973 (BGBl. I, 333), zwischenzeitlich ersetzt durch Verordnung zur Regelung der Krankenhauspflegesätze (Bundespflegesatzverordnung – BPflV) vom 21. August 1985 (BGBl. I, 1666).

[2] Siehe S. 82f.

[3] Siehe hierzu S. 80f.

[4] Vgl. S. 79.

[5] Vgl. S. 79f.

[6] Vgl. hierzu S. 22f.

aa. Haftung für eigenes Verschulden nach § 276 BGB

Ist derjenige, der die Vertragsverletzung verschuldet hat, der Krankenhausträger selbst (z. B. der ärztliche Inhaber einer Privatklinik begeht einen Kunstfehler), so haftet dieser für eigenes Verschulden (§ 276 BGB) unmittelbar aus dem Krankenhausaufnahmevertrag nach den Grundsätzen der positiven Vertragsverletzung.
Wird das Krankenhaus dagegen in der Rechtsform einer BGB-Gesellschaft betrieben und begeht einer der Gesellschafter schuldhaft eine Vertragspflichtverletzung, so haften wie bei der Gemeinschaftspraxis alle Gesellschafter als Gesamtschuldner ebenfalls unmittelbar aus dem Krankenhausaufnahmevertrag. Das bei der Gemeinschaftspraxis zur Begründung Gesagte[7] gilt hier entsprechend. Im übrigen kann es haftungsrechtlich keinen Unterschied machen, ob eine BGB-Gesellschaft eine Gemeinschaftspraxis oder ein Krankenhaus betreibt.

bb. Haftung für Verschulden der Erfüllungsgehilfen nach § 278 BGB

In allen übrigen Fällen sind die behandelnden Ärzte als gesetzliche Vertreter oder als Erfüllungsgehilfen des Krankenhausträgers anzusehen, so daß dieser bei schuldhaften Behandlungs-[8], Aufklärungs-[9] oder sonstigen Vertragspflichtverletzungen[10] für seine angestellten oder ins Beamtenverhältnis berufenen Ärzte ohne Entlastungsmöglichkeit nach den §§ 611, 278 BGB haftet. Dies gilt nach herrschender Meinung[11] auch bei Vertragspflichtverletzungen der Ärzte, die in Krankenhäusern tätig sind, deren Träger juristische Personen des privaten oder öffentlichen Rechts sind[12] und die als verfassungsmäßig berufene Vertreter im Sinne der §§ 31, 89 BGB anzusehen sind.[13] Die Anwendung des § 278 BGB auf diese Personen wird zwar in der Literatur[14] teilweise abgelehnt, weil § 278 BGB nur Fremdverschulden behandele, ein Verschulden jener Vertreter aber angesichts ihrer Organstellung solches der juristischen Person selbst sei. Indessen haben Organe nach ausdrücklicher gesetzlicher Vorschrift (§ 26 BGB) die „Stellung eines gesetzlichen Vertreters", so daß kein Anlaß besteht, § 278 BGB auf sie nicht anzuwenden. Der Ausdruck „gesetzlicher Vertreter" im Sinne des § 278 BGB ist zudem nicht im eigentlichen, sondern im weiteren Sinne von Handeln mit Wirkung für andere zu verstehen,[15] so daß auch die verfassungsmäßig berufenen Vertreter im Sinne der §§ 31, 89 BGB hierzu zu rechnen sind.

---

[7] Siehe S. 96f.
[8] Vgl. S. 93, Fn. 1.
[9] Vgl. S. 93, Fn. 3.
[10] Vgl. S. 93, Fn. 2. Hierzu gehören auch Delegationsfehler (s. S. 115) sowie körperschaftliche (s. S. 115f.) und betriebliche (siehe S. 116f.) Organisationsmängel.
[11] RGZ 122, 351 (355, 359); RGZ 145, 315/16; RGZ 152, 129 (132); BGHZ 3, 173; BGHZ 5, 126; BGHZ 13, 203; vgl. auch BGHZ 17, 191; Staudinger-Werner, Rdnr. 16, zu 278; Erman-Battes, Rdnr. 9 zu § 278; Westermann, NJW 1974, 577 (579).
[12] Vgl. S. 22f.
[13] Siehe hierzu ausführlich S. 112ff.
[14] Palandt-Heinrichs, Anm. 2b zu § 278.
[15] Erman-Battes, Rdnr. 7 zu § 278.

Der Krankenhausarzt ist dabei auch im Verhältnis zum Kassenpatienten lediglich Erfüllungsgehilfe des Krankenhausträgers und nicht (auch) Erfüllungsgehilfe der einweisenden Krankenkasse, weil vertragliche Beziehungen zwischen Krankenkasse und Kassenpatient nicht bestehen.[16] Eine Haftung der Krankenkasse nach §§ 611, 278 BGB kommt daher nicht in Betracht.[17]
Auch für ein Fehlverhalten der im Krankenhaus tätigen nichtärztlichen Mitarbeiter haftet der Krankenhausträger nach §§ 611, 278 BGB. Auch diese sind immer Erfüllungsgehilfen des Krankenhausträgers (im Falle der BGB-Gesellschaft aller Gesellschafter) und nicht des behandelnden Arztes, so daß allein der Krankenhausträger für Vertragspflichtverletzungen dieser Personen einzustehen hat.
Die Haftung des Krankenhausträgers für ein Fehlverhalten seiner Mitarbeiter nach den §§ 611, 278 BGB ist schließlich auch dann zu bejahen, wenn nicht festgestellt werden kann, welcher von mehreren behandelnden Ärzten oder Hilfspersonen für ein (feststehendes) Verschulden verantwortlich ist.[18]

cc. Haftung für Vertragspflichtverletzungen der verfassungsmäßig berufenen Vertreter nach §§ 31, 89 BGB

Neben der Haftung nach den §§ 611, 278 BGB besteht bei Vertragspflichtverletzungen der verfassungsmäßig berufenen Vertreter auch eine Haftung des Krankenhausträgers nach den §§ 611, 31, 89 BGB[19]. Die damit zusammenhängende Problematik, insbesondere die Frage, wer im Krankenhaus als verfassungsmäßig berufener Vertreter anzusehen ist, wird erst bei der Deliktshaftung erörtert,[20] weil die Organhaftung nach §§ 31, 89 BGB im Rahmen der Vertragshaftung ohne jede praktische Bedeutung ist, nachdem die Haftung des Krankenhausträgers über § 278 BGB durchweg zum gleichen Ergebnis führt wie die danebenstehende Haftung über die §§ 31, 89 BGB.

---

[16] Auch keine vertragsähnlichen Beziehungen; das Verhältnis zwischen Kassenpatient und Krankenkasse ist vielmehr öffentlich-rechtlicher Natur, vgl. S. 9ff.

[17] Erman-Battes, Rdnr. 27 zu § 278; RG JW 15, 916, allerdings mit anderer Begründung.

[18] RGZ 171, 320 (zu § 31 BGB); RGZ 64, 234; BGH NJW 1982, 699; Palandt-Heinrichs, Anm. 8 zu § 278; Erman-Battes, Rdnr. 51 zu § 278.

[19] So die h. M.: BGH NJW 1981, 633; Erman-Westermann, Anm. 7 zu § 31; Palandt-Heinrichs, Anm. 1 zu § 31; Soergel/Schultze-v. Lasaulx, Rdnr. 23 zu § 31; Münch Komm-Reuter, § 31, Rdnr. 12; Kern, Die ärztliche Aufklärungspflicht, Arzt und Krankenhaus 1980, 30 (31); Kern, Zur deliktischen Haftung der öffentlich-rechtlichen Krankenhausträger bei Aufklärungspflichtverletzungen, Krankenhauskalender 1981, 386; nach anderer Ansicht gilt § 31 BGB nur für den deliktischen Bereich; so Staudinger-Coing, Rdnr. 6ff. zu § 31.

[20] Siehe S. 112ff.

b. *Persönliche Haftung des Schädigers*

aa. Keine persönliche Haftung gegenüber dem Patienten

Eine persönliche vertragliche Haftung des Schädigers neben der des Krankenhausträgers[21] besteht gegenüber dem Patienten nicht, weil im Falle des totalen Krankenhausaufnahmevertrages vertragliche Beziehungen des Patienten weder zu den Krankenhausärzten noch zu den sonstigen Mitarbeitern des Krankenhauses zustande kommen.[22]1

bb. Regreßanspruch des Krankenhausträgers

Dies bedeutet aber nicht, daß sich die Krankenhausärzte oder die nichtärztlichen Mitarbeiter des Krankenhauses keinen Schadensersatzansprüchen ausgesetzt sehen. Sie können nämlich vom Krankenhausträger im Regreßwege in Anspruch genommen werden.[23]

Wird der Krankenhausträger für ein fehlerhaftes Verhalten seiner Ärzte oder seiner nichtärztlichen Mitarbeiter in Anspruch genommen, wird er sich regelmäßig beim Arbeitnehmer schadlos halten und von ihm Ersatz dafür verlangen, daß er Schadensersatzansprüche des Patienten befriedigen mußte.

Rechtsgrundlagen: Rechtsgrundlagen des Regreßanspruches sind für die ins Beamtenverhältnis berufenen Ärzte in öffentlichen Krankenhäusern[24] § 78 Bundesbeamtengesetz bzw. die entsprechenden Regelungen der Landesbeamtengesetze[25]. Verletzt danach ein Beamter schuldhaft die ihm obliegenden Pflichten, so hat er dem Dienstherrn, dessen Aufgaben er wahrgenommen hat, den daraus entstehenden Schaden zu ersetzen. Die nicht ins Beamtenverhältnis berufenen Ärzte und nichtärztlichen Mitarbeiter sind in der Regel BAT-Angestellte.[26] Für sie gilt § 14 Bundesangestelltentarifvertrag (BAT), wonach für die Schadenshaftung des Angestellten die für die Beamten des Arbeitgebers jeweils geltenden Vorschriften entsprechende Anwendung finden. Danach haften die ins Beamtenverhältnis berufenen und angestellten Ärzte sowie die nichtärztlichen Mitarbeiter des Krankenhauses also grundsätzlich für jedes Verschulden einschließlich leichter Fahrlässigkeit[27].

---

[21] Eine persönliche vertragliche Haftung des Schädigers ist nur dann zu bejahen, wenn dieser zugleich der Krankenhausträger ist; vgl. S. 107.

[22] Siehe S. 80f.

[23] Siehe hierzu ausführlich Narr, Rdnr. 898ff.

[24] Vgl. S. 22, 49.

[25] Vgl. z. B. § 96 Abs. 1 LBG Ba-Wü.

[26] Siehe S. 53.

[27] Eine Haftungsbeschränkung für Vorsatz und grobe Fahrlässigkeit tritt nur insoweit ein, als der Beamte oder Angestellte in Ausübung eines ihm anvertrauten öffentlichen Amtes seine Amtspflicht verletzt, also hoheitlich tätig wird; siehe § 78 Abs. 1 S. 2 BBG und die entsprechenden Regelungen in den Landesbeamtengesetzen (z. B. § 96 Abs. 1 S. 2 LBG Ba-Wü). Dies ist bei der Krankenbehandlung aber in der Regel gerade nicht der Fall (siehe S. 78.).

Für die Ärzte und nichtärztlichen Mitarbeiter in nichtöffentlichen Krankenhäusern[28] ist Rechtsgrundlage des Regreßanspruchs der Arbeitsvertrag, wonach der Arbeitnehmer verpflichtet ist, alles zu unterlassen, was den Arbeitgeber schädigen könnte. Verstößt der Arbeitnehmer schuldhaft gegen diese Pflicht, kann der Arbeitgeber grundsätzlich von ihm Ersatz des dadurch entstandenen Schadens verlangen. Im einzelnen gilt jedoch der zwischen den Parteien abgeschlossene Arbeitsvertrag.

Einschränkungen durch den Gesichtspunkt der gefahrengeneigten Arbeit: Die arbeitsrechtlichen Gesichtspunkte der „gefahren"- oder „schadensgeneigten" Arbeit können jedoch eine Beschneidung der Regreßbefugnisse des Krankenhausträgers gegenüber seinen Mitarbeitern bewirken.[29] Dies gilt trotz der an sich eindeutigen gesetzlichen Regelung des Beamtenrechts auch für die ins Beamtenverhältnis berufenen oder angestellten Mitarbeiter in öffentlichen Krankenhäusern.[30]
Unter gefahrengeneigter Arbeit versteht man eine Tätigkeit, die infolge ihrer Eigenart eine besonders hohe Wahrscheinlichkeit mit sich bringt, daß auch dem sorgfältigen (gewissenhaften) Arbeitnehmer Fehler unterlaufen, die – für sich betrachtet – zwar jedes Mal vermeidbar waren, also fahrlässig herbeigeführt sind, mit denen aber angesichts der menschlichen Unzulänglichkeit erfahrungsgemäß zu rechnen ist.[31] Der ärztlichen Tätigkeit ist zwar nicht in jedem Fall, aber doch aufgrund der Umstände des Einzelfalles das Merkmal „gefahrengeneigt" zuzuerkennen.[32]
Gefahrengeneigt kann beispielsweise die Tätigkeit des Chirurgen[33] oder die Anwendung radioaktiver Stoffe zu diagnostischen oder therapeutischen Zwecken sein,[34] nicht jedoch eine „normale" ärztliche Untersuchung oder Behandlung. Auch im Falle der arbeitsmäßigen Überlastung eines Arbeitnehmers können die Grundsätze der gefahrengeneigten Arbeit Anwendung finden.[35]
Nach den Grundsätzen der gefahrengeneigten Arbeit haftet der Arbeitnehmer im Verhältnis zum Arbeitgeber wegen eines in Ausführung gefahrengeneigter Arbeit verursachten Schadens bei leichtester Fahrlässigkeit (geringer Schuld) überhaupt nicht, bei grober Fahrlässigkeit (schwerer Schuld) kann er in aller Regel voll in Anspruch genommen werden, während in dem mittleren Bereich der leichten bzw. einfachen Fahrlässigkeit („normale Schuld") der Schaden quotenmäßig zu verteilen ist. Maßgebend für die Quotelung ist neben dem Verschulden die Größe der in der Arbeit liegenden Gefahr, das Unternehmerrisiko, die Größe des Schadens, die Höhe des

---

[28] Vgl. S. 22f.

[29] Burck, Die Haftung für Behandlungsfehler der Ärzte an Universitätskliniken unter dem Blickpunkt gefahrgeneigter Arbeit, VersR 1968, 613ff.; Narr, Rdnr. 901ff.; Heinze, Zur Qualifikation der ärztlichen Tätigkeit als „gefahr-geneigte Tätigkeit", MedR 1983, 6ff.; LAG Berlin MedR 1983, 937.

[30] Siehe hierzu Burck, VersR 1968, 618ff. mit eingehender Begründung; Heinze, MedR 1983, 9.

[31] So grundlegend BAG 5, 1 (5, 7); BAG 7, 290 (295); BAG BB 1959, 884; BAG NJW 1970, 1206; ausführlich hierzu auch Burck, VersR 1968, 613 (615) m. w. N.; Narr, Rdnr. 901; Heinze MedR 1983, 6.

[32] Burck, VersR 1968, 616; Narr, Rdnr. 902; Burmester, Die Haftpflicht des Arztes und der Krankenanstalt, 228ff.; Heinze MedR 1983, 9f.

[33] VG Köln VersR 1964, 394 (396) für die Tätigkeit des Chirurgen schlechthin; OVG Münster VersR 1965, 965 (966) für eine einzelne Operation.

[34] Siehe hierzu ausführlich Burck VersR 1968, 621ff.

[35] BAG NJW 1970, 1206.

Arbeitsentgelts, die Stellung des Arbeitnehmer im Betrieb, die Dauer der Betriebszugehörigkeit, sein bisheriges Verhalten, sein Alter, seine Familien- und Vermögensverhältnisse.[36]

Der Regreßanspruch des Krankenhausträgers ist danach im Falle gefahrengeneigter Arbeit bei geringer Schuld ganz und bei normaler Schuld teilweise ausgeschlossen, während er bei schwerer Schuld in vollem Umfang besteht.

Ein Regreßanspruch des Krankenhausträgers kommt jedoch dann nicht in Betracht, wenn eine Haftpflichtversicherung des Krankenhauses besteht, die dem Arbeitnehmer Versicherungsschutz gewährt, es sei denn, der Schaden übersteigt die Versicherungshöchstsumme.[37] Eine private Haftpflichtversicherung des Arztes bzw. des nichtärztlichen Mitarbeiters ist grundsätzlich allein zur Absicherung gegen solche Haftpflichtansprüche bestimmt, denen sie persönlich unter Berücksichtigung einer Haftungsprivilegierung bei gefahrengeneigter Tätigkeit ausgesetzt sind. Sie hat daher bei der Frage des Regreßanspruchs des Krankenhausträgers außer Betracht zu bleiben. Sollte jedoch der Arzt bzw. der nichtärztliche Mitarbeiter ausnahmsweise die Versicherung nicht auf den ihm bei gefahrengeneigter Arbeit persönlich zufallenden Risikobereich habe eingrenzen lassen, kann er unter der Voraussetzung, daß ihm selbst ein Nachteil, etwa durch eine Prämienrückstufung, nicht erwächst, aufgrund seiner Treuepflicht zum Arbeitgeber zu eigener Inanspruchnahme der Versicherung gehalten sein mit der Folge, daß der Regreßanspruch des Krankenhausträgers auch dann besteht, wenn er nach den Grundsätzen über die gefahrengeneigte Arbeit entfallen würde.[38]

2. *Deliktische Haftung*

a. *Haftung des Krankenhausträgers*

Auch Ansprüche aus unerlaubter Handlung können gegenüber dem Krankenhausträger geltend gemacht werden.

aa. Haftung des Krankenhausträgers für unerlaubte Handlungen seiner verfassungsmäßig berufenen Vertreter nach den §§ 31, 89, 823ff. BGB

Als Anspruchsgrundlage kommen zunächst die §§ 31, 89, 823ff. BGB in Betracht. Voraussetzung hierfür ist, daß der Krankenhausträger eine juristische Person des Privatrechts (also ein Verein, eine Aktiengesellschaft, eine Kommanditgesellschaft auf Aktien, eine GmbH oder eine Genossenschaft) oder eine juristische Person des öffentlichen Rechts (also eine Körperschaft, Stiftung oder Anstalt des öffentlichen Rechts) ist oder diesen gleichgestellt ist, wie die Personengesellschaften des Handelsrechts

---

[36] BAG 5, (7); BAG 7, 290 (295); Burck VersR 1968, 616; Narr, Rdnr. 903; Heinze, MedR 1983, 6.

[37] Burck, VersR 1968, 620.

[38] Siehe hierzu ausführlich Burck, VersR 1968, 619ff. m. w. N.; Narr, Rdnr. 904; anders Heinze, MedR 1983, 10ff.

(OHG und KG)[39] und nach herrschender Meinung[40] auch der nichtrechtsfähige Verein, nicht jedoch die BGB-Gesellschaft.[41]
Nach den §§ 31, 89 BGB ist die juristische Person ohne Entlastungsmöglichkeit für einen Schaden verantwortlich, den ihr Vorstand, ein Mitglied des Vorstandes oder ein anderer, verfassungsmäßig berufener Vertreter durch eine in Ausführung der ihm zustehenden Verrichtungen begangene, zum Schadensersatz verpflichtende Handlung einem Dritten zufügt. Grundsätzlich liegen zwar alle Rechte und Pflichten bei der juristischen Person selbst. Diese ist jedoch selbst nicht handlungsfähig, so daß sie sich zum Handeln ihrer Organe und anderer Hilfspersonen bedienen muß. Ohne die Regelung der §§ 31, 89 BGB würde die juristische Person daher außerhalb vertraglicher Schuldverhältnisse grundsätzlich immer nur mit der Entlastungsmöglichkeit des § 831 BGB haften. Die §§ 31, 89 BGB führen somit die Gleichstellung der juristischen Person mit der natürlichen Person insoweit herbei, als sie eine Haftung der juristischen Person für zum Schadensersatz verpflichtende Handlungen ihrer Organe ohne Entlastungsmöglichkeit normieren.
Von erheblich praktischer Bedeutung gerade für den Arzthaftpflichtprozeß (wegen des nach Deliktsrecht möglichen Schmerzensgeldanspruches) ist daher die Frage[42], welche Personen in den Krankenhäusern als verfassungsmäßig berufene Vertreter im Sinne des § 31 BGB anzusehen sind.
Das Gesetz selbst erwähnt den Vorstand, ein Mitglied des Vorstandes oder andere verfassungsmäßig berufene Vertreter. Im Normalfall handelt die juristische Person durch den Vorstand, ihr notwendiges Organ; er führt die Geschäfte und tritt nach außen für sie handelnd auf (§ 26 BGB). Weiterhin hat die juristische Person nach § 30 BGB die Möglichkeit, in ihrer Satzung bzw. in den dieser gleichzustellenden Organisationsvorschriften der staatlichen Verwaltung zu bestimmen, daß neben dem Vorstand für gewisse Geschäfte besondere Vertreter bestellt werden, deren Vertretungsmacht sich in der Regel auf alle gewöhnlichen Rechtsgeschäfte des ihnen

---

39 RGZ 76, 34 (48); BGH NJW 1952, 537 (538); BGH NJW 1973, 456 (für die OHG); BGH VRS 1962, 168 (für die KG); Soergel/Schultze-von Lasaulx, Rdnr. 11 zu § 31; Erman-Westermann, Rdnr. 1 zu § 31; Münch Komm-Reuter, § 31, Rdnr. 11; Palandt-Heinrichs, Anm. 1 zu § 31.

40 Soergel/Schultze-von Lasaulx, Anm. 40 zu § 54; Erman-Westermann, Rdnr. 13 zu § 54, Rdnr. 1 zu § 31; Palandt-Heinrichs, Anm. 1 zu § 31, Anm. 2 A d zu § 54; Münch Komm-Reuter, § 31, Rdnr. 11; vgl. auch BGHZ 42, 210 (216, 221) = NJW 1975, 29 (32, 33), wo – wenn auch ohne eigene Stellungnahme – die Ansicht, nach der § 31 auf den nicht rechtsfähigen Verein anwendbar ist, als herrschend bezeichnet wird. Nach der Rechtsprechung des Reichsgerichts ist dagegen § 31 BGB mit der Folge einer auf das Vereinsvermögens beschränkten Haftung auf den nicht rechtsfähigen Verein nicht anwendbar, sondern es haften alle Mitglieder nach § 831 BGB, wobei jedes Mitglied den Entlastungsbeweis nach § 831 Abs. 1 S. 2 BGB führen kann; vgl. RGZ 135, 244; RGZ 143, 212; RG JW 1933, 423.

41 Die BGB-Gesellschaft tritt nach außen nicht als Einheit auf (kein Gesamtname, keine Parteifähigkeit im Prozeß) und ist auch nur wenig körperschaftlich organisiert (keine Organe, keine Vorschriften, wie die Gesellschaft als solche einen Willen bildet), so daß § 31 BGB auf die BGB-Gesellschaft nicht anwendbar ist; so BGHZ 45, 311; Erman-Schulze-Wenck, Anm. 15 zu § 714; Soergel/Schultze-von Lasaulx, Rdnr. 10 zu § 714; Staudinger-Keßler, Rdnr. 5 zu § 714; Palandt-Heinrichs, Anm. 1 zu § 31; Münch Komm-Reuter, § 31, Rdnr. 11.

42 Auch prozessual ist diese Frage von entscheidender Bedeutung, weil ein verfassungsmäßig berufener Vertreter im Prozeß nicht Zeuge sein kann.

zugewiesenen Geschäftskreises erstreckt. Diese besonderen Vertreter sind gleichbedeutend mit den verfassungsmäßig berufenen Vertretern des § 31 BGB.[43]
Darüber hinaus ist nach allgemeiner Meinung dem verfassungsmäßig berufenen Vertreter ohne Rücksicht auf die Auslegung der Satzung derjenige gleichzustellen, dem durch allgemeine Betriebsregelung und Handhabung bedeutsame, wesensmäßige Funktion der juristischen Person zur selbständigen, eigenverantwortlichen Erfüllung zugewiesen sind und der die juristische Person auf diese Weise repräsentiert[44]. Danach kommt es für die Organeigenschaft also nicht darauf an, daß die Tätigkeit in der Satzung (bzw. in den dieser gleichzustellenden Organisationsbestimmungen der staatlichen Verwaltung) ausdrücklich vorgesehen ist; ebenso wenig ist erforderlich, daß dem Organ rechtsgeschäftliche Vertretungsmacht eingeräumt ist oder daß es sich um eine verwaltende Tätigkeit handelt.
Gemessen an diesen Erfordernissen kommt den Mitgliedern der Krankenhausleitung,[45] also dem leitenden Krankenhausarzt, auch „Ärztlicher Direktor" genannt, dem Verwaltungsleiter und der leitenden Krankenpflegekraft zweifelsfrei die Stellung von verfassungsmäßig berufenen Vertretern zu. Und zwar gilt dies nicht nur für die Tätigkeit des Ärztlichen Direktors in Organisation und Verwaltung, sondern gerade auch für seine eigentliche ärztliche Tätigkeit[46].
Die ärztlichen Mitarbeiter[47], also die Ober-, Stations- oder Assistenzärzte, können dagegen nicht als verfassungsmäßig berufene Vertreter im Sinne des § 31 BGB, sondern müssen als Verrichtungsgehilfen im Sinne des § 831 BGB angesehen werden,[48] weil ihre Tätigkeit vom leitenden Krankenhausarzt (Chefarzt) in Visiten und fachlichen Besprechungen weitgehend überwacht und verantwortet wird. Soweit jedoch § 831 BGB gilt, ist § 31 BGB wegen des begrifflichen Unterschiedes von Verrichtungsgehilfe[49] und Organ[50] ausgeschlossen[51].
Der eigentlich problematische Fall ist der des Chefarztes, der nicht die Aufgaben eines Ärztlichen Direktors wahrnimmt, sondern lediglich leitender Arzt eines Krankenhau-

---

43 Erman-Westermann, Rdnr. 2 zu § 31; Palandt-Heinrichs, Anm. 2 zu § 31.

44 BGH NJW 1972, 334; BGHZ 49, 19 (21) = NJW 68, 391ff.; Laufs, Arztrecht, Rdnr. 352; Luig, 254; Daniels, NJW 1972, 308; Erman-Westermann, Rdnr. 2 zu § 31; Soergel/Schultze-von Lasaulx, Rdnr. 13 zu § 31; Palandt-Heinrichs, Anm. 2 zu § 31.

45 Vgl. S. 39ff.

46 So BGHZ 5, 321 (325) = NJW 1952, 658 L für einen „federführenden Chefarzt"; BGH NJW 1972, 334 für den alleinigen Chefarzt eines städtischen Krankenhauses; Daniels, NJW 1972, 305 (308); vgl. auch Luig, 254, der allerdings Bedenken äußert bei ärztlichen Verrichtungen eines „Ärztlichen Direktors" in einer Klinik mit mehreren von Chefärzten geleiteten Fachabteilungen.

47 Vgl. S. 45.

48 So BGH NJW 1979, 1933; BGH VersR 1960, 752 (753); LG Berlin VersR 1968, 286 (287); RG DR 1944, 287 jeweils für einen Oberarzt; OLG Bamberg NJW 1959, 816 (817) = VersR 1959, 540 für einen Stationsarzt; ebenso Daniels, NJW 1972, 308; Burck, VersR 1968, 614; Münch Komm-Mertens, § 823, Rdnr. 465f.

49 Zum Begriff des Verrichtungsgehilfen siehe Erman-Drees, Rdnr. 18ff. zu § 831; Palandt-Thomas, Anm. 3 zu § 831; Soergel-Zeuner, Rdnr. 14ff. zu § 831; Münch Komm-Mertens, § 831, Rdnr. 29ff.

50 Zum Begriff des verfassungsmäßig berufenen Vertreters siehe Erman-Westermann, Rdnr. 2 zu § 31; Palandt-Heinrichs, Anm. 2 zu § 31; Soergel-Schulte-v.Lasaulx, Rdnr. 13 zu § 31; Münch Komm-Reuter, § 31, Rdnr. 1ff.

51 Erman-Westermann, Rdnr. 7 zu § 31; Erman-Drees, Rdnr. 5 zu § 831; Palandt-Thomas, Anm. 2 B zu § 831; Soergel-Zeuner, Rdnr. 22 zu § 831, Soergel-Schultze-v. Lasaulx, Rdnr. 5 zu § 31; Münch Komm-Mertens, § 831 Rdnr. 5.

ses, einer mehr oder weniger selbstständigen, in sich abgeschlossenen Fachabteilung oder einer in eine größere Krankenhausorganisation eingegliederten Anstalt ist.[52] Schon der Umstand, daß er in der Regel weder fachlich angeleitet noch überwacht wird, und daß seine Tätigkeit durch ein Höchstmaß an Selbstständigkeit mit repräsentativer nach außen wirkender Funktion gekennzeichnet ist, zeigt, daß der Begriff des Verrichtungsgehilfen und die damit verbundene Entlastungsmöglichkeit des Geschäftsherrn auf den Chefarzt nicht passen. Dementsprechend hat der BGH[53] zutreffend unter ausdrücklicher Aufgabe früherer Rechtsprechung[54] entschieden, daß ein im medizinischen Bereich völlig weisungsfrei arbeitender Chefarzt – wie es bei den leitenden Ärzten der einzelnen Fachabteilungen oder Kliniken einer Krankenanstalt regelmäßig der Fall ist – haftungsrechtlich als verfassungsmäßig berufener Vertreter zu behandeln ist.[55]

Denn der Krankenhausträger kann sich hinsichtlich seiner Chefärzte nicht einen haftungsrechtlichen Freiraum dadurch schaffen, daß er ihnen einerseits nach der Satzung die Stellung eines verfassungsmäßig berufenen Vertreters vorenthält, andererseits wegen der gehobenen Art der Tätigkeit aber auf jede Überwachung verzichten zu können glaubt. Im übrigen wäre auch eine unterschiedliche Haftung des Krankenhausträgers (mit oder ohne Entlastungsmöglichkeit) für die ärztliche Tätigkeit seiner leitenden Krankenhausärzte – je nachdem, ob sie die Stellung eines „Ärztlichen Direktors" haben oder nicht – durch nichts gerechtfertigt, weil die Stellung des „Ärztlichen Direktors" bezüglich seiner ärztlichen Verrichtungen in seiner Fachabteilung der Stellung der anderen leitenden Krankenhausärzte in ihren Fachabteilungen entspricht und daher die Frage, wer „Ärztlicher Direktor" des ganzen Krankenhauses ist, jedenfalls aus der Sicht des Patienten, keine entscheidende Rolle spielt.

Etwas anderes kann allenfalls dann gelten, wenn ein leitender Krankenhausarzt (Chefarzt) nicht weisungsfrei arbeitet, sondern ausnahmsweise auch im medizinischen Bereich den Weisungen z. B. des „Klinikdirektors" unterliegt.

In diesem – allerdings kaum denkbaren – Fall könnte von einem verfassungsmäßig berufenen Vertreter im Sinne des § 31 BGB nicht gesprochen werden. Der leitende Krankenhausarzt wäre dann vielmehr Verrichtungsgehilfe, für dessen schuldhaftes Verhalten der Krankenhausträger die Entlastungsmöglichkeit nach § 831 Abs. 1 Satz 2 BGB hätte.[56] Gelingt der Entlastungsbeweis, so käme eine Haftung des Krankenhausträgers nur unter dem Gesichtspunkt des sog. Organisationsverschuldens in Betracht.[57]

Weitere Voraussetzung für die Haftung des Krankenhausträgers nach den §§ 89, 31, 823ff. BGB ist, daß der verfassungsmäßig berufene Vertreter oder die ihm gleichgestellte Person (im folgenden kurz Organ genannt) in Ausübung der ihm zustehenden Verrichtung eine zum Schadensersatz verpflichtende Handlung begangen hat. Es wird

---

[52] Insoweit ausdrücklich offengelassen: BGH NJW 1972, 334; Luig, 254.

[53] BGH NJW 1980, 1901; BGH NJW 1987, 2925.

[54] BGHZ 1, 383 = NJW 1951, 798 L; BGHZ 4, 138 (152) = NJW 1952, 382.

[55] So auch OLG München NJW 1977, 2123 = VersR 1977, 578 für den Chefarzt einer chirurgischen und Geburtsabteilung; Laufs, Arztrecht, Rdnr. 352; Kern, Arzt und Krankenhaus, 1980, 31; Daniels, NJW 1972, 305 (308); Burck, VersR 1968, 614; Palandt-Heinrichs, Anm. 2 zu § 31; vgl. auch Münch Komm-Mertens, § 823, Rdnr. 465; Kern, Krankenhauskalender 1981, 386 (387, 388); Narr, Rdnr. 863, 895; Luig, 254, der die Frage allerdings offenläßt.

[56] Siehe hierzu S. 118ff.

[57] Siehe hierzu S. 115ff.

also, wenn deliktische Haftung in Frage steht, volle, d. h. auch schuldhafte Verwirklichung des Delikttatbestandes vorausgesetzt. Kraft der Organeigenschaft des Handelnden wird jedoch die deliktische Handlung der juristischen Person selbst zugerechnet. § 31 BGB ist also kein selbstständiger Haftungstatbestand, sondern lediglich eine Zurechnungsnorm zu Lasten der juristischen Person.[58]

Wenn also ein leitender Krankenhausarzt (Chefarzt) einen Behandlungsfehler oder einen Verstoß gegen sonstige ärztliche Sorgfaltspflichten begeht oder seine Aufklärungspflichten verletzt, so ist der Krankenhausträger nach den §§ 31, 89, 823 Abs. 1, 823 Abs. 2 BGB in Verbindung mit einem Schutzgesetz (z. B. §§ 223, 230 StGB) zum Schadensersatz verpflichtet. Gleiches gilt, wenn er einen Fehler organisatorischer Art begeht und der Patient dadurch einen Schaden erleidet.

Die Organe der juristischen Person, also auch die leitenden Krankenhausärzte, können nämlich in der Regel – namentlich in großen Krankenhäusern – nicht alle anfallenden Arbeiten selbst ausführen. Regelmäßig wird daher ein Teil der Arbeiten auf andere, die nicht Organe sind, delegiert. Hierbei muß das Organ, wenn es selbst seine Aufgaben ordentlich erfüllen will, zum einen richtig delegieren, zum anderen muß es die Hilfskraft, auf die delegiert wurde, richtig anweisen, beaufsichtigen und überwachen. Es sind also 2 Fehlergruppen denkbar:

Zum einen besteht die Möglichkeit, daß das Organ fehlerhaft delegiert.

Ein solcher Fehler liegt einmal dann vor, wenn das Organ die falsche Person beauftragt, die nach ihren Fähigkeiten dieser Aufgabe nicht gewachsen ist; so zum Beispiel, wenn der Chefarzt einen jungen Assistenzarzt, der noch keine praktische Erfahrung hat, mit der selbstständigen Durchführung einer Operation beauftragt. Kommt der Patient dadurch zu Schaden, kann darin eine eigene unerlaubte Handlung des Organs selbst liegen, wofür die juristische Person nach §§ 31, 89, 823 BGB einzustehen hat.[59]

Ein Fehler bei der Delegation kann auch darin liegen, daß ein Organ eine Aufgabe von besonderer Wichtigkeit nicht an ein anderes Organ, sondern an eine Person, die nicht Organ ist, delegiert. Es handelt sich dabei um den Fall des sog. *körperschaftlichen Organisationsmangels.*[60]

Eine Aufgabe kann nämlich von solcher Bedeutung und insbesondere für Außenstehende nach allgemeiner Verkehrsanschauung von solcher Wichtigkeit sein, daß sie nur von einem Organ wahrgenommen werden darf. Entscheidend hierfür ist der Umfang, die Art und die Bedeutung der in Betracht kommenden Aufgabe sowie die dadurch bedingte Bewertung der Stellung und Tätigkeit der Person, die sie wahrnimmt. Wenn

---

58 Palandt-Heinrichs, Anm. 1 zu § 31; Soergel/Schultze-von Lasaulx, Rdnr. 23 zu § 31; Erman-Westermann, Rdnr. 4 zu § 31; Erman-Drees, Rdnr. 5 zu § 831; Kern, Krankenhauskalender 1981, 387.

59 Vgl. OLG Celle NJW 1982, 706; BGH NJW 1984, 655 = MedR 1984, 63; BGH NJW 1985, 2193; Deutsch, Die Anfängeroperation: Aufklärung, Organisation, Haftung und Beweislastumkehr, NJW 1984, 650f.; Lippert, NJW 1984, 2610f.

60 RGZ 89, 136; RGZ 157, 228 (232); RGZ 162, 129 (166); BGHZ 24, 200 (212); BGHZ 27, 278 (280); BGHZ 39, 124 (129); BGH NJW 1965, 815; BGH NJW 1980, 2810; Erman-Drees, Rdnr. 7 zu § 831; Erman-Westermann, Rdnr. 4 zu § 31, Rdnr. 5 zu § 30; Palandt-Heinrichs, Anm. 1 zu § 31; Palandt-Thomas, Anm. 1 zu § 831 und Anm. 11 zu § 823; Soergel-Schultze-v. Lasaulx, Rdnr. 12 zu § 30; Soergel-Zeuner, Rdnr. 126, 128 zu § 823 und Rdnr. 4 zu § 831; Münch Komm-Reuter, § 31 Rdnr. 1ff.

das vorhandene Organ die Aufgabe nicht selbst wahrnehmen kann oder will, so muß es ein neues Organ schaffen und diesem die Aufgabe übertragen. Dagegen darf eine Aufgabe von besonderer Wichtigkeit nicht einer Hilfsperson, für die sich die juristische Person nach §831 BGB exkulpieren könnte, unabhängig von deren fachlicher Qualifikation übertragen werden.

Danach darf z. B. die Leitung einer in sich abgeschlossenen Fachabteilung oder einer in eine größere Krankenhausorganisation eingegliederten Anstalt nicht einem im medizinischen Bereich weisungsabhängigen Arzt übertragen werden. Diese Aufgabe ist vielmehr von solcher Wichtigkeit, daß sie von einem Organ wahrgenommen werden muß. Geschieht dies nicht, so haftet der Krankenhausträger für diesen Organisationsfehler seines Organs (z. B. des Klinikvorstandes) nach den §§ 31, 89, 823 BGB[61].

Wenn das Organ die oben[62] genannten Fehler bei der Delegation vermieden hat, so muß es weiterhin organisatorische Maßnahmen dafür treffen, daß Eingriffe in fremde Rechte vermieden werden. Eine ausreichende Organisation muß so beschaffen sein, daß eine ordnungsmäße Geschäftsführung und Beaufsichtigung des gesamten Personals gewährleistet ist. Die allgemeinen Aufsichtsanweisungen hat dabei das Organ selbst zu treffen und kann sie nicht einem sorgfältig ausgewählten leitenden Angestellten überlassen. Es liegt daher ein Fehler des Organs vor, wenn es versäumt, die erforderliche betriebliche Anleitung, Aufsicht und Überwachung auszuüben (sog. *„betrieblicher Organisationsmangel"*)[63]. So haben beispielsweise die leitenden Krankenhausärzte die Pflicht durch Richtlinien, Anleitung und Kontrollen für die Einhaltung der Aufklärungspflicht zu sorgen. Bei Verletzung dieser Pflichten haftet der Krankenhausträger für diese Organisationsfehler seiner Organe nach den §§ 31, 89, 823 BGB[64]. Eine darüber hinausgehende Leitungspflicht des Krankenhausträgers selbst besteht nicht, weil das Organ - gedanklich - als Teil der juristischen Person handelt.[65]

Selbst wenn nicht feststeht, welches Organ die unerlaubte Handlung begangen hat, kommt eine Haftung des Krankenhausträgers nach den §§ 31, 89, 823 BGB in Betracht.

---

[61] So RG DR 1944, 287, für die Haftung des Krankenhausträgers bei einem Behandlungsfehler eines Assistenzarztes, dem aus betriebsbedingten Notwendigkeiten die selbstständige Leitung der Ambulanz anvertraut wurde; der BGH hat diese Frage in seiner Entscheidung vom 22. 4. 1980 (NJW 1980, 1901) offengelassen; vgl. auch Daniels, NJW 1972, 308, Burck, VersR 1968, 614.

[62] Siehe S. 115f.

[63] BGHZ 39, 124 (129); OLG München NJW 1977, 2123 = VersR 1977, 578 (hier hatte der Chefarzt es unterlassen, für eine ordnungsgemäße Vertretung in seiner Abwesenheit zu sorgen); BGH NJW 1985, 2189; BGH NJW 1986, 776; BGH NJW 1987, 1479; Palandt-Heinrichs, Anm. 1 zu §31; Palandt-Thomas, Anm. 11 zu §823; Soergel-Schultze-von Lasaulx, Rdnr. 24 zu §31; Soergel-Zeuner, Rdnr. 125ff. zu §823; Erman-Drees, Rdnr. 41 zu §831 und Rdnr. 61 zu §823; vgl. auch Kern, Arzt und Krankenhaus 1980, 31ff., der allerdings zu Unrecht davon ausgeht, daß das Organ den Tatbestand des § 831 BGB und nicht den Tatbestand des § 823 BGB erfüllt; s. hierzu S. 120. Hier kann eine Haftung der juristischen Person aus zweierlei Gesichtspunkten in Betracht kommen: einmal aus §831 BGB für das tatbestandsmäßige und rechtswidrige Verhalten des Angestellten, wenn sich die juristische Person nicht exkulpieren kann (siehe hierzu S. 118ff.); zum anderen für die Pflichtverletzung des Organs (mangelnde Aufsicht) nach den §§ 31, 89, 823 BGB; so auch BGH NJW 1986, 776.

[64] BGH NJW 1979, 1933; OLG Celle NJW 1978, 593; OLG Celle NJW 1979, 1251; OLG Köln NJW 1978, 1690; Münch Komm-Mertens, §823, Rdnr. 446.

[65] So zutreffend auch Kern, Arzt und Krankenhaus 1980, 31ff.; Kern, Krankenhauskalender 1981, 386ff. (391).

Voraussetzung ist jedoch, daß die Organqualität besteht und Verschulden gegeben ist.[66]

bb. Haftung des Krankenhausträgers unmittelbar nach § 823 BGB

Ist der Krankenhausträger eine juristische Person des privaten oder öffentlichen Rechts oder ist er dieser gleichgestellt,[67] so kommt eine Haftung des Krankenhausträgers unmittelbar aus § 823 BGB grundsätzlich nicht in Betracht. Die juristische Person ist nämlich selbst nicht handlungsfähig, sondern sie bedient sich hierfür ihrer Organe, für deren zum Schadensersatz verpflichtende Handlungen sie nach den §§ 31, 89, 823 BGB einzustehen hat.[68] Die juristische Person ist deshalb verpflichtet, Organe zu schaffen und zu erhalten, die die notwendigen Aufgaben wahrnehmen oder zumindest auf weitere Hilfskräfte übertragen und diese beaufsichtigen. Nur wenn die juristische Person diese Pflicht verletzt, so daß ausnahmsweise überhaupt kein Organ vorhanden ist, haftet die juristische Person unmittelbar nach § 823 BGB.

Ist der Krankenhausträger keine juristische, sondern eine natürliche Person[69], so haftet diese für die von ihr begangenen unerlaubten Handlungen unmittelbar nach §§ 823 Abs. 1, 823 Abs. 2 BGB in Verbindung mit einem Schutzgesetz (z. B. 223, 230 StGB). Ist diese natürliche Person zugleich Arzt (z. B.: Ein Privatkrankenhaus wird vom ärztlichen Inhaber selbst geleitet), besteht diese Haftung zum einen für die von ihr selbst begangenen, zum Schadensersatz verpflichtenden Behandlungs-[70], Aufklärungs-[71] und sonstigen Sorgfaltspflichtverletzungen[72].

Auch der alleinige Inhaber eines Krankenhauses kann jedoch nicht alle Aufgaben selbst durchführen. Er muß vielmehr einen Teil der Aufgaben an andere Personen (ärztliche und nichtärztliche Mitarbeiter) delegieren, so daß ihn die Pflicht zur richtigen Delegation trifft. Delegiert er eine Aufgabe an eine Person, die nach ihren Fähigkeiten der Aufgabe nicht gewachsen ist, und kommt eine Patient durch ein Fehlverhalten dieser Person zu Schaden, so liegt darin eine eigene unerlaubte Handlung des Krankenhausinhabers selbst, für die er nach §§ 823 Abs. 1, 823 Abs. 2 BGB in Verbindung mit einem Schutzgesetz (z. B. §§ 223, 230 StGB) einzustehen hat.

Darüber hinaus besteht auch bei einem Krankenhaus, dessen Träger eine natürliche Person ist, eine betriebliche Organisationspflicht des Krankenhausinhabers. Er ist verpflichtet, alle notwendigen, organisatorischen Maßnahmen, die die Gewähr für eine ordentliche Betriebsführung bieten, durchzuführen und dabei insbesondere die erforderliche betriebliche Anleitung und Aufsicht auszuüben. Er muß die allgemeinen Aufsichtsanordnungen auch immer selbst treffen und kann diese nicht einem sorgfältig ausgewählten leitenden Angestellten (mit der Folge der Entlastungsmöglichkeit des

---

[66] RGZ 123, 27 (28); RGZ 163, 21 (28); Erman-Westermann, Rdnr. 4 zu § 31; Palandt-Heinrichs, Anm. 1 zu § 31.

[67] Vgl. S. 111f.

[68] Siehe S. 111ff.

[69] Vgl. S. 22f.

[70] Vgl. S. 93, FN 1.

[71] Vgl. S. 93, FN 3.

[72] Vgl. S. 93, FN 2.

§ 831 BGB) übertragen. Verletzt er diese Pflichten, liegt ein sog. „betrieblicher Organisationsmangel“[73] vor. Erleidet der Patient dadurch einen Schaden, so ist der Krankenhausinhaber stets wegen der Vernachlässigung der allgemeinen Aufsicht nach § 823 Abs. 1 BGB zum Schadensersatz verpflichtet.[74]
Im übrigen kann der Krankenhausinhaber aber auch Aufgaben von besonderer Wichtigkeit an Verrichtungsgehilfen übertragen, für deren Handeln er dann lediglich mit der Entlastungsmöglichkeit des § 831 BGB haftet. Hier ergibt sich ein Unterschied zur Haftung der juristischen Person wegen eines sog. körperschaftlichen Organisationsmangels. Denn die juristische Person darf besonders bedeutsame Angelegenheiten nur an Organe übertragen, für die sie nach §§ 31, 89, 823 BGB ohne Entlastungsmöglichkeit haftet. Auch bei Übertragung einer bedeutsamen Angelegenheit auf ein Nichtorgan haftet die juristische Person nach §§ 31, 89, 823 BGB[75].
Schließlich besteht die Möglichkeit, daß der Krankenhausträger eine BGB-Gesellschaft ist. In diesem Fall gibt es keine Haftung der BGB-Gesellschaft als solcher,[76] sondern lediglich eine Haftung der einzelnen BGB-Gesellschafter. Bei unerlaubten Handlungen haftet grundsätzlich nur derjenige Gesellschafter nach § 823 Abs. 1 BGB, § 823 Abs. 2 BGB in Verbindung mit einem Schutzgesetz (z.B. §§ 223, 230 StGB), der die unerlaubte Handlung begangen hat.[77] Eine gesamtschuldnerische Haftung aller BGB-Gesellschafter kommt nur dann in Betracht, wenn sie für den aus einer unerlaubten Handlung entstehenden Schaden nebeneinander verantwortlich sind (§ 840 BGB). Dies muß bejaht werden, wenn ein sog. betrieblicher Organisationsmangel[78] vorliegt. Zur betrieblichen Organisation (ordentliche Betriebsführung, Anleitung, Aufsicht, Überwachung) ist nämlich der Betriebsinhaber ohne Delegationsmöglichkeit verpflichtet[79]. Ist der Betriebsinhaber eine BGB-Gesellschaft, so sind für die betriebliche Organisation alle BGB-Gesellschafter nebeneinander verantwortlich und insoweit im Schadensfall zur gesamtschuldnerischen Haftung verpflichtet.

cc. Haftung des Krankenhausträgers nach § 831 BGB für unerlaubte Handlungen von Verrichtungsgehilfen

Ist der behandelnde Arzt im Krankenhaus weder der Krankenhausträger selbst[80] noch BGB-Gesellschafter des Krankenhausträgers[81] noch Organ im Sinne des § 31 BGB[82], so

[73] Vgl. S. 116.
[74] BGHZ 4, 1; Erman-Drees, Rdnr. 61 zu § 823; Soergel-Zeuner, Rdnr. 126 zu § 823.
[75] Vgl. S. 115f.
[76] § 31 BGB findet keine Anwendung: BGHZ 45, 311 (312); vgl. auch S. 112.
[77] Vgl. S. 98.
[78] Siehe S. 116, 117.
[79] Vgl. S. 115f.
[80] Vgl. S. 117f.
[81] Vgl. S. 118 oben; ein Gesellschafter ist regelmäßig nicht Verrichtungsgehilfe des anderen, weil es an der sozialen Abhängigkeit fehlt: BGHZ 45, 311; vgl. auch Palandt-Thomas, Anm. 3 d zu § 714 und Anm. 3 a, c zu § 831.
[82] § 831 BGB und § 31 BGB schließen sich wegen des begrifflichen Unterschieds von Verrichtungsgehilfe und Organ aus; Erman-Westermann, Rdnr. 7 zu § 31; Erman-Drees, Rdnr. 5 zu § 831; Palandt-Thomas, Anm. 2 B zu § 831; Soergel-Zeuner, Rdnr. 22 zu § 831; Soergel-Schultze-v. Lasaulx, Rdnr. 5 zu § 31; Münch Komm-Mertens, § 831, Rdnr. 5.

ist er Verrichtungsgehilfe des Krankenhausträgers im Sinne des § 831 BGB. Gleiches gilt für das sonstige im Krankenhaus tätige Personal.[83]

Begeht nun ein Verrichtungsgehilfe eine tatbestandsmäßige, rechtswidrige (nicht notwendig schuldhafte[84]) unerlaubte Handlung im Sinne der §§ 823ff. BGB, so haftet der Krankenhausträger für den Schaden, den der Patient dadurch erlitten hat. Der Krankenhausträger kann sich jedoch von der Haftung durch den Nachweis befreien, daß er bei der Auswahl, Ausrüstung und Leitung der Angestellten die im Verkehr erforderlich Sorgfalt beobachtet hat (§ 831 Abs. 1 S. 2 BGB)[85].

Die Haftung nach § 831 BGB ist daher eine Haftung für fremdes Unrecht (des Verrichtungsgehilfen), aber für eigenes Verschulden des Krankenhausträgers[86].

Dennoch kommt eine Haftung nach § 831 BGB auch dann in Betracht, wenn der Krankenhausträger eine juristische Person des öffentlichen oder privaten Rechts ist. Da die juristische Person jedoch als solche deliktsunfähig ist und somit selbst nicht schuldhaft handeln kann, ist beim Entlastungsbeweis der juristischen Person auf das Verhalten des Organs abzustellen.[87] Aber auch in diesem Fall ist die juristische Person und nicht das Organ Geschäftsherr im Sinne des § 831 BGB[88]. Das Organ handelt nämlich grundsätzlich[89] nicht in eigener Sache, sondern für die juristische Person. Auch haben die Verrichtungsgehilfen ihre dienstvertragliche Pflichten gegenüber der juristischen Person und nicht persönlich gegenüber den Organmitgliedern oder den leitenden Angestellten zu erfüllen. Deshalb wird auch ein Krankenhausarzt, der anderen Ärzten oder dem Hilfspersonal gegenüber Leitungsfunktionen ausübt, dadurch nicht deren Geschäftsherr im Sinne des § 831 BGB.

Die Haftung der juristischen Person bzw. des Krankenhausträgers aus § 831 BGB ist daher fast allgemein anerkannt.[90]

---

[83] Vgl. Luig, 253, 257; Laufs, Arztrecht, Rdnr. 181; Daniels, NJW 1972, 307f.; Palandt-Thomas, Anm. 3b zu § 831; Münch Komm-Mertens, § 823, Rdnr. 466 und § 831, Rdnr. 31.

[84] Erman-Drees, Rdnr. 1, 31 zu § 831; Palandt-Thomas, Anm. 5 zu § 831.

[85] Siehe hierzu Erman-Drees, Rdnr. 33ff. zu § 831; Palandt-Thomas, Anm. 6 zu § 831; Münch Komm-Mertens, § 831, Rdnr. 60ff. jeweils m. w. N.; Kern, Arzt und Krankenhaus 1980, 31; Wilts, Die Beweislast für ärztliche Kunstfehler im Rahmen des § 831 BGB, MDR 1973, 353ff; BGH NJW 1986, 776.

[86] Erman-Drees, Rdnr. 1 zu § 831; Palandt-Thomas, Anm. 1 und 5 zu § 831.

[87] So zutreffend auch Kern, Arzt und Krankenhaus 1980, 31; unrichtig ist es deshalb jedoch, wenn Kern/Laufs, Die ärztliche Aufklärungspflicht, S. 157 ausführen, daß „die Anwendung der §§ 831, 823 BGB eine Aufsichtspflicht des Trägers über den Chefarzt und die nachgeordneten Ärzte verlangte“.

[88] So ausdrücklich Münch Komm-Mertens, § 831, Rdnr. 37; Staudinger-Schäfer, Anm. 59 zu § 831; ebenso Kern, Arzt und Krankenhaus 1980, 31; Kern, Krankenhauskalender 1981, 388.

[89] Etwas anderes gilt im Falle des gespaltenen Krankenhausaufnahmevertrages; siehe hierzu S. 126ff., insb. S. 152ff., 158f., 163ff.

[90] So die st. Rspr.: BGH NJW 1978, 1681; BGH NJW 1979, 1935; OLG Celle NJW 1978, 593; OLG Köln NJW 1978, 1690; OLG Celle NJW 1979, 1252; KG Berlin VersR 1979, 260; OLG Zweibrücken MedR 1983, 68; so auch die h. L.: Münch Komm-Mertens, § 831, Rdnr. 31 und § 823, Rdnr. 466; Erman-Drees, Rdnr. 6 zu § 831; Staudinger-Coing, Anm. 8 zu § 831; Laufs, Arztrecht, Rdnr. 351; Daniels, NJW 1972, 307; Westermann, NJW 1974, 579; Burck, VersR 1968, 614; Kurzawa, VersR 1977, 799; Luig, 253, 257; Narr, Rdnr. 863.

Kern[91] verneint dies demgegenüber jedoch und stützt die Haftung des Krankenhausträgers auf die §§ 31, 89, 831, 823 BGB. Dem kann für den Fall des totalen Krankenhausaufnahmevertrages[92] nicht gefolgt werden, weil dies voraussetzen würde, daß nicht die juristische Person, sondern das Organ Geschäftsherr im Sinne des § 831 BGB wäre - wovon im übrigen auch Kern nicht ausgeht[93] - und folglich das Organ für ein Fehlverhalten der Verrichtungsgehilfen nach § 831 BGB einzustehen hätte. In der Person des Organs sind jedoch die Tatbestandsvoraussetzungen des § 831 BGB nicht erfüllt, weil das Organ nicht Geschäftsherr im Sinne des § 831 BGB ist. Eine Haftung des Krankenhausträgers nach den §§ 31, 89, 831, 823 BGB kommt daher nicht in Betracht.

Der Krankenhausträger haftet vielmehr für ein Fehlverhalten seines Organs hinsichtlich der Überwachung und Leitung der Verrichtungsgehilfen - wie bereits ausgeführt[94] - nach §§ 31, 89, 823 BGB, weil dieses Fehlverhalten des Organs eine unerlaubte Handlung unmittelbar nach § 823 BGB (und nicht nach § 831 BGB) ist. Die Haftung des Krankenhausträgers kann sich insoweit aus zweierlei Gesichtspunkten ergeben: zum einen aus § 831 BGB für das tatbestandsmäßige und rechtswidrige Verhalten des Verrichtungsgehilfen (z. B.: Der Assistenzarzt begeht einen Behandlungsfehler), für das der Krankenhausträger sich nicht exkulpieren kann, und zum anderen aus §§ 31, 89, 823 BGB für die Pflichtverletzung des Organs bei der betrieblichen Anleitung und Überwachung der Verrichtungsgehilfen (z. B. der Chefarzt hat keine organisatorischen Maßnahmen zur Überwachung der Assistenzärzte getroffen). Die Haftung des Krankenhausträgers nach § 831 BGB für das Fehlverhalten seines Verrichtungsgehilfen und die Haftung des Krankenhausträgers nach den §§ 31, 89, 823 BGB für das Fehlverhalten seines Organs bei betrieblicher Anleitung und Überwachung der Verrichtungsgehilfen bestehen in diesen Fällen nebeneinander.[95] Keinesfalls ist insoweit - wie Kern ausführt[96] - die Haftung nach den §§ 31, 89, 823 BGB gegenüber der Haftung nach den §§ 831, 823 BGB vorrangig. Organhaftung und Geschäftsherrnhaftung schließen sich nämlich nur dann aus, wenn das Fehlverhalten *einer* Person in Frage steht, weil ein Organ nicht gleichzeitig Verrichtungsgehilfe und umgekehrt ein Verrichtungsgehilfe nicht gleichzeitig Organ sein kann. Hier geht es jedoch um das Fehlverhalten von *2* Personen, nämlich zum einen um das Fehlverhalten des Organs und zum anderen um das Fehlverhalten des Verrichtungsgehilfen.

Für den Entlastungsbeweis des Krankenhausträgers (juristische Person) nach § 831 Abs. 1 S. 2 BGB gilt folgendes:

Ist der Verrichtungsgehilfe durch das Organ selbst ausgewählt worden und unterstand er ihm unmittelbar, das heißt ohne zwischengeschaltete sonstige weisungsberechtigte Angestellte, so kann der Krankenhausträger den Entlastungsbeweis nur durch den

---

[91] Kern, Arzt und Krankenhaus 1980, 32; Kern, Krankenhauskalender 1981, 386ff.; Kern/Laufs, Die ärztliche Aufklärungspflicht, 155ff.

[92] Etwas anderes gilt im Falle des gespaltenen Krankenhausaufnahmevertrags; siehe hierzu S. 163ff.; vgl. auch Urteil des OLG Köln VersR 1982, 677, den ein gespaltener Krankenhausaufnahmevertrag zugrunde liegt.

[93] Kern, Arzt und Krankenhaus 1980, 31; Krankenhauskalender 1981, 388, betont ausdrücklich: „Geschäftsherr ist der Krankenhausträger, die nachgeordneten Ärzte sind Verrichtungsgehilfen".

[94] Siehe S. 116.

[95] Vgl. S. 116, Fn 63.

[96] Kern, Krankenhauskalender 1981, 387.

Nachweis erbringen, daß das Organ die nötige Sorgfalt bei der Auswahl und Überwachung hat walten lassen.
Insoweit ist die Entscheidung des Kammergerichts Berlin[97] ungenau, nachdem dort ausgeführt wird, „der Krankenhausträger hätte sich nur dann entlasten können, wenn er dargelegt und bewiesen hätte, daß er oder das zuständige Bezirksamt die die Klägerin behandelnden Ärzte vollständig und umfassend über die ihnen obliegende Aufklärungspflicht unterrichtet hätte oder hätte unterrichten lassen". Der Krankenhausträger hätte sich nämlich auch dadurch entlasten können, daß der Chefarzt als Organ des Krankenhausträgers die nötige Sorgfalt bei der Auswahl und Überwachung hatte walten lassen. Eine weitergehende Leitungs- und Überwachungspflicht des Krankenhausträgers selbst besteht nämlich nicht.[98] Kern[99] folgert unter Hinweis auf diese und 2 weitere OLG-Urteile[100], daß die neuere Rechtsprechung die Leitungspflicht auf den Träger selbst verlagere. Dem kann nicht gefolgt werden, zumal die genannten Urteile ausdrücklich die Leitungs- und Aufsichtspflicht der Organe (Klinikvorstand) betonen.[101] Im übrigen ist es selbstverständlich, daß die Leitungspflicht der Organe gemeint ist, wenn von der Leitungspflicht der juristischen Person gesprochen wird, nachdem diese selbst nicht handeln und daher auch nicht selbst leiten und beaufsichtigen kann. Richtig ist in diesem Zusammenhang allerdings (worauf das Kammergericht[102] ausdrücklich hinweist), daß der Entlastungsbeweis nicht durch den Hinweis geführt werden kann, daß der Chefarzt viele Jahre hindurch die ihm obliegende Tätigkeit ohne irgenwelche Pflichtversäumnisse erfüllt hat. Notwendig ist vielmehr, daß das zuständige Organ (also in der Regel der Chefarzt) die nötige Sorgfalt bei der Auswahl und Überwachung des Verrichtungsgehilfen hat walten lassen.
Ist der Verrichtungsgehilfe dagegen – wie es in größeren Krankenhäusern der Fall sein kann – durch einen höheren Angestellten (ein Nichtorgan) ausgewählt und überwacht worden, genügt nach herrschender Meinung[103] der Nachweis, daß die Mittelsperson sorgfältig ausgewählt und überwacht worden ist (sog. dezentralisierter Entlastungsbeweis). Der Nachweis, daß die Mittelsperson selbst nicht schuldhaft gehandelt und den schadensstiftenden Verrichtungsgehilfen sorgfältig ausgesucht und überwacht hat, ist danach zur Entlastung des Krankenhausträgers weder erforderlich noch ausreichend. Zu dem Nachweis, daß die Mittelsperson sorgfältig ausgewählt und überwacht worden ist, muß jedoch der Nachweis einer ausreichenden Organisation hinzukommen, die so eingerichtet sein muß, daß eine ordnungsgemäße Geschäftsführung und Beaufsichtigung des gesamten Personals gewährleistet ist. Insbesondere müssen Vorkehrungen dafür getroffen sein, daß der Geschäftsherr über die Leistungen eines jeden Angestellten ständig unterrichtet ist und daß er von erheblichen Ordnungswidrigkeiten und Pflichtversäumnissen Kenntnis erlangt. Auf die zu diesem Zweck geschaffenen Einrichtungen ist der Entlastungsbeweis mitzuerstrecken. Ein betrieblicher Organisa-

---

97 KG Berlin VersR 1979, 260ff.
98 So zutreffend Kern, Arzt und Krankenhaus 1980, 31ff.; Kern, Krankenhauskalender 1981, 391; vgl. auch S. 116.
99 Kern, Krankenhauskalender 1981, 386.
100 OLG Köln NJW 1978, 1690; OLG Celle NJW 1979, 1251.
101 OLG Köln NJW 1978, 1691; OLG Celle NJW 1979, 1253.
102 KG Berlin VersR 1979, 260ff.
103 BGHZ 4, 1; Erman-Drees, Rdnr. 40 zu § 831; Münch Komm-Mertens, § 831, Rdnr. 67ff.; Staudinger-Schäfer, Rdnr. 176 zu § 831; Soergel-Zeuner, Rdnr. 40f. zu § 831.

tionsmangel in diesem Sinne,[104] für den der Krankenhausträger auch unmittelbar nach § 823 Abs. 1[105] bzw. §§ 31, 89, 823 BGB[106] einzustehen hat, schließt den Entlastungsbeweis aus.[107]

Nach anderer Ansicht[108] ist für die Entlastung des Geschäftsherrn auch der Nachweis erforderlich, daß die Aufsichtsperson ihrerseits den schadensstiftenden Verrichtungsgehilfen sorgfältig ausgewählt und überwacht hat. Dem kann nicht gefolgt werden, weil der Entlastungsbeweis im Grunde nur auf kleine, leicht überschaubare Verhältnisse, nicht aber auf Großbetriebe paßt, in denen es den Unternehmern nicht möglich und auch nicht zumutbar ist, das ganze Personal selbst auszuwählen und zu beaufsichtigen; diese Aufgabe muß vielmehr höheren Angestellten übertragen werden können. Einen erheblichen praktischen Unterschied bedeutet diese Auffassung gegenüber der herrschenden Meinung zudem nicht, weil die Auswirkungen des dezentralisierten Entlastungsbeweis – wie oben ausgeführt[109] – dadurch abgeschwächt werden, daß dem Geschäftsherrn eine eigene Organisationspflicht auferlegt wird, bei deren Verletzung der Entlastungsbeweis ausgeschlossen ist. Ist der Unternehmer in der Lage den Nachweis sorgfältiger Auswahl auch für den Schädiger zu führen, ist damit die Vermutung, daß dessen Einstellung oder die Schadenszufügung durch mangelhafte Organisation verursacht worden sei, ausgeräumt.[110]

Ist der Verrichtungsgehilfe durch das Organ selbst ausgewählt, die Überwachung und das Weisungsrecht aber einem höheren Angestellten übertragen worden, so muß sich der Krankenhausträger für die sorgfältige Auswahl durch das Organ entlasten; hinsichtlich der Überwachung gelten nach der herrschenden Meinung[111] die Regel des dezentralisierten Entlastungsbeweises.

Diese Grundsätze des sog. dezentralisierten Entlastungsbeweises gelten nicht nur dann, wenn der Krankenhausträger eine juristische Person ist, sondern bei allen Großbetrieben unabhängig von der Form, in der sie betrieben werden.[112]

Ist unter mehreren Verrichtungsgehilfen der Schädiger nicht zu ermitteln, muß der Verletzte den genauen Nachweis hinsichtlich der Person des Schädigers nicht führen. Es genügt vielmehr, daß er den Schadensfall so darlegt daß daraus eine fehlerhafte Tätigkeit irgendeiner Hilfsperson hervorgeht. Der Krankenhausträger hat sich dann in vollem Umfang zu entlasten und einen spezifischen Entlastungsbeweis zu erbringen. Er muß also dartun, welche Person die schädigende Handlung verursacht hat und alsdann für diese bestimmte Person den Entlastungsbeweis führen oder er muß diesen Nachweis für alle Personen im einzelnen erbringen, die als Urheber der Handlung in Betracht kommen können.[113]

---

104 Vgl. S. 116.
105 Siehe S. 117f.
106 Siehe S. 116.
107 BGHZ 24, 200; BGHZ 39, 124; OLG Celle NJW 1978, 593 (594); OLG Celle NJW 1979, 1251 (1252); vgl. auch KG Berlin VersR 1979, 260 und BGH NJW 1979, 1935; Münch Komm-Mertens, § 831, Rdnr. 63; Erman-Drees, Rdnr. 41 zu § 831; Staudinger-Schäfer, Rdnr. 177ff. zu § 831; Soergel-Zeuner, Rdnr. 40 zu § 831.
108 Enneccerus-Lehmann, § 241 III 1 c; Palandt-Thomas, Anm. 6 A b zu § 831.
109 Siehe S. 121f.
110 Vgl. hierzu BGHZ 4, 1 (3); Erman-Drees, Rdnr. 41 zu § 831.
111 Siehe S. 121, Fn. 103.
112 BGHZ 4, 1.
113 BGH NJW 1971, 1213; BGH NJW 1982, 699; Erman-Drees, Rdnr. 25, 33 zu § 831.

b. Persönliche Haftung des Schädigers

Im Gegensatz zur vertraglichen Haftung kommt bei der deliktischen Haftung neben der Haftung des Krankenhausträgers auch eine persönliche Haftung des Schädigers in Betracht. Krankenhausträger und Schädiger haften dann ggf. als Gesamtschuldner (§ 840 BGB).

aa. Haftung nach § 823 BGB

Erfüllt das Verhalten des behandelnden Arztes oder des sonstigen Krankenhauspersonals den Tatbestand einer unerlaubten Handlung, so haftet der Schädiger grundsätzlich[114] persönlich nach § 823 Abs. 1 BGB und § 823 Abs. 2 BGB in Verbindung mit einem Schutzgesetz (z. B. §§ 223, 230 StGB)[115].

bb. Haftung nach § 839 BGB

Ist der Schädiger jedoch Beamter im staatsrechtlichen Sinne[116], richtet sich die Haftung nach § 839 BGB. Das privatrechliche Verhältnis des Patienten zum Krankenhausträger ist dabei ohne Belang.[117]

Nach § 839 BGB genießt der Beamte bei fahrlässiger Schädigung das Privileg, gegenüber dem Patienten nur subsidiär zu haften, wenn der Geschädigte nicht auf andere Weise Ersatz verlangen kann (§ 839 Abs. 1 S. 2 BGB). Insoweit kommt nur eine Schadensersatzpflicht des Krankenhausträgers in Betracht. Eine Verweisung auf Ersatzpflichten anderer Beamter, die ebenfalls subsidiär haften, würde dem Sinn der Vorschrift zuwiderlaufen.[118] Der ins Beamtenverhältnis berufene Arzt kann daher persönlich erst dann in Anspruch genommen werden, wenn eine Haftung des Krankenhausträgers aus Vertrag[119] oder Delikt[120] zu verneinen ist.[121]

---

[114] Zu den Ausnahmen siehe S. 123 unten.

[115] Laufs, Arztrecht, Rdnr. 355; Luig, 253, 257; Burck, VersR 1968, 614; Daniels, NJW 1972, 309; Kurzawa, VersR 1977, 800.

[116] Vgl. S. 49; der erweiterte haftungsrechtliche Beamtenbegriff des Amtsträgers im Sinne von Art. 34 GG ist nur bei Inanspruchnahme des Staates aufgrund hoheitlicher Tätigkeit anwendbar.

[117] BGH VersR 1964, 598; BGH VersR 1966, 262; BGH NJW 1974, 1424 = VersR 1974, 804; BGH NJW 1983, 1374 = MedR 1983, 104; Laufs, Arztrecht, Rdnr. 356; Kern, VersR 1981, 316; Daniels, NJW 1972, 309; Westermann, NJW 1974, 579; Burck, VersR 1968, 614; Kurzawa, VersR 1977, 799.

[118] BGHZ 31, 5 (13) = NJW 1960, 33; BGH NJW 1983, 1374 = MedR 1983, 104.

[119] Siehe hierzu S. 106ff.

[120] Siehe hierzu S. 111ff.

[121] BGH NJW 1983, 1374 = MedR 1983, 104; Kern, VersR 1981, 316; Daniels, NJW 1972, 309; Burck, VersR 1968; 614; Kurzawa, VersR 1977, 799; Erman-Westermann, Rdnr. 5 zu § 89.

cc. Haftung nach § 831 BGB

Eine Haftung der Krankenhausärzte oder des sonstigen Krankenhauspersonals (auch der Organe) für ein Fehlverhalten von Hilfspersonen nach § 831 Abs. 1 BGB scheidet grundsätzlich aus, weil Geschäftsherr nicht der Krankenhausmitarbeiter, sondern immer nur der Krankenhausträger ist.[122] Eine Ausnahme besteht nur dann, wenn der Krankenhausmitarbeiter zugleich der Krankenhausträger ist (z. B.: Der ärztliche Inhaber leitet eine Privatklinik).[123]
Wer jedoch durch Vertrag für den Krankenhausträger die Auswahl, Ausrüstung und Leitung eines Angestellten übernommen hat, haftet nach § 831 Abs. 2 BGB wie der Geschäftsherr selbst. In Betracht kommen insoweit jedoch nicht die Organe des Krankenhausträgers, sondern lediglich die leitenden Angestellten, denen die Auswahl und Überwachung der Verrichtungsgehilfen übertragen worden ist.[124] Die Haftung des nach § 831 Abs. 2 BGB zum Ersatz Verpflichteten kann neben die des Geschäftsherrn treten. Beide sind, wenn sie den Entlastungsbeweis nicht führen, als Gesamtschuldner haftbar (§ 840 BGB). Der Ausgleich zwischen ihnen richtet sich nach dem zugrundeliegenden Rechtsverhältnis[125].

dd. Haftung bei ärztlicher Teamarbeit

Problematisch kann die Frage nach der persönlichen Haftung des Schädigers dann werden, wenn sich nicht ohne weiteres aufklären läßt, welche von mehreren Personen den eingetretenen Schaden verursacht und verschuldet hat. Dies kommt im klinischen Bereich besonders häufig vor, weil hier – bedingt durch den ständig wachsenden wissenschaftlichen und technischen Fortschritt und die dadurch notwendige Spezialisierung und Arbeitsteilung – der ärztliche Heilauftrag regelmäßig nur noch im Zusammenwirken von mehreren Krankenhausfachärzten gleicher oder verschiedener Fachrichtung sowie den ärztlichen und nichtärztlichen Mitarbeitern erbracht werden kann. Am deutlichsten wird dies in den interdisziplinären Stationen, wie den Intensivstationen der großen Krankenhäuser. Gerade hier wird es für den Patienten oder seine Hinterbliebenen häufig unmöglich sein, Verursachung und Verschulden des Schädigers nachzuweisen.
Da die damit zusammenhängenden Fragen der Passivlegitimation im Falle des gespaltenen Krankenhausaufnahmevertrages bereits im Bereich der vertraglichen Haftung von entscheidender Bedeutung sind,[126] und die Abgrenzung der vertraglichen Verantwortungsbereiche regelmäßig der Abgrenzung der deliktischen Verantwor-

---

[122] Siehe hierzu S. 119ff. und OLG Düsseldorf, VersR 1985, 1049; OLG Düsseldorf, VersR 1986, 893.
[123] Vgl. S. 107.
[124] Erman-Drees, Rdnr. 47 zu § 831; Staudinger-Schäfer, Rdnr. 255ff. zu § 831; Soergel-Zeuner, Rdnr. 53 zu § 831; anders Münch Komm-Mertens, § 831, Rdnr. 63, der § 831 Abs. 2 BGB auch nicht auf die Bediensteten anwenden will, für die der Geschäftsherr nach § 831 Abs. 1 BGB haftet.
[125] Erman-Drees, Rdnr. 48 zu § 831; Staudinger-Schäfer, Rdnr. 256b zu § 831; Soergel-Zeuner, Rdnr. 53 zu § 831.
[126] Im Falle des totalen Krankenhausaufnahmevertrags bestehen keine vertraglichen Beziehungen des Patienten zu den Krankenhausmitarbeitern, so daß insoweit die Frage der Passivlegitimation nicht problematisch ist; vgl. S. 80f., 109.

tungsbereiche entspricht, wird die gesamte Problematik erst im Rahmen des gespaltenen Krankenhausaufnahmevertrags erörtert. Das dort Gesagte[127] gilt hier entsprechend.

ee. Freistellungsanspruch des Schädigers und der Regreßanspruch des Krankenhausträgers aufgrund gefahrengeneigter Arbeit

Soweit Ärzte und nichtärztliche Mitarbeiter des Krankenhauses deliktische Tatbestände verwirklichen und daher dem Patienten gegenüber nach § 823ff. BGB zum Schadensersatz verpflichtet sind, kann der Krankenhausträger aus den arbeitsrechtlichen Gesichtspunkten der gefahrengeneigten Arbeit[128] dazu verpflichtet sein, diese von der im Außenverhältnis bestehenden Haftung ganz (bei geringer Schuld) oder teilweise (bei normaler Schuld) freizustellen oder die bereits erbrachte Schadensersatzleistung zu erstatten.[129] Die persönliche Haftung des Arztes oder des nichtärztlichen Mitarbeiters dem Patienten gegenüber bleibt hiervon jedoch unberührt.[130]
Besteht gegenüber dem Patienten dagegen nur eine deliktsrechtliche Haftung des Krankenhausträgers und nicht auch eine deliktsrechtliche Haftung des Krankenhausmitarbeiters (z. B.: Der ins Beamtenverhältnis berufene Chefarzt begeht fahrlässig einen Behandlungsfehler[131]), so kann im Falle gefahrengeneigter Arbeit umgekehrt der Regreßanspruch des Krankenhausträgers gegen den schadensstiftenden Arzt oder nichtärztlichen Mitarbeiter eingeschränkt sein. Hierfür gilt das zu dem Regreßanspruch des Krankenhausträgers bei vertraglicher Haftung Gesagte entsprechend.[132]

3. Kein Haftungsausschluß nach §§ 636, 637 RVO

Durch ein aufsehenerregendes Urteil des Oberlandesgerichts Braunschweig[133] ist die Frage aufgeworfen – und bejaht[134] – worden, ob das Rehabilitationsangleichungsgesetz vom 7. 8. 1974[135] den ärztlichen Sorgfaltsverstoß gegenüber stationär behandelten,

---

[127] Siehe S. 146ff., 160ff.
[128] Siehe hierzu S. 110f.
[129] Laufs, Arztrecht, Rdnr. 357; Burck, NJW 1968, 613 (615); Narr, Rdnr. 901ff.; Westermann, NJW 1974, 579; Heinze, MedR 1983, 6ff.
[130] Ungenau insoweit Westermann, NJW 1974, 579, wenn er ausführt: „Besteht eine solche Pflicht nicht (Freistellungspflicht), so haften Krankenhaus und Handelnder nebeneinander (§ 840 BGB)". Krankenhaus und Handelnder haften nämlich dem Patienten gegenüber – wenn sie einen Deliktstatbestand erfüllen – auf jeden Fall nach § 840 BGB als Gesamtschuldner nebeneinander. Der Freistellungsanspruch ist dann lediglich bei der Ausgleichungspflicht (§ 426 BGB) im Innenverhältnis zwischen Krankenhausträger und Handelndem von Bedeutung.
[131] Vgl. S. 123.
[132] Siehe S. 109ff.
[133] OLG Braunschweig NJW 1978, 1203 = VersR 1978, 622.
[134] Ebenso Sanftleben, Der Arbeitsunfall in zivilrechtlicher Sicht, VersR 1978, 403ff.
[135] Durch § 21 Nr. 37 des Rehabilitationsangleichungsgesetzes vom 7. 8. 1974 (BGBl. I, 1890) wurde § 539 Abs. 1 Nr. 17a RVO eingefügt, wonach in der gesetzlichen Unfallversicherung u. a. auch Personen gegen Arbeitsunfälle versichert sind, denen von einem Träger der gesetzlichen Krankenversicherung stationäre Behandlung gewährt wird.

sozialversicherten Patienten in den Schutz der gesetzlichen Unfallversicherung einbezogen hat mit der Folge, daß Ersatzansprüche des Patienten gegen Arzt und Krankenhausträger nach §§ 636, 637 RVO ausgeschlossen sind.
Diese Frage kann inzwischen als geklärt gelten und ist aus guten Gründen zu verneinen.[136] Zum einen bezieht § 539 Abs. 1 Nr. 17a RVO nur Behinderte (Rehabilitanden), nicht aber „normale" Kassenpatienten in die gesetzliche Unfallversicherung ein. Zum anderen liegt kein nach den §§ 539 Abs. 1 Nr. 17a, 548 RVO entschädigungspflichtiger Arbeitsunfall vor, weil das Risiko des Fehlschlags stationärer ärztlicher Behandlung selbst nicht Gegenstand des von der Berufsgenossenschaft zu gewährenden Versicherungsschutzes ist.
Schließlich werden die Ansprüche des Patienten gegenüber Arzt und Krankenhaus auch mit der Gewährung von Unfallversicherungsschutz nicht ausgeschlossen, weil die §§ 636, 637 RVO dem Unternehmer bzw. dem Betriebsangehörigen eine Haftungsfreistellung nur für Arbeitsunfälle gewähren, die die in dem Unternehmen tätigen Versicherten erleiden. Ein solcher Unfall liegt jedoch bei einem ärztlichen Sorgfaltspflichtverstoß in einem Krankenhaus schon deshalb nicht vor, weil der Patient den Unfall nicht als „in" dem Unternehmen „Tätiger" im Sinne des § 636 RVO erleidet. Der Patient nimmt nämlich lediglich die Krankenbehandlung entgegen; seine Mitwirkung an der Behandlung erfolgt nicht für das Krankenhaus, sondern ausschließlich für seine eigene Gesundheit.
Weder der Krankenhausträger noch der Arzt werden daher nach den §§ 636ff. RVO von der Haftung freigestellt.

II. Anspruchsgegner im Falle eines gespaltenen Krankenhausaufnahmevertrages

1. Vertragliche Haftung

Kommt bei der Aufnahme des Patienten zur stationären Krankenhausbehandlung ein sog. gespaltener Krankenhausaufnahmevertrag[137] zustande, so daß die Krankenhausversorgung vom Krankenhausträger und die ärztliche Behandlung von dem für die Behandlung verantwortlichen Arzt (leitender Krankenhausarzt oder Belegarzt) geschuldet wird, so kommen bei schuldhaften Vertragspflichtverletzungen vertragliche Schadensersatzansprüche sowohl gegenüber dem Krankenhausträger als auch gegenüber dem für die Behandlung verantwortlichen Arzt in Betracht.

---

[136] BGH NJW 1981, 627; OLG Karlsruhe NJW 1979, 599; LG Darmstadt NJW 1979, 605; BSG NJW 1978, 2357; Laufs, Die Entwicklung des Arztrechts 1978/79, NJW 1979, 1231; Ahrens und Udsching, Heimliche Ablösung der Arzthaftung durch gesetzliche Unfallversicherung?, NJW 1978, 1666ff.; Husmann, Ärztliche Fehlbehandlung – ein Arbeitsunfall mit der Folge der Haftungsbefreiung nach § 636 RVO?, VersR 1978, 793ff.; vgl. auch Laufs, Arztrecht, Rdnr. 358.
[137] Siehe S. 81f.

a. Haftung des für die Behandlung verantwortlichen Arztes

aa. Haftung für eigenes Fehlverhalten nach § 276 BGB

Verletzt der vertraglich verpflichtete Arzt (leitender Krankenhausarzt oder Belegarzt) bei der Behandlung eines Privatpatienten selbst schuldhaft eine sich aus dem Behandlungsvertrag[138] ergebende Pflicht, so ist er nach den §§ 611, 276 BGB dem Patienten gegenüber zum Schadensersatz verpflichtet.
Eine Vertragspflichtverletzung des Arztes liegt zum einen dann vor, wenn dieser selbst schuldhaft einen Behandlungsfehler[139], einen sonstigen Sorgfaltspflichtverstoß[140] oder eine Aufklärungspflichtverletzung[141] begeht. Die eigene ärztliche Tätigkeit gehört nämlich ausschließlich zum Pflichtenkreis des vertraglich verpflichteten Arztes und nicht zum Pflichtenkreis des Krankenhausträgers[142].
Auch im Falle des gespaltenen Krankenhausaufnahmevertrages ist der vertraglich verpflichtete Arzt jedoch nicht verpflichtet, sämtliche zur Heilbehandlung notwendigen Maßnahmen selbst auszuführen. Er kann vielmehr die Ausführung einzelner Aufgaben an nachgeordnetes ärztliches oder nichtärztliches Personal delegieren.[143]
Die Feststellung, welche Maßnahmen zur Ausführung kommen sollen, hat dagegen der vertraglich verpflichtete Arzt aufgrund des Behandlungsvertrages grundsätzlich[144] selbst und eigenverantwortlich zu treffen.[145] Trifft er insoweit eine fehlerhafte Entscheidung und gibt er aufgrund dessen eine falsche Anweisung an nachgeordnetes Personal, so liegt darin eine eigene schuldhafte Vertragspflichtverletzung des vertraglich verpflichteten Arztes, für die er nach den §§ 611, 276 BGB einzustehen hat. Erleidet beispielsweise ein Patient Verbrennungen, weil der Arzt eine zu lange Röntgenzeit angeordnet hat, so ist allein der Arzt hierfür verantwortlich.[146]
Dasselbe muß gelten, wenn die Anordnung deshalb mangelhaft ist, weil der vertraglich verpflichtete Arzt die Ausführung einer Maßnahme einer anderen Person überträgt, obwohl er sie wegen ihrer Bedeutung und Schwierigkeit (z. B. Operation) aufgrund des Behandlungsvertrages selbst hätte ausführen müssen[147], oder obwohl die andere Person aufgrund ihrer beruflichen Ausbildung, ihrer Fähigkeiten oder ihrer persönlichen Eigenschaften nicht zur Ausführung der Maßnahme geeignet ist.[148] Überträgt der Arzt

---

138 Vgl. S. 59ff.
139 Siehe S. 93, FN 1.
140 Siehe S. 93, FN 2.
141 Siehe S. 93, FN 3.
142 Vgl. BGH VersR 1957, 806 (807); Luig, 252.
143 Siehe hierzu oben S. 83f. und S. 115; vgl. auch Uhlenbruck, NJW 1964, 2187 (2188); Hahn, Zulässigkeit und Grenzen der Delegierung ärztlicher Aufgaben, NJW 1981, 1977ff.
144 Eine Ausnahme besteht nur bei begründeter Abwesenheit (z. B. wegen Krankheit oder Urlaub) des vertraglich verpflichteten Arztes. Die notwendigen Entscheidungen hat in diesem Fall sein Vertreter zu treffen; s. hierzu S. 83f.
145 Vgl. R. Eichholz, 97, 116; Hahn, NJW 1981, 1984.
146 Vgl. RGZ 118, 41; RGZ 139, 255; R. Eichholz, 115ff.
147 Vgl. hierzu BGH NJW 1982, 706, wonach im Falle des gespaltenen Krankenhausaufnahmevertrags der ärztliche Vertragspartner grundsätzlich dazu verpflichtet ist, eine etwa erforderliche Operation persönlich auszuführen.
148 R. Eichholz, 116; Uhlenbruck, NJW 1964, 2187; Hahn, NJW 1981, 1983f; vergl. auch BGH NJW 1984, 655 = MedR 1984, 63; Deutsch, NJW 1984, 650f.

beispielsweise eine rein ärztliche Aufgabe[149] (wie z. B. die Durchführung einer Bluttransfusion[150]) entgegen den Regeln der ärztlichen Kunst auf nichtärztliches Personal, so liegt bereits darin eine eigene schuldhafte Vertragspflichtverletzung des Arztes, für die dieser, falls der Patient zu Schaden kommt, zum Schadensersatz verpflichtet ist.
Schließlich obliegt dem vertraglich verpflichteten Arzt aufgrund des Behandlungsvertrages die Verpflichtung, die Ausführung der angeordneten Maßnahmen zu überwachen und zu beaufsichtigen.[151] Verletzt er diese Pflicht und erleidet der Patient infolge mangelhafter Ausführung einer angeordneten Maßnahme einen Schaden, so liegt darin ebenfalls ein eigenes Verschulden des Arztes, für das dieser nach den §§ 611, 276 BGB einzustehen hat.
Liegt kein Behandlungsvertrag mit einem Privatpatienten vor, sondern übernimmt ein Belegarzt die ärztliche Behandlung eines RVO- oder Ersatzkassenpatienten[152], besteht - wie bei der ambulanten Behandlung eines Kassenpatienten - eine entsprechende Haftung des Belegarztes über § 368 d Abs. 4 RVO (für die RVO-Kassenpatienten)[153] bzw. über eine analoge Anwendung des § 368 d Abs. 4 RVO (für die Ersatzkassenpatienten).[154] Zwischen Belegarzt und Kassenpatient kommen nämlich keine vertraglichen Beziehungen zustande; mit der Übernahme der Behandlung durch den Belegarzt entsteht vielmehr ein gesetzliches Schuldverhältnis, das dem Patienten einen Anspruch auf sorgfältige Behandlung und ggf. auf Schadensersatz gegenüber dem Belegarzt gibt, wie er ihn als Berechtigter aus einem Vertrag zugungsten Dritter erworben hätte.[155]

bb. Die Haftung für ein Fehlverhalten seiner Erfüllungsgehilfen nach § 278 BGB

Problemstellung: Neben der Haftung für sein eigenes Fehlverhalten haftet der Arzt, der die ärztliche Behandlung übernommen hat, nach den §§ 611, 278 BGB auch für schuldhafte schädigende Handlungen der Hilfspersonen, deren er sich zur Erfüllung seiner Verbindlichkeiten bedient. Problematisch in diesem Zusammenhang ist die Frage, welche der im Krankenhaus tätigen Hilfspersonen als Erfüllungsgehilfen des für die ärztliche Behandlung verantwortlichen Arztes anzusehen sind.
Im Falle des gespaltenen Krankenhausaufnahmevertrages schulden nämlich der für die Behandlung verantwortliche Arzt und der Krankenhausträger jeweils nur einen Teil der gesamten Heilmaßnahmen, so daß der Patient das Versagen einer Hilfsperson nur dem anlasten kann, zu dessen Pflichten die vom Hilfspersonal mangelhaft erfüllten Aufgaben gehören. Zu fragen ist deshalb, ob die Hilfsperson als Erfüllungsgehilfe des für die Behandlung verantwortlichen Arztes oder als Erfüllungsgehilfe des Krankenhausträgers tätig geworden ist.

---

149 Diese darf nur von einem Arzt und nicht von nichtärztlichem Personal ausgeführt werden.
150 Vgl. hierzu Narr, Rdnr. 895 m. w. N.
151 R. Eichholz, 116; Hahn, NJW 1981, 1984; BGH NJW 1984, 1400 = MedR 1984, 143.
152 Vgl. S. 81f., 88f.
153 Siehe S. 68ff.
154 Siehe S. 74f.
155 Vgl. S. 70f.

Im Grundsatz kann davon ausgegangen werden, daß zum Pflichtenkreis des für die Behandlung verantwortlichen Arztes die ärztlichen Leistungen und zum Pflichtenkreis des Krankenhausträgers die Krankenhausversorgung gehört. Diese Abgrenzung im Grundsätzlichen läßt jedoch in vielen Einzelfällen die entscheidende Frage, ob es sich um eine ärztliche (Hilfs-)Leistung oder um eine Leistung der Krankenhausversorgung handelt, offen. Während die Versorgung mit den Mahlzeiten zweifellos eine Leistung des Krankenhausträgers ist, bestehen bei der Verabreichung eines Medikaments oder bei einer Injektion durch das Pflegepersonal schon erhebliche Zweifel, ob diese Tätigkeiten nicht dem ärztlichen Pflichtenkreis zuzurechnen sind. Besonders problematisch ist die Abgrenzung bei einer Operation. Der operative Eingriff selbst ist Sache des Arztes, der die ärztliche Behandlung übernommen hat. Überaus fraglich ist aber, ob damit auch die Narkose, das Aufziehen der Spritzen, das Zurechtlegen der Instrumente, die Herbeischaffung von Blutkonserven und das Entfernen der Tupfer nach der Operation zum Pflichtenkreis des Arztes gehören.

Bisher vorgeschlagene Lösungsversuche: Aufgrund dieser Zuordnungsschwierigkeiten sind zur Frage der Abgrenzung der Haftungsbereiche die folgenden Lösungsmöglichkeiten vorgeschlagen worden:

Abgrenzung der Pflichtenkreise nach den üblichen Funktionen: Insbesondere die Rechtssprechung[156] hat zunächst versucht, die Pflichtenkreise von Arzt und Krankenhausträger nach „den eigenen Leistungen des behandelnden Arztes und den üblichen Funktionen des Krankenhauses" abzugrenzen. So gehöre entsprechend den Erwartungen des Patienten zu den Vertragspflichten des Krankenhauses außer der Gewährung von Unterkunft und Verpflegung auch die Gewährung derjenigen erforderlichen Heilbehandlung, die nicht durch den behandelnden Arzt selbst, sondern gewöhnlich nur mittels der personellen und sachlichen Einrichtungen eines Krankenhauses gewährt zu werden pflegt. Nach dieser Formel wurde beispielsweise die Durchführung einer Bluttransfusion mit den Einrichtungen des Krankenhauses und unter Leitung eines vom Krankenhaus beschäftigten Assistenzarztes[157] und das Aufziehen einer Spritze durch die Operationsschwester[158] dem Verantwortungsbereich des Krankenhausträgers zugeordnet.

---

[156] BGHZ 5, 321 = NJW 1952, 658 L = VersR 1952, 166 = BGH LM Nr. 4 zu § 31 BGB; BGH NJW 1962, 1763ff.; dieses Urteil betrifft keinen Haftpflichtfall, sondern die Frage, wer die Kosten des nachgeordneten ärztlichen Dienstes zu tragen hat; OLG Hamburg VersR 1954, 125 = KHA 1954, 240 mit zustimmender Anmerkung von Schmelcher, 243; so grs. auch Münch Komm-Mertens, § 831, Rdnr. 31, der jedoch dann, wenn eine eindeutige Zuordnung nicht möglich ist, eine gesamtschuldnerische Haftung von Arzt und Krankenhaus bejaht (vgl. hierzu unten S. 132ff.); vgl. auch Burmester, 206, der von einer Aufteilung in „Arbeitssphären" spricht.

[157] BGHZ 5, 321.

[158] OLG Hamburg VersR 1954, 125.

Zu Recht ist gegen diesen Lösungsversuch eingewendet worden,[159] daß die Abgrenzung nach „üblichen Funktionen" nicht gelingen kann, weil tatsächlich eine übliche Handhabung nicht festgestellt werden kann. Zwar ist der operative Eingriff eine „übliche Funktion" des Arztes und die Verpflegung eine solche des Krankenhausträgers. In den aufgeführten Grenzfällen aber ist nicht festzustellen, was üblich ist. Dies wird bei der Vornahme einer Narkose besonders deutlich; der eine Arzt nimmt sie selbst vor, der andere läßt sie von einem Facharzt für Anästhesie, der Dritte von einem Assistenzarzt und der Vierte von einer Narkoseschwester durchführen. Auch das Aufziehen einer Spritze wird unterschiedlich gehandhabt. Der eine Arzt zieht die Spritze selbst auf, der andere Arzt läßt sich die vorbereitete Spritze von einer Schwester reichen. Diese Vielfalt der Handhabung, die sogar bei dem einzelnen Arzt von Fall zu Fall verschieden sein kann, macht die Abgrenzung nach den „üblichen Funktionen" gerade in den problematischen Fällen unmöglich und ist deshalb abzulehnen.
Auch der BGH[160] selbst hat in einer späteren Entscheidung Bedenken geäußert,[161] ob sich mit der oben genannten Formel in jedem Fall eine zutreffende Abgrenzung finden lasse. Eine endgültige Entscheidung dieser Frage hat er jedoch nicht getroffen, weil er in dem zur Entscheidung stehenden Fall eine weitere Sachaufklärung für erforderlich hielt.

Abgrenzung der Pflichtenkreise nach der sog. Anstellungstheorie: Nach anderer Ansicht[162] ist für die Frage der Abgrenzung der Pflichtenkreise von Arzt und Krankenhausträger rein formal darauf abzustellen, wer die Person angestellt hat.
Diese sog. „Anstellungstheorie" hat zwar den Vorteil einer klaren Rechts- und Haftungslage; sie bürdet jedoch dem Krankenhausträger die Haftung auch für schuldhafte Verletzungen solcher Handlungs- und Unterlassungspflichten von Hilfskräften auf, die er selbst dem Patienten nicht schuldet. So würde z. B. der Krankenhausträger, wenn ein von ihm angestellter Assistenzarzt den Patienten schädigt, auch dann haften, wenn eindeutig feststeht, daß die ärztlichen Hilfsleistungen nicht vom Krankenhausträger geschuldet werden.[163]

---

[159] Kleinewefers und Wilts, Vertragliche Schadensersatzansprüche des Patienten bei gespaltenem Arzt-Krankenhaus-Vertrag, VersR 1964, 201ff.; Kleinewefers und Wilts, Die vertragliche Haftung bei gespaltenem Arzt-Krankenhaus-Vertrag, NJW 1965, 332ff.; Uhlenbruck, Die vertragliche Haftung von Krankenhaus und Arzt für fremdes Verschulden, NJW 1964; 2187ff.; R. Eichholz, 108ff.; zumindest teilweise ablehnend auch Laufs, Arztrecht, Rdnr. 349, 180; Daniels, NJW 1972, 305 (307).

[160] BGH VersR 1957, 806ff.; der BGH hatte sich hier mit einem Fall zu befassen, in dem eine vom Krankenhaus angestellte Operationsschwester ein sog. Bauchtuch in der Operationswunde zurückgelassen hatte.

[161] Diese Bedenken führten zur Aufhebung des angefochtenen Urteils und zur Zurückverweisung an das Berufungsgericht.

[162] Zitelmann, Das bürgerliche Recht der Krankenanstalten, bei Grober, Das deutsche Krankenhaus, 865.

[163] Siehe hierzu S. 137ff.

Eine solche Haftungszuordnung würde nicht nur dem Wortlaut, sondern auch dem Sinn und Zweck des § 278 BGB widersprechen.[164] Auch dieser Auffassung kann daher nicht gefolgt werden.

Abgrenzung der Pflichtenkreise unter dem Gesichtspunkt der Repräsentationshaftung: Weiterhin ist eine Abgrenzung der Pflichtenkreise dergestalt denkbar, daß im Einzelfall zu fragen ist, ob bei objektiver Betrachtungsweise der schuldhaft handelnde Schadensstifter als Repräsentant des Arztes oder des Krankenhauses erscheint.[165]
Repräsentationshaftung bedeutet jedoch, daß das Gesetz haftungsrechtlich einen Repräsentanten grundsätzlich und allgemein mit dem Vertretenen identifiziert. Das aber sieht die Vorschrift des § 278 BGB gerade nicht vor. Sie gleicht vielmehr als Zurechnungsnorm lediglich die Tatsache aus, daß dem Schuldner gestattet ist, im Einzelfall an seiner Stelle einen anderen zur Erfüllung seiner Vertragspflicht heranzuziehen. Nur insoweit muß er sich dessen Verschulden zurechnen lassen.[166] Auch eine Abgrenzung der Haftungsbereiche unter dem Gesichtspunkt der Repräsentationshaftung scheidet daher aus.

Abgrenzung der Pflichtenkreise nach Haupt- und Nebentätigkeit: Auch ist die Möglichkeit in Betracht gezogen worden, als Grundlage für die Abgrenzung der Pflichtenkreise davon auszugehen, daß dem Arzt die gesamte dominierende Haupttätigkeit obliege, während der Krankenhausträger die gesamte Hilfstätigkeit schulde.[167]
Indem diese Lösungsmöglichkeit an den Charakter der einzelnen Maßnahme anknüpft, dagegen unbeachtet läßt, wer die Maßnahmen ausführt, werden zwar im Gegensatz zu der Abgrenzung nach den „üblichen Funktionen" alle diejenigen Unsicherheiten vermieden, die durch die wechselnde Handhabung im einzelnen Krankenhaus entstehen. Hier muß jedoch die Frage entschieden werden, was Haupttätigkeit und was Hilfstätigkeit ist. Dies führt zu beträchlichen Schwierigkeiten, was sich am Beispiel der Operation besonders deutlich zeigt. Es wäre nämlich auf jeden Fall zu eng, als Haupttätigkeit nur den unmittelbaren ärztlichen Eingriff anzusehen. Wenigstens die Narkose, das Inganghalten des Kreislaufes oder ähnliches stehen gleichbedeutend neben dieser Tätigkeit.
Die Schwierigkeit, zwischen Haupt- und Hilfstätigkeit zu unterscheiden, macht diesen Lösungsvorschlag um nichts praktikabler als die Unterscheidung nach den „üblichen Funktionen". Zudem kann die Abgrenzung nach Haupt- und Hilfstätigkeit zu Ergebnissen führen, die der tatsächlich gewollten Pflichtenaufteilung im Falle des gespaltenen Krankenhausaufnahmevertrages widersprechen. Führt nämlich der Arzt eine Maßnahme selbst aus, die als Hilfstätigkeit zu qualifizieren ist, so hätte er in Erfüllung einer dem Krankenhausträger obliegenden Verpflichtung gehandelt, so daß nicht er, sondern der Krankenhausträger nach § 278 BGB dem Patienten gegenüber haften würde. Dies stimmt jedoch nicht damit überein, daß der für die Behandlung verantwortliche Arzt jedenfalls für die Handlungen einstehen soll, die er persönlich erbringt[168].

---

164 So auch Uhlenbruck, NJW 1964, 2189; R. Eichholz, 111; Daniels, NJW 1972, 306.
165 Vgl. Uhlenbruck, NJW 1964, 2189.
166 Vgl. Uhlenbruck, NJW 1964, 2189; Westermann, Jus 1961, 333 (334, 335).
167 Kleinewefers und Wilts, VersR 1964, 201 (203).
168 So auch R. Eichholz, 110; vgl. auch Kleinewefers und Wilts, VersR 1964, 204.

Problemlösung durch Umkehr der Beweislast: Weiterhin ist vorgeschlagen worden,[169] die Probleme bei der Abgrenzung der Pflichtenkreise von Arzt und Krankenhaus durch eine Beweislastumkehr zu lösen.

Ausgehend von der Möglichkeit, daß der Arzt auf eine Klage des Patienten die Haftung mit dem Hinweis auf eine Haftungsverpflichtung des Krankenhausträgers ablehnen werde, der Krankenhausträger die Verantwortlichkeit dagegen auf den Arzt abwälzen wolle, wird das Vorliegen eines „Beweisnotstandes" für den Patienten bejaht, der eine Umkehrung der Beweislast entsprechend § 282 BGB rechtfertigt, wenn für den klagenden Patienten bei Vorliegen eines gespaltenen Krankenhausaufnahmevertrages nicht erkennbar ist, welchem Gefahren- und Verantwortungsbereich die schadensstiftende Handlung der Hilfsperson zuzuordnen ist. Denn nach ständiger Rechtsprechung des BGH[170], die grundsätzliche Bedeutung für den Dienstvertrag und somit auch für den ärztlichen Behandlungs- bzw. Krankenhausaufnahmevertrag habe, sei es dem Geschädigten im Schadensfalle nicht zuzumuten, einen Beweis über Dinge zu führen, die seinem Gefahrenbereich und in der Regel auch seiner Sachkenntnis entzogen sind. Arzt und Krankenhausträger hätten danach im Schadensfall darzutun und zu beweisen, daß sie nicht nach § 278 BGB für das schuldhafte Handeln einer ärztlichen oder nichtärztlichen Hilfskraft einzustehen haben.

Zu Recht ist gegen diesen Lösungsvorschlag eingewendet worden,[171] daß es zwar vertretbar sein mag, dem Schuldner die Beweislast für seine fehlende Verantwortlichkeit aufzubürden, wenn feststeht, daß sich aus seinem Risikobereich ein Zustand entwickelt hat, der den äußeren Tatbestand einer Vertragsverletzung ergibt. Die für die Abgrenzungsproblematik entscheidende Frage, wer zu einer ordnungsgemäßen Erfüllung der von der Hilfsperson fehlerhaft ausgeführten Maßnahme verpflichtet ist – der Arzt oder das Krankenhaus –, ist dagegen eine Rechtsfrage, die sich, nachdem ein Beweisnotstand nur in bezug auf Tatsachen vorliegen kann, nicht mit Beweislastregeln beantworten läßt.

Allerdings können sich auch Fallgestaltungen ergeben, in denen bei feststehender Abgrenzung der Verantwortungsbereiche zwischen Arzt und Krankenhaus tatsächlich nicht aufklärbar ist, in welchem Bereich die Schadensursache gesetzt worden ist. In diesem Falle könnte durchaus eine Umkehr der Beweislast in Betracht gezogen werden.[172]

Problemlösung durch die Annahme gesamtschuldnerischer Haftung von Arzt und Krankenhaus: Schließlich wird immer wieder versucht, die Schwierigkeiten bei der Grenzziehung zwischen dem Pflichtenkreis des Arztes und dem Pflichtenkreis des Krankenhausträgers durch die Annahme einer gesamtschuldnerischen Haftung von Arzt und Krankenhaus zu beheben.

Uhlenbruck[173] glaubt eine gesamtschuldnerische Haftung von Arzt und Krankenhaus unmittelbar aus § 278 BGB ableiten zu können. Denn nach der Rechtsprechung des

---

[169] Uhlenbruck, NJW 1964, 2190ff.

[170] BGHZ 23, 288 (290) = NJW 1957, 776; BGHZ 27, 236 (238) = NJW 1958, 1629; BGHZ 28, 251 (254) = NJW 1959, 34; BGH NJW 1962, 31; BGH NJW 1964, 33 (35).

[171] Kleinewefers und Wilts, NJW 1965, 334; R. Eichholz, 111.

[172] Vgl. S. 140f.

[173] Uhlenbruck, NJW 1964, 2187 (2190).

BGH[174] sei Erfüllungsgehilfe jeder, „der mit Willen des Schuldners im Rahmen seines Aufgabenkreises in gegenständliche Beziehung zur Vertragserfüllung tritt". Eine solche gegenständliche Beziehung des Hilfspersonals sei beim gespaltenen Krankenhausaufnahmevertrag sowohl zur Vertragserfüllung des Arztes (Behandlung) als auch zur Vertragserfüllung des Krankenhausträgers (Krankenhausversorgung und Krankenhaustechnik) zu bejahen, so daß bei Verschulden von Hilfspersonal in der Regel beide dem Patienten gegenüber als Gesamtschuldner haften würden.
Dem kann schon deshalb nicht gefolgt werden, weil dabei übersehen wird, daß auch nach der Rechtsprechung des BGH maßgeblich für die Zurechnung des Verhaltens der Hilfspersonen die „Vertragserfüllung" oder - wie Uhlenbruck selbst sagt - der „Aufgabenkreis" bleibt, d. h. die vom Schuldner übernommene Schuld. Erst wenn der Umfang dieser Verpflichtung feststeht, kann gefragt werden, wer dazu in „gegenständliche Beziehung" tritt. Das eigentlich zu lösende Problem, nämlich die Abgrenzung der Aufgabenkreise voneinander, wird von Uhlenbruck daher übergangen; eine gesamtschuldnerische Haftung von Arzt und Krankenhaus kann auf diese Weise nicht begründet werden.[175]
Kleinewefers und Wilts[176] gehen zur Begründung einer gesamtschuldnerischen Haftung von Arzt und Krankenhausträger davon aus, daß es sich bei den Beziehungen zwischen Krankenhausträger und Belegarzt bzw. leitendem Krankenhausarzt im Falle des gespaltenen Krankenhausaufnahmevertrages um eine Gesellschaft des bürgerlichen Rechts im Sinne der §§ 705ff. BGB handele mit der Folge, daß sämtliche Leistungen, die zur Heilbehandlung erforderlich sind, sowohl vom Arzt als auch vom Krankenhausträger geschuldet werden und sämtliche im Krankenhaus tätigen Hilfspersonen sowohl als Erfüllungsgehilfen des Arztes als auch als Erfüllungsgehilfen des Krankenhausträgers anzusehen sind. Beide haften dann als Gesamtschuldner, wenn der Schaden bei Erfüllung ihrer gemeinsamen Verbindlichkeiten durch einen gemeinsamen Erfüllungsgehilfen eingetreten ist.
Abgesehen davon, daß es sich bei den Beziehungen zwischen Krankenhausträger und Belegarzt bzw. leitendem Krankenhausarzt gerade nicht um ein Gesellschaftsverhältnis handelt,[177] muß gegen diese Auffassung zudem eingewendet werden, daß sie nicht nur die Rechtsform des Belegkrankenhauses, die gerade auf getrennter Verantwortlichkeit beruht,[178] aufhebt, sondern auch überhaupt dem Vertragstypus des gespaltenen Krankenhausaufnahmevertrages widerspricht.[179]
Laufs[180] will dagegen zwar nicht sämtliche für die Therapie erforderlichen Tätigkeiten als sowohl vom Arzt wie vom Krankenhausträger geschuldet ansehen, bejaht jedoch jedenfalls für die Operation eine gesamtschuldnerische Haftung von Arzt und

---

[174] BGHZ 23, 319 (323) = NJW 1957, 709; BGHZ 13, 111 (114) = NJW 1954, 1193.
[175] So auch R. Eichholz, 111; ablehnend auch Kleinewefers und Wilts, NJW 1965, 332 (334).
[176] Kleinewefers und Wilts, VersR 1964, 201 (204).
[177] Siehe S. 52.
[178] Siehe S. 21.
[179] So auch R. Eichholz, 112; insoweit ablehnend auch Laufs, Arztrecht, Rdnr. 349; Daniels, NJW 1972, 306, 307; Musielak, Haftung für Narkoseschäden, Jus 1977, 87 (88).
[180] Laufs, Arztrecht, Rdnr. 349; so auch Giesen, Wandlungen des Arzthaftungsrechts, 5; Daniels, NJW 1972, 307; Musielak, Jus 1977, 88f.; vgl. auch Luig, 256ff., der nicht nur Operationen, sondern „fast alle Maßnahmen der Heilbehandlung, die im Krankenhaus vorgenommen werden" als unteilbare Leistungen im Sinne des § 431 BGB ansieht.

Krankenhausträger für ein Fehlverhalten des ärztlichen sowie des nichtärztlichen Hilfspersonals und begründet dies damit, daß die Operation eine unteilbare Leistung im Sinne des § 431 BGB bilde.
Für diese Lösungsmöglichkeit spricht zwar, daß die Zweifelsfragen aus dem besonders problematischen Operationsbereich weichen; im übrigen bleiben die Abgrenzungsschwierigkeiten jedoch bestehen.[181] Auch widerspricht diese Lösungsmöglichkeit dem Wesen des gespaltenen Krankenhausaufnahmevertrages, bei dem die Verpflichtung zur Erbringung der Dienste dem Patienten gegenüber gerade „gespalten" ist. Schließlich folgt, anders als bei der Erstellung eines Werkes,[182] aus dem dienstrechtlichen Charakter der bei einer Operation zu erbringenden Leistungen, daß jeder der beiden Teile - Krankenhaus und Arzt - sofern sie insoweit überhaupt beide dem Patienten zur Dienstleistung verpflichtet sind, nur die ihm zukommende „Mitwirkung" bei der Operation schulden kann. Von einer unteilbaren Leistung im Sinne des § 431 BGB kann daher auch bei der Operation nicht gesprochen werden.[183]
Das Ergebnis, daß bei einem Fehlverhalten einer im Krankenhaus tätigen Hilfsperson die Schwierigkeiten bei der Abgrenzung der Pflichtenkreise von Arzt und Krankenhausträger nicht durch eine gesamtschuldnerische Haftung beider behoben werden können, bedeutet nicht, daß der Krankenhausträger und der für die Behandlung verantwortliche Arzt bei einem Fehlverhalten einer Hilfsperson im Einzelfall nicht doch als Gesamtschuldner für den eingetretenen Schaden haften können. So ist es beispielsweise möglich, daß der Krankenhausträger für ein Fehlverhalten seines Erfüllungsgehilfen nach § 278 BGB einzustehen hat, während der für die Behandlung verantwortliche Arzt wegen unterlassener Kontrolle der Tätigkeit der Hilfsperson aus eigenem Verschulden nach § 276 BGB haftet; beide haften in diesem Fall als Gesamtschuldner.[184]

Lösungsvorschlag: Den obengenannten Lösungsversuchen ist, soweit sie die Abgrenzungsproblematik nicht unter Mißachtung gerade der typischen Merkmale des gespaltenen Krankenhausaufnahmevertrages[185] durch die Annahme einer gesamtschuldnerischen Haftung von Arzt und Krankenhaus umgehen, das Bestreben gemeinsam, eine Abgrenzung der Pflichtenbereiche durch eine Generalisierung oder Typisierung herbeizuführen. Es wird angestrebt, eine allgemein gültige Grenzlinie zwischen dem Haftungsbereich des für die Behandlung verantwortlichen Arztes und dem des Krankenhausträgers festzulegen.

---

[181] Die von Laufs insoweit angedeutete Abgrenzungsmöglichkeit nach dem „Einfluß- und Gefahrenkreis" dürfte kaum praktikabler sein als die Unterscheidung nach den „üblichen Funktionen" oder nach „Haupt- und Hilfstätigkeit", nachdem auch die Beantwortung der Frage, was zum Einfluß- und Gefahrenkreis des Arztes bzw. des Krankenhausträgers gehört, auf beträchtliche Schwierigkeiten stoßen dürfte.

[182] Bei der Herstellung eines Werkes wird eine unteilbare Leistung i. S. d. § 431 BGB bejaht; siehe BGH, NJW 1952, 217 = LM Nr. 2/3 zu § 278 BGB = BB 1952, 43; Erman-Westermann, Rdnr. 1 zu § 420.

[183] So auch BGH VersR 1957, 806 (808) = NJW 1958, 497 = LM Nr. 24 zu § 278 BGB; vgl. auch S. 144f.

[184] So OLG Hamburg, VersR 1954, 125.

[185] Arzt und Krankenhausträger schulden jeweils nur einen Teil der zum Heilerfolg notwendigen Maßnahmen.

Dieser an sich naheliegende Ausgangspunkt ist jedoch verfehlt. Die Feststellung allgemein gültiger Kriterien für diesen Grenzbereich scheitert nämlich daran, daß sich die Aufgabenverteilung hier einer allgemein gültigen Regel nicht unterwerfen läßt.[186] Entscheidend für die Frage der Abgrenzung der Pflichtenkreise muß vielmehr das sein, was zwischen den Parteien, also zwischen dem für die Behandlung verantwortlichen Arzt und dem Patienten und zwischen dem Krankenhausträger und dem Patienten vereinbart ist. Ausgangspunkt muß daher der jeweilige Inhalt der beiden mit dem Patienten geschlossenen Verträge sein.

Da für die zu einer Verrichtung herangezogene Hilfsperson nur derjenige einzustehen hat, dessen Verpflichtung wahrgenommen worden ist, ist also stets in jedem Einzelfall zu fragen, welche Pflichten der für die Behandlung verantwortliche Arzt und welche Pflichten der Krankenhausträger vertraglich übernommen hat.[187]

Schwierigkeiten ergeben sich dabei deshalb, weil der Krankenhausaufnahme i. allg. kein in den Einzelregelungen ausgehandelter Vertrag zugrundeliegt. Die Frage, welche Pflichten der Arzt und welche Pflichten der Krankenhausträger übernommen hat, muß also durch Auslegung der beiden mit dem Patienten geschlossenen Verträge ermittelt werden.[188] Dabei ist zwischen den Verrichtungen, die von nichtärztlichem Krankenhauspersonal (also insbesondere Pflegepersonal, Funktionspersonal wie z. B. Operations-, Labor-, und Diätschwestern sowie medizinisch-technisches Hilfspersonal) und Verrichtungen, die von ärztlichem Hilfspersonal (ärztliche Assistenz und nachgeordneter ärztlicher Dienst) wahrgenommen werden, zu unterscheiden.

Es stellt sich also zunächst die Frage, ob die Tätigkeiten des nichtärztlichen Personals vom Krankenhausträger oder dem für die Behandlung verantwortlichen Arzt geschuldet werden.

Im Falle des gespaltenen Krankenhausaufnahmevertrages sollen die „ärztlichen Leistungen“ vom leitenden Krankenhausarzt bzw. Belegarzt erbracht werden, während alle übrigen Krankenhausleistungen vom Krankenhausträger geschuldet werden. Zu den „ärztlichen Leistungen“ gehören jedoch nur die Leistungen, die von einem Arzt und nicht auch die Leistungen, die von nichtärztlichem Personal erbracht werden.[189] Anderenfalls würden – was niemand annimmt – ärztliche Verrichtungen von Nichtärzten vorgenommen werden. Daraus folgt, daß im Falle des gespaltenen Krankenhausaufnahmevertrages nur die Leistungen von dem für die Behandlung verantwortlichen Arzt geschuldet werden, die von einem Arzt vorgenommen werden.[190] Die Leistungen, die von nichtärztlichem Personal erbracht werden, sind dagegen Leistungen der Krankenhausversorgung und werden vom Krankenhausträger geschuldet, so daß das nichtärztliche Personal bei seiner Tätigkeit Aufgaben des Krankenhausträgers erfüllt und insoweit also für diesen als dessen Erfüllungsgehilfe tätig wird.[191] Dem entspricht auch die Tatsache, daß von dem für die Behandlung verantwortlichen Arzt allenfalls die Leistungen berechnet werden, die von einem Arzt erbracht worden sind.

---

186 So auch R. Eichholz, 112ff.

187 So auch BGH VersR 1957, 806 (808).

188 So auch Daniels, NJW 1972, 306.

189 R. Eichholz, 108; Narr, Rdnr. 1033.

190 Zur Frage, ob der für die Behandlung verantwortliche Arzt nur die Leistung schuldet, die er selbst erbringt, oder auch die Leistungen, die die nachgeordneten Ärzte vornehmen, siehe S. 137f.

191 So auch R. Eichholz, 95ff.

Leistungen, die von nichtärztlichem Personal durchgeführt werden, sind mit dem Pflegesatz abgegolten.[192]

Besondere Probleme tauchen allerdings bei der Operation auf. Die Gültigkeit der für das übrige nichtärztliche Personal eindeutigen Entscheidung, daß diese Personen innerhalb des Pflichtenkreises des Krankenhausträgers tätig werden, kann hier fraglich sein. Denn die Operation ist die augenfälligste Form ärztlicher Tätigkeit, und nichtärztliches Personal (z. B. die Operations- oder Narkoseschwester) erfüllt hierbei vielfach - namentlich in kleineren Krankenhäusern - auch Aufgaben, die sonst von (Assistenz-)Ärzten wahrgenommen werden. Damit aber ergibt sich die Frage, ob der für die Behandlung verantwortliche Arzt in diesen Fällen nicht tatsächlich Dienste des nichtärztlichen Personals zur Erfüllung eigener Aufgaben in Anspruch nimmt, so daß das nichtärztliche Personal als seine Erfüllungsgehilfen tätig wird. Dem ist entgegenzuhalten, daß es auch in anderen Bereichen Leistungen gibt, die sowohl vom Arzt als auch vom nichtärztlichen Personal erbracht werden können. Auch diese Leistungen sind jedoch nur dann ärztliche Leistungen, wenn sie von einem Arzt erbracht werden. Niemand käme beispielsweise auf den Gedanken, das Blutdruckmessen durch eine Krankenschwester als eine ärztliche Leistung zu qualifizieren; nimmt dagegen ein Arzt die Blutdruckmessung vor, liegt zweifelsfrei eine ärztliche Leistung vor. Da kein Grund ersichtlich ist, weshalb für den Bereich der Operation etwas anderes gelten sollte, ist davon auszugehen, daß das nichtärztliche Personal, auch soweit es bei der Operation eingesetzt wird, als Erfüllungsgehilfe des Krankenhausträgers tätig wird.

Diesem Ergebnis steht auch nicht die Tatsache entgegen, daß den für die Behandlung verantwortlichen Ärzten in der Regel in den sog. Chefarzt- oder Belegarztverträgen ein fachliches[193] Weisungsrecht gegenüber dem nichtärztlichen Personal eingeräumt ist und daß sie darüber hinaus berechtigt und verpflichtet sind, das Krankenhauspersonal zu beaufsichtigen und zu überwachen. Der Krankenhausträger hat damit vielmehr das eigentlich ihm als Arbeitgeber zustehende Weisungsrecht auf den für die Behandlung verantwortlichen Arzt delegiert.[194]

Die als Folge der Delegation anzunehmende Verpflichtung des Krankenhausträgers, für die von dem für die Behandlung verantwortlichen Arzt erteilten Weisungen einzustehen, könnte zwar den Eindruck erwecken, als träfe den Krankenhausträger eine Verantwortung für ärztliches Handeln, die der Krankenhausträger beim gespaltenen Krankenhausaufnahmevertrag gerade nicht übernehmen will. Bei näherer Betrachtung zeigt sich jedoch, daß die dem gespaltenen Krankenhausaufnahmevertrag eigene Leistungsspaltung gegenüber dem Patienten in Wahrheit unberührt bleibt. In der konkreten Weisung des für die Behandlung verantwortlichen Arztes verbinden sich nämlich mehrere Rechtsakte, die voneinander getrennt werden müssen. Theoretisch muß unterschieden werden zwischen der Anweisung an das Personal, bestimmte Maßnahmen auszuführen, und der - logisch - vorausgehenden Feststellung dessen, was zur Ausführung kommen soll. Diese von dem für die Behandlung verantwortlichen Arzt zu treffende Feststellung des Weisungsinhalts trifft dieser alleinverantwortlich,

---

[192] So auch R. Eichholz, 114, FN 559.

[193] Die Beschränkung auf ein „fachliches" Weisungsrecht bedeutet, daß die Rechte des für die Behandlung verantwortlichen Arztes dort ihre Grenzen finden, wo es sich um nicht „therapeutisch relevante" Tätigkeiten des Krankenhauspersonals handelt. Siehe hierzu R. Eichholz, 94.

[194] So auch R. Eichholz, 96ff.

ohne daß der Krankenhausträger – im Widerspruch zum Charakter des gespaltenen Krankenhausaufnahmevertrages – gegenüber dem Patienten für die Ordungsmäßigkeit der Leistungsbestimmung einzustehen hätte. Erst nach dieser Entscheidung geht es um die Frage der Ausführung. Es wäre theoretisch Sache des Krankenhausträgers, nunmehr das nach der Anordnung des Arztes für die Ausführung der geschuldeten Leistung in Frage kommende Personal entsprechend anzuweisen. Da dies praktisch nicht in Betracht kommt, hat der für die Behandlung verantwortliche Arzt das Recht, anstelle des Krankenhausträgers das Personal unmittelbar anzuweisen; er ist berechtigt, den Krankenhausträger insoweit zu vertreten. Diese Befugnis räumt der Krankenhausträger dem Arzt ein, indem er ihn zu „fachlichen Weisungen gegenüber dem Krankenhauspersonal" ermächtigt. Er delegiert also das Weisungsrecht, ohne dadurch eine eigene Haftung gegenüber dem Patienten für den ärztlichen Weisungsinhalt zu begründen.

Auch bei den Verrichtungen, die vom ärztlichen Hilfspersonal (ärztliche Assistenz und nachgeordneter ärztlicher Dienst) vorgenommen werden, stellt sich die Frage, ob diese Tätigkeiten vom Krankenhausträger oder von dem für die Behandlung verantwortlichen Arzt geschuldet werden.

Da im Falle des gespaltenen Krankenhausaufnahmevertrages die „ärztliche Leistungen" vom leitenden Krankenhausarzt oder Belegarzt erbracht werden sollen, ist für die Beantwortung dieser Frage entscheidend, ob unter den geschuldeten „ärztlichen Leistungen" nur die Leistungen zu verstehen sind, die der leitende Krankenhausarzt oder Belegarzt selbst ausführt, oder ob auch die Leistungen hinzuzurechnen sind, die die nachgeordneten Ärzte kraft zulässiger Delegation[195] erbringen.

Die Bundespflegesatzverordnung vom 21. August 1985[196] hat diese Frage jedenfalls für die Belegärzte zweifelsfrei beantwortet, indem in § 2 Abs. 3 BPflV festgelegt wurde, daß zu den Leistungen der Belegärzte auch der ärztliche Bereitschaftsdienst für die Belegpatienten und die von den Belegärzten veranlaßten Leistungen nachgeordneter Ärzte des Krankenhauses gehören, die bei der Behandlung ihrer Belegpatienten in demselben Fachgebiet wie die Belegärzte tätig werden. Dementsprechend sind sie dem Krankenhaus auch gemäß § 11 Abs. 2 BPflV zur Kostenerstattung verpflichtet. Die Belegärzte schulden danach dem Patienten auch die Leistungen des nachgeordneten ärztlichen Hilfspersonals.[197]

Aber auch für die leitenden Krankenhausärzte dürfte die Frage, ob die Leistungen des nachgeordneten ärztlichen Hilfspersonals von diesen oder dem Krankenhausträger geschuldet werden, durch die Bundespflegesatzverordnung vom 21. August 1985[198] beantwortet sein. Denn auch die leitenden Krankenhausärzte sind gemäß § 11 Abs. 3 BPflV dem Krankenhausträger zur Kostenerstattung verpflichtet, soweit sie wahlärztliche Leistungen nach § 7 Abs. 3 BPflV selbst berechnen können. Hinzu kommt, daß sie die Kosten für die nachgeordneten Ärzte selbst gegenüber dem Patienten erheben. Nach § 4 Abs. 3 und 4 GOÄ sind nämlich die Kosten, die durch die Inanspruchnahme der nicht liquidationsberechtigten (also der nachgeordneten) Ärzte entstehen, mit der Gebühr für die ärztliche Leistung, die dem für die Behandlung verantwortlichen Arzt

---

[195] Vgl. hierzu S. 127f., 83f.

[196] BGBl. 1985 I, 1666.

[197] Vgl. hierzu Jung, BPflV, 95f.

[198] BGBl. 1985 I, 1666.

zusteht, abgegolten und dürfen nicht gesondert berechnet werden; eine Abtretung des Vergütungsanspruchs in Höhe solcher Kosten ist gegenüber dem Zahlungspflichtigen unwirksam.[199] Wer aber einerseits dem Patienten gegenüber die ärztlichen Leistungen liquidiert und andererseits nach gesetzlicher Vorschrift zur Kostenerstattung gegenüber dem Krankenhausträger für die Inanspruchnahme des ärztlichen Krankenhaushilfspersonals verpflichtet ist, schuldet dem Patienten diese Leistungen auch persönlich.

Im Falle eines gespaltenen Krankenhausaufnahmevertrages schulden danach auch die liquidationsberechtigten leitenden Krankenhausärzte dem Patienten die Leistungen des nachgeordneten ärztlichen Hilfspersonals.

Zusammenfassend ist festzuhalten, daß die Leistungen, die von den nichtärztlichen Krankenhausmitarbeitern erbracht werden, stets vom Krankenhausträger geschuldet werden, so daß diese bei ihrer Tätigkeit Aufgaben des Krankenhausträgers erfüllen und daher für diesen als dessen Erfüllungsgehilfen tätig werden. Die Verrichtungen der nachgeordneten Ärzte werden dagegen von dem für die Behandlung verantwortlichen Arzt geschuldet; die nachgeordneten Ärzte werden in diesen Fällen daher als Erfüllungsgehilfen des für die Behandlung verantwortlichen Arztes tätig.

Die Frage, welche Aufgaben das ärztliche und welche Aufgaben das nichtärztliche Personal vornimmt, kann jedoch nicht einheitlich beantwortet werden, weil in der Praxis eine unterschiedliche Handhabung festzustellen ist. Die Pflichtenkreise von Krankenhausträger und behandelndem Arzt erweisen sich daher als unbestimmt und bedürfen fortschreitend mit dem Krankheitsverlauf der Konkretisierung. Diese Konkretisierung nimmt der für die Behandlung verantwortliche Arzt vor, indem er festlegt, welche Aufgaben der Krankenhausträger erfüllen soll und welche Tätigkeiten er sich selbst vorbehält. Er bestimmt also den Umfang der von ihm und vom Krankenhausträger geschuldeten Leistung.[200]

Weist er also die Schwester an, eine Injektion vorzunehmen, so steht damit fest, daß die Erfüllung dieser Aufgabe zum Pflichtenkreis des Krankhenhausträgers gehört. Übernimmt er die Ausführung selbst, so zieht er diese Handlung in seinen eigenen Verantwortungsbereich. Beauftragt er seinen Assistenten mit der Wahrnehmung einer Aufgabe, so liegt darin in der Regel die Übernahme eigener Vertragspflichten, für deren Erfüllung er sich des Assistenten bedient. Dazu gehört auch der Fall, daß er den Assistenzarzt, der den nachgeordneten ärztlichen Dienst versieht, ermächtigt, selbst bestimmte Anordnungen gegenüber dem nichtärztlichen Krankenhauspersonal zu treffen. Er haftet dann für die Richtigkeit dieser Anordnung des Assistenzarztes. Die Ausführung der Anordnung durch das nichtärztliche Personal gehört dagegen zum Pflichtenkreis des Krankenhausträgers.

In derselben Weise läßt sich das Operationsgeschehen in Pflichten des Arztes und Pflichten des Krankenhausträgers aufteilen. Läßt der für die Behandlung verantwortliche Arzt die Narkose von einem nachgeordneten ärztlichen Mitarbeiter vornehmen,[201] so läßt er sie als ärztliche Maßnahme ausführen, für die er selbst verantwortlich ist. Soll

---

199 Vgl. hierzu Herzog, ArztR 1983, 13ff.; Weißauer, MedR 1983, 2ff.; Borchmann, NJW 1983, 315ff.; Laufs, Die Entwicklung des Arztrechts 1982/83, NJW 1983, 1346.

200 So auch R. Eichholz, 113ff.

201 Zur Rechtslage, wenn die Narkose von einem leitenden Facharzt für Anästhesie vorgenommen wird, siehe S. 141ff.

die Narkoseschwester tätig werden, so bestimmt der für die Behandlung verantwortliche Arzt diese Tätigkeit zur nichtärztlichen Aufgabe des Krankenhausträgers. Weist der für die Behandlung verantwortliche Arzt der Operationsschwester eine bestimmte Tätigkeit zu, so erfüllt die Schwester - nach Weisung des Arztes - Verbindlichkeiten des Krankenhausträgers. Der Krankenhausträger haftet dafür, daß die Operationsschwester die Anweisung des Arztes sorgsam ausführt. Ebenso gehört das Zurechtlegen und Aufziehen der Spritzen je nach der Zuweisung durch den Arzt zum einen oder anderen Pflichtenkreis.

Der für die Behandlung verantwortliche Arzt bestimmt also den Umfang der geschuldeten Leistungen. Im Rahmen seines eigenen Vertrages mit dem Patienten ist er „Leistungsbestimmender" nach § 315 BGB, indem er die von ihm selbst zu erbringenden Leistungen den Regeln der ärztlichen Kunst entsprechend festlegt.[202] Hinsichtlich des Vertrages zwischen Krankenhausträger und Patient über die Krankenhausversorgung ist er leistungsbestimmender Dritter im Sinne des § 317 BGB[203]. Diese Vorschrift setzt voraus, daß die Leistungen aus einem Schuldverhältnis absichtlich unbestimmt geblieben sind, die Parteien sich aber durch die beiderseitige Ermächtigung eines Dritten zur Leistungsbestimmung auf einen Modus zur Überwindung der Unbestimmtheit geeinigt haben; dem Fall der Unbestimmtheit der ganzen Leistungen steht es gleich, wenn nur einzelne Modalitäten der Leistung absichtlich unbestimmt geblieben sind.[204] Die zwischen Krankenhausträger und Patient notwendige Einigung auf die Person des leitenden Krankenhausarztes oder Belegarztes liegt dem Krankenhausaufnahmevertrag - zumindest als stillschweigend vereinbart - zugrunde. Dieser Vertrag enthält außerdem (zumindest stillschweigend) die Abrede, daß sich beide Parteien dem Urteil des Arztes unterwerfen wollen. Der Krankenhausträger soll nach Maßgabe der Bestimmung durch den für die Behandlung verantwortlichen Arzt schulden, der Patient soll nur der Bestimmung gemäß fordern dürfen. Schließlich liegt auch die notwendige beiderseitige Ermächtigung des für die Behandlung verantwortlichen Arztes vor.

Der Patient ermächtigt den für die Behandlung verantwortlichen Arzt durch den Arztvertrag; der Krankenhausträger ermächtigt den für die Behandlung verantwortlichen Arzt durch den sog. Chefarzt- oder Belegarztvertrag. Die Voraussetzungen des § 317 BGB liegen daher vor, so daß der für die Behandlung verantwortliche Arzt bei der Konkretisierung der Krankenhausleistungen aus dem Krankenhausaufnahmevertrag als leistungsbestimmender Dritter im Sinne dieser Vorschrift anzusehen ist. Der für die Behandlung verantwortliche Arzt hat hiernach zwar haftungsrechtlich überaus bedeutsame Befugnisse, weil die Haftung vom Ergebnis seiner Willensentscheidung abhängt. Diese weitgehenden Befugnisse sind indessen nur das folgerichtige Ergebnis seiner für das Heilverfahren überragenden Stellung im Krankenhaus.

Im übrigen steht es dem für die Behandlung verantwortlichen Arzt keineswegs zu, diesem oder jenem Pflichtenkreis bestimmte Aufgaben allein mit dem Ziel der Haftungsverteilung zuzuweisen; denn er muß das Bestimmungsrecht nach bestem ärztlichen Gewissen ausüben. Das verpflichtet ihn, einzig die Regeln der ärztlichen Kunst für die Weisung ausschlaggebend sein zu lassen. Enthält die Weisung einen

---

202 R. Eichholz, 87, 113.

203 R. Eichholz, 85ff., 113.

204 Palandt-Heinrichs, Anm. 2b zu § 315; Soergel-Battes, Rdnr. 4 zu § 315; R. Eichholz, 86.

Verstoß gegen die Regeln der ärztlichen Kunst, so haftet er – wie bereits ausgeführt[205] – aus eigenem Verschulden.
Freilich wird man nicht in allen Fällen eine ausdrückliche Weisung durch den für die Behandlung verantwortlichen Arzt feststellen können. Für ein eingearbeitetes Team ist es vielmehr gerade bezeichnend, daß ausdückliche Weisungen des Arztes entbehrlich sind und jeder Beteiligte von sich aus weiß, was er zu tun hat. Da jedoch auch diesen Tätigkeiten der Wille des für die Behandlung verantwortlichen Arztes zugrundeliegt, erübrigen sich besondere ausdrückliche Anweisungen.
Nimmt das nichtärztliche Krankenhauspersonal dagegen eine Handlung vor, die nach dem Willen des Arztes nicht vom Krankenhausträger geleistet werden sollte, oder nimmt ein nachgeordneter Arzt eine Handlung gegen den Willen des für die Behandlung verantwortlichen Arztes vor, so sind die daraus entstehenden Haftungsfolgen ganz entsprechend. Da die Bestimmung der Pflichtenkreise grundsätzlich dem für die Behandlung verantwortlichen Arzt vorbehalten ist, trifft das gesamte Krankenhauspersonal die Verpflichtungen, eigenmächtige Handlungen zu unterlassen. Für den Verstoß von Hilfspersonen gegen Unterlassungspflichten haben Kleinewefers u. Wilts[206] zutreffend folgende Regel aufgestellt:

> Verpflichtet sich jemand zu einer Unterlassung unter Umständen, unter denen die persönliche Erfüllung durch den Schuldner allein nicht ausreicht, sondern ein näher zu bestimmender Kreis Dritter mit einbezogen werden muß, so wird der Vertrag normalerweise dahin auszulegen sein, daß der Schuldner auch die Haftung für diese Personen übernimmt.

Daraus folgt, daß auch der Arzt für Eigenmächtigkeiten des ärztlichen, der Krankenhausträger für solche des nichtärztlichen Personals einzustehen hat.
Im Ergebnis ist also festzuhalten, daß der für die Behandlung verantwortliche Arzt lediglich für ein Fehlverhalten des ärztlichen Personals haftungsrechtlich einzustehen hat. Im übrigen ist der Krankenhausträger für fehlsames Verhalten der im Krankenhaus tätigen Hilfspersonen verantwortlich.
Mit diesem Lösungsvorschlag ist eine eindeutige Abgrenzung der Haftungsbereiche von Krankenhausträger und den für die Behandlung verantwortlichen Ärzten gefunden, die zudem allein den zwischen den Parteien getroffenen Vereinbarungen entspricht.
Läßt sich dagegen bei feststehender Abgrenzung der Verantwortungsbereiche tatsächlich nicht aufklären, ob die Schadensursache im Verantwortungsbereich des Krankenhausträgers oder im Verantwortungsbereich des für die Behandlung verantwortlichen Arztes gesetzt worden ist, erscheint eine Verteilung der Darlegungs- und Beweislast nach Gefahrenbereichen entsprechend § 282 BGB gerechtfertigt. Dies ist beispielsweise dann der Fall, wenn nicht geklärt werden kann, ob die Krankenschwester oder der zum Verantwortungsbereich des leitenden Krankenhausarztes oder Belegarztes gehörende Assistenzarzt den Schaden des Patienten verschuldet hat. Denn hier müßte der Patient in der Tat einen Beweis über Tatsachen führen, die seinem Gefahrenbereich und in der Regel auch seiner Sachkenntnis entzogen sind, so daß seine Beweissituation in aller Regel aussichtslos wäre. Dies kann ihm jedoch nicht zugemutet werden.

---

205 Siehe S. 127f.

206 Kleinewefers und Wilts, NJW 1965, 332 (333); Kleinewefers und Wilts, Schadensersatzansprüche bei Verletzung der ärztlichen Schweigepflicht, NJW 1963, 2345ff.

In diesen Fällen haben danach der für die Behandlung verantwortliche Arzt und der Krankenhausträger darzulegen und zu beweisen, daß die Schadensursache nicht in ihrem Verantwortungsbereich gesetzt worden ist.[207]

cc. Haftung beim Tätigwerden mehrerer liquidationsberechtigter Ärzte

Anders ist die Rechtslage dann zu beurteilen, wenn nicht nachgeordnete Ärzte, sondern gleichgeordnete, liquidationsberechtigte Krankenhausärzte oder Belegärzte ärztliche Leistungen entweder im Wege der Konsiliartätigkeit[208] oder im Wege der Mitbehandlung[209] erbringen. Da auch zwischen diesen liquidationsberechtigten Ärzten und dem Patienten vertragliche Beziehungen zustande kommen,[210] werden diese nicht für einen anderen Krankenhausarzt bzw. Belegarzt als dessen Erfüllungsgehilfen tätig[211], sondern sie erfüllen eigene Vertragspflichten gegenüber dem Patienten, so daß sich vertragliche Ansprüche des Patienten auch gegen diese Ärzte richten können.
Um die Frage beantworten zu können, wer für ein Fehlverhalten eines liquidationsberechtigten Arztes bei gemeinsamer ärztlicher Tätigkeit einzustehen hat, müssen zunächst die vertraglichen Beziehungen des Patienten zu den liquidationsberechtigten Ärzten näher untersucht werden.
Im Falle des gespaltenen Krankenhausaufnahmevertrages erbringt der Krankenhausträger lediglich die Krankenhausversorgung, während die ärztlichen Leistungen der Vereinbarung zwischen Arzt und Patient überlassen sind.[212] Zwischen dem leitenden Krankenhausarzt oder dem Belegarzt, der die Fachabteilung leitet, in die sich der Patient zur stationären Krankenhausbehandlung begibt, und dem Patienten kommt also bei der Krankenhausaufnahme ein Vertrag über die Erbringung der ärztlichen Leistungen zustande. Die geschuldeten ärztlichen Leistungen umfassen dabei alle für die Heilbehandlung notwendigen Maßnahmen nach den Regeln der ärztlichen Kunst. Häufig können die erforderlichen Heilmaßnahmen jedoch nicht von einem leitenden Krankenhausarzt oder Belegarzt einschließlich der nachgeordneten Ärzte allein erbracht werden. Es ist vielmehr die Hinzuziehung weiterer Fachärzte notwendig. Am deutlichsten wird dies bei schwierigen, langwierigen Operationen; hier muß auf jeden Fall die Narkose von einem Facharzt für Anästhesie durchgeführt werden.[213]

---

207 Vgl. Kleinewefers und Wilts, NJW 1965, 334; Westermann, NJW 1974, 583; Uhlenbruck, NJW 1964, 2190f.

208 Vgl. S. 62f.

209 Vgl. S. 63.

210 So bei der Behandlung von Privatpatienten (s. S. 87f.); bei der Behandlung von RVO- oder Ersatzkassenpatienten durch den Belegarzt kommen zwar keine vertraglichen Beziehungen zustande; es gilt jedoch Entsprechendes über § 368d Abs. 4 RVO bzw. über eine analoge Anwendung des § 368d Abs. 4 RVO (vgl. S. 88f.).

211 Vgl. auch Westermann, NJW 1974, 577 (582).

212 Siehe S. 81f.

213 Zur Frage, wann bei einer Narkose ein Fachanästhesist tätig werden muß, ausführlich: Uhlenbruck, Die ärztliche Haftung für Narkoseschäden, NJW 1972, 2201ff.; Weißauer, Zur Vereinbarung zwischen dem Berufsverband Deutscher Anästhesisten und dem Berufsverband der Deutschen Chirurgen über die Zusammenarbeit bei der operativen Patientenversorgung, MedR 1983, 92ff. (94f.).

Auch in den interdisziplinären Stationen, wobei die Intensivstationen großer Krankenhäuser an der Spitze der Entwicklung stehen, ist in der Regel das Zusammenwirken mehrerer Fachärzte verschiedener Fachrichtung (z. B. Internisten, Chirurgen, Anästhesisten) unerläßlich. Schließlich sei als Beispiel noch der an einem Karzinom erkrankte Patient erwähnt. Als Therapiemöglichkeiten kommen derzeit die Chemotherapie, die in der Regel durch den Internisten durchgeführt wird, die operative Therapie durch den Chirurgen sowie die Bestrahlungstherapie durch den Facharzt für Radiologie in Betracht. Die optimale Heilbehandlung kann hier nur durch das Zusammenwirken dieser Fachärzte im Wege gemeinsamer Beratung über die anzuwendende Therapie und ggf. auch im Wege gemeinsamer Behandlung (z. B. Operation und Bestrahlung) erreicht werden.

In diesen Fällen ist der leitende Krankenhausarzt oder Belegarzt, in dessen Fachabteilung der Patient sich befindet, aufgrund des mit dem Patienten geschlossenen Vertrages nicht nur bevollmächtigt, sondern auch verpflichtet, jeden nach der lex artis notwendigen Spezialisten einzuschalten.[214]

Die Frage, ob er sich dabei eines anderen Facharztes als Konsiliarius bedient oder ob er einen anderen Facharzt zur Mitbehandlung hinzuzieht, hat er nach pflichtgemäßen Ermessen zu entscheiden.

Zu allen diesen Fachärzten tritt der Patient im Falle des gespaltenen Krankenhausaufnahmevertrages in vertragliche Beziehungen.[215] Für die Ausgestaltung dieser vertraglichen Beziehungen kommen 2 Möglichkeiten in Betracht. Zum einen ist es denkbar, daß der Patient mit jedem dieser Ärzte einen selbständigen Vertrag abschließt, worin der Arzt sich zur Durchführung eines ganz bestimmten Teils der Heilbehandlung verpflichtet. Im Falle der Operation würde der Patient dann einen Vertrag mit dem Chirurgen über die chirurgische Tätigkeit (z. B. die Entfernung eines Tumors) und einen davon unabhängigen Vertrag mit dem Anästhesisten über die Narkose abschließen. Zum anderen ist es auch denkbar, daß der Patient einen einheitlichen Vertrag über die Gesamtheit der erforderlichen Heilmaßnahmen mit den daran zu beteiligenden Ärzten abschließt. Im Falle der Operation würde dann ein Vertrag über sämtliche Operationsleistungen zustandekommen, wobei der Chirurg zu den chirurgischen Tätigkeiten und der Facharzt für Anästhesie zur Durchführung der Narkose verpflichtet wäre.

Bei der zuerst genannten Möglichkeit würde der Patient also mehrere Verträge mit jeweils einem Schuldner abschließen, während er bei der zuletzt genannten Möglichkeit einen einheitlichen Vertrag abschließen würde, wobei auf der Schuldnerseite mehrere Personen beteiligt wären.

Die Beantwortung der Frage, welche Vertragsgestaltung im Fall des gespaltenen Krankenhausaufnahmevertrages vorliegt, ist, weil in der Regel insoweit ausdrückliche Vereinbarungen fehlen, im Wege der Auslegung zu ermitteln. Den entscheidenden Hinweis hierfür gibt die Bundespflegesatzverordnung. Nach § 7 Abs. 3 BPflV kann die Wahl des Patienten nicht auf einzelne liquidationsberechtigte Ärzte des Krankenhauses beschränkt werden, sofern ärztliche Leistungen als gesondert berechenbare Leistungen angeboten werden. Der Patient hat danach nicht die Wahl, mit einzelnen Ärzten des

---

[214] Vgl. Westermann, NJW 1974, 577, (580, 582).

[215] Siehe S. 87f., 141.

Krankenhauses Verträge abzuschließen, sondern es ist ihm lediglich die Möglichkeit gegeben, mit allen an der Behandlung zu beteiligenden, liquidationsberechtigten Ärzten in vertragliche Beziehungen zu treten. Auch kann er nicht einzelnen Ärzten gegenüber den Vertrag kündigen und mit den anderen Ärzten den Vertrag fortsetzen. Der Patient muß vielmehr mit allen liquidationsberechtigten Ärzten, die an seiner Behandlung beteiligt werden, in vertragliche Beziehungen treten.
Daraus ergibt sich, daß hier keine selbständigen, voneinander unabhängigen Verträge des Patienten mit den liquidationsberechtigten Ärzten vorliegen können; selbständige Verträge könnten dem Vertragspartner gegenüber nämlich jederzeit gekündigt werden, ohne daß davon die Vertragsverhältnisse zu den anderen Ärzten berührt werden würden. Aufgrund des § 7 Abs. 3 BPflV kann dem Patienten daher nur die Möglichkeit geboten werden, einen einheitlichen Vertrag über die gesamten ärztlichen Leistungen, die von den liquidationsberechtigten Ärzten erbracht werden, abzuschließen. Auf der Schuldnerseite dieses Vertrages sind, falls dies für die notwendige Heilbehandlung erforderlich ist, mehrere Ärzte beteiligt.
Die Tatsache, daß bei Abschluß des Krankenhausaufnahmevertrages u. U. noch nicht alle zu beteiligenden Ärzte feststehen, ist dabei ohne Bedeutung, weil bei jedem Vertrag auch eine erst nachträgliche Entwicklung zur Schuldnermehrheit jederzeit möglich ist.[216]
Mit der Feststellung, daß im Falle des gespaltenen Krankenhausaufnahmevertrages über die ärztliche Behandlung ein einheitlicher Vertrag, an dem auf der Schuldnerseite mehrere Ärzte beteiligt sein können, zustande kommt, ist die Frage, gegen wen sich die vertraglichen Ansprüche des Patienten richten, wenn einer der liquidationsberechtigten Ärzte schuldhaft gegen seine Vertragspflichten verstößt, noch nicht beantwortet. Dies hängt vielmehr von der weiteren Frage ab, in welcher Rechtsform diese Schuldnermehrheit auftritt. Insoweit bestehen verschiedene Möglichkeiten:
Zum einen könnte eine Teilschuldnerschaft im Sinne des § 420 BGB vorliegen. Teilschulden setzen Teilbarkeit der Leistung voraus, wobei Teilbarkeit im Sinne des § 420 BGB gegeben ist, wo ein beliebiger Leistungsteil seinem Wesen und Wert nach anteilmäßig der Gesamtleistung entspricht, d. h. sich nur der Größe nach von ihr unterscheidet.[217]
Diese Voraussetzungen liegen bei einem Vertrag über die ärztlichen Leistungen nicht vor, so daß eine Teilschuldnerschaft der liquidationsberechtigten Ärzte nicht angenommen werden kann.
Möglich wäre auch die Annahme einer Gesamtschuld. Eine Gesamtschuld liegt vor, wenn jeder Schuldner auf das Ganze verpflichtet ist, der Gläubiger die Leistung aber nur einmal fordern kann, so daß durch die Leistung eines der Schuldner der Gläubiger auch den Anspruch gegen die anderen verliert.[218]

---

216 Erman-Westermann, Rdnr. 1 vor § 420.

217 RGZ 115, 313; Erman-Westermann, Rdnr. 3 vor § 420 und Rdnr. 1 zu § 420; Soergel-Schmidt, Rdnr. 2 zu § 420; Palandt-Heinrichs, Anm. 2 a, Überbl. v. § 420; Münch Komm-Selb, § 420, Rdnr. 1; vgl. auch Larenz, Schuldrecht I, 570; Fikentscher, Schuldrecht, 330, 332f.

218 Erman-Westermann, Rdnr. 5 vor § 420 und Rdnr. 1 zu § 421; Palandt-Heinrichs, Anm. 2 b, Überbl. v. § 420 und Anm. 1 zu § 421; Soergel-Schmidt, Rdnr. 3 zu § 421; Münch Komm-Selb, § 421, Rdnr. 1; Larenz, Schuldrecht I, 570; Fikentscher, Schuldrecht, 330f., 335ff.

Da die an der Behandlung des Patienten beteiligten Ärzte häufig verschiedenen Fachrichtungen angehören und jeder Arzt sich bei seiner Tätigkeit grundsätzlich auf sein Fachgebiet zu beschränken hat,[219] können die liquidationsberechtigten Ärzte gerade nicht zur ganzen Leistung verpflichtet sein, so daß in diesen Fällen schon aus diesem Grunde die Annahme eines Gesamtschuldverhältnisses ausscheidet.
Aber auch dann, wenn an einem Konsilium oder an einer Mitbehandlung mehrere Ärzte der gleichen Fachrichtung beteiligt sind, liegt kein Gesamtschuldverhältnis vor, weil auch in diesem Fall jeder der beteiligten Ärzte einen eigenen Beitrag zur Heilbehandlung leisten soll, und zwar auch dann, wenn dieser Beitrag lediglich darin bestehen soll, daß er – wie möglicherweise im Falle eines Konsiliums – seine Meinung zur Diagnose und/oder Therapie kundtut. Nach dem Willen der Parteien soll auch hier die Gesamtleistung nicht von einem Schuldner erbracht werden, sondern es sollen gerade mehrere Ärzte tätig werden, deren Leistung der Patient nicht nur einmal fordern kann. Ein Gesamtschuldverhältnis kann daher auch hier nicht angenommen werden.
Zwar könnte davon ausgegangen werden, daß es sich bei der von den liquidationsberechtigten Ärzten geschuldeten Leistung um eine unteilbare Leistung handelt, so daß nach § 431 BGB zwingend eine Gesamtschuld angenommen werden müßte. Wenn jedoch eine unteilbare Leistung aus tatsächlichen oder rechtlichen Gründen nicht von einem Schuldner allein erbracht werden kann, findet § 431 BGB keine Anwendung. § 431 BGB paßt nämlich nur in den Fällen, in denen die als solche unteilbare Leistung zwar von keinem teilweise, aber von jedem ganz erbracht werden kann.[220] Der vereinzelt vertretenen gegenteiligen Auffassung,[221] wonach die Tatsache, daß der Schuldner nicht allein leisten kann, die Gesamtschuld nicht ausschließe, kann nicht gefolgt werden, weil dies mit dem Wesen der Gesamtschuld, die begrifflich gerade voraussetzt, daß jeder Gesamtschuldner die ganze Leistung erbringen kann, nicht vereinbar ist.
Eine gesamtschuldnerische Haftung kann auch nicht mit der Annahme begründet werden, daß die an der Behandlung beteiligten liquidationsberechtigten Krankenhausärzte bzw. Belegärzte eine BGB-Gesellschaft im Sinne der §§ 705ff. BGB bilden.
Selbst wenn man nämlich die gemeinsame Ausrichtung aller beteiligten Ärzte auf die Aufrechterhaltung der Vitalfunktionen und – wenn möglich – die Heilung des Grundleidens rechtlich als gemeinsamen Zweck im Sinne des § 705 BGB deuten und davon ausgehen würde, daß, da eine für die Gesellschaft an sich typische Vermögens- und Abrechnungsgemeinschaft fehlt, eine der zahlreichen Formen einer atypischen Gesellschaft vorliegen könnte, ist mit der Figur der Gesellschaft des bürgerlichen Rechts und der Gesamtschuld das Verhältnis der an der Behandlung beteiligten Ärzte nicht angemessen erfaßt. Bei der Gesellschaft wollen die Gesellschafter durch ihre Handlungen Beiträge zur Erreichung des gemeinsamen Zwecks leisten und die Interessen der Gruppe fördern. Bei der ärztlichen Teamarbeit geht es demgegenüber darum, daß jeder auf seinem Gebiet, ohne Weisungsbefugnis anderer Ärzte, also betont

---

219 Vgl. § 32 Abs. 2 Bundesärzteordnung, § 17 Abs. 1 MuWo; vgl. auch BVerfG NJW 1972, 1504 (1508).

220 So auch Larenz, Schuldrecht I, 572; Erman-Westermann, Rdnr. 1 zu § 431; Soergel-Schmidt, Anm. 1 zu § 431; Münch Komm-Selb, § 431; BGHZ 36, 178; BGH NJW 1975, 311; LAG Bremen DB 1970, 1696; BAG NJW 1974, 2255.

221 Palandt-Heinrichs, Anm. 2 c bb, Überblick vor § 420; so im Ergebnis auch BGH NJW 1952, 217 = LM Nr. 2/3 zu § 278 BGB, wobei hier auf die Problematik allerdings nicht eingegangen wird.

ohne Einwirkung der für die Gesellschaft unabdingbaren Gemeinschaftssphäre, zum Enderfolg beiträgt. Deshalb kommt eine gegenseitige Zurechnung der haftungsbegründenden Vorgänge über die Annahme einer BGB-Gesellschaft zwischen den an der Behandlung beteiligten liquidationsberechtigten Ärzte nicht in Betracht.[222]

Schließlich kann bei einer Schuldnermehrheit auch eine gemeinschaftliche Schuld vorliegen. Sie besteht dann, wenn die Schuldner in ihrer Verbundenheit zu einer Gesamtleistung verpflichtet sind, die gesamte Leistung jedoch nicht durch einen Schuldner allein erbracht werden kann, weil ihm dies aus tatsächlichen oder rechtlichen Gründen nicht möglich ist.[223] Die Leistungsverpflichtung des einzelnen Schuldners beschränkt sich also nicht wie bei der Teilschuld[224] auf eine selbständige Teilleistung, sie erstreckt sich aber auch nicht wie bei der Gesamtschuld[225] auf eine gesamte Leistung, sondern geht dahin, im Zusammenwirken mit den anderen Schuldnern den Leistungserfolg herbeizuführen. Eine gemeinschaftliche Schuld liegt daher auch dann vor, wenn eine unteilbare Leistung nicht von einem allein erbracht werden kann.[226]

Typische Beispiele einer gemeinschaftlichen Schuld sind das Konzert durch ein Orchester oder das Schauspiel durch eine Schauspieltruppe.[227] Wenn nur einer seinen Part alleine spielt, so ist das nicht die geschuldete Leistung; erforderlich ist vielmehr das Zusammenspiel aller beteiligten Musiker oder Schauspieler.

Auch beim Vertrag des Patienten über die ärztlichen Leistungen im Falle des gespaltenen Krankenhausaufnahmevertrages sind diese Voraussetzungen erfüllt, wenn die Beteiligung mehrere liquidationsberechtigter Krankenhausärzte oder Belegärzte notwendig ist. Die geschuldeten Leistungen (alle für die Heilbehandlung erforderlichen Maßnahmen) können auch hier nicht von einem liquidationsberechtigten Arzt alleine, sondern nur im Zusammenwirken mit weiteren (liquidationsberechtigten) Fachärzten erbracht werden. So ist z. B. die operative Entfernung eines Tumors ohne Narkose ebenso wenig die geschuldete Leistung wie die Durchführung einer Chemotherapie durch den Internisten, wenn gleichzeitig eine operative Entfernung des Tumors durch den Chirurgen medizinisch indiziert ist. Gleiches gilt aber auch bei gemeinsamer Tätigkeit mehrerer Fachärzte gleicher Fachrichtungen. So soll beispielsweise nach dem Willen der Parteien bei einem Konsilium mehrerer Ärzte gleicher Fachrichtung der Heilplan nicht von einem, sondern von allen beteiligten Ärzten festgelegt werden. Erst das Zusammenwirken aller beteiligten Ärzte ist die geschuldete Leistung.

Die Schuldnermehrheit bei dem Vertrag des Patienten über die ärztlichen Leistungen im Falle des gespaltenen Krankenhausaufnahmevertrags ist daher als gemeinschaftliche Schuld zu qualifizieren.

Fraglich ist nun, gegen wen – gegen den fehlerhaft handelnden Schuldner oder gegen alle Schuldner – sich im Falle der gemeinschaftlichen Schuld, die im Gesetz keine besondere Ausgestaltung gefunden hat, die vertraglichen Schadensersatzansprüche

---

222 So auch Westermann, NJW 1974, 582.

223 Palandt-Heinrichs, Anm. 2c, Überbl. v. § 420; Münch Komm-Selb, Vorbem. zu §§ 420ff., Rdnr. 5; Larenz, Schuldrecht I, 572f.; vgl. auch Fikentscher, Schuldrecht, 331f., 344f.

224 Siehe S. 143.

225 Siehe S. 143ff.

226 So auch Larenz, Schuldrecht I, 572; Soergel-Schmidt, Anm. 1 zu § 431; Münch Komm-Selb, § 431; aber strittig vgl. S. 144.

227 Palandt-Heinrichs, Anm. 2c bb Überbl. v. § 420; Erman-Westermann, Rdnr. 13 vor § 420.

des Gläubigers richten, wenn einer der beteiligten Schuldner schuldhaft gegen eine ihm obliegende Vertragspflicht verstößt.
Diese Frage wird – falls überhaupt eine Stellungnahme abgegeben wird – nicht einheitlich beantwortet. Teilweise[228] wird die Auffassung vertreten, daß sich der Schadensersatzanspruch nicht gegen den einen Schuldner, der das Fehlverhalten zu vertreten hat, richtet, sondern gegen alle Schuldner zusammen. Allerdings liegt diesem Ergebnis als Beispiel für die gemeinschaftliche Schuld immer die Gesamthandsschuld zugrunde mit der Folge, daß zwar alle Gesamthänder zusammen haften, jedoch beschränkt auf das Gesamthandsvermögen.
Wird dagegen die Frage der Passivlegitimation im Zusammenhang mit der gemeinschaftlichen Schuld, die keine Gesamthandsschuld ist, erörtert, wird allgemein die Auffassung vertreten,[229] daß es für die Frage der Haftung für Schäden, die aufgrund schuldhafter Fehlleistung eines Schuldners entstehen, bei dem allgemeinen Rechtssatz bleibt, daß der einzelne für Schäden infolge von Schlechtleistung Schadensersatz nur dann schuldet, wenn er selbst eine Vertragspflicht schuldhaft verletzt hat.
Dieses Ergebnis wird auch der Situation der im Falle des gespaltenen Krankenhausaufnahmevertrages an der Behandlung beteiligten, liquidationsberechtigten Ärzte am besten gerecht. Bei der ärztlichen Teamarbeit gleichrangiger Fachärzte geht es nämlich darum, daß jeder auf seinem Gebiet ohne Weisungsbefugnis der anderen Fachärzte zum Leistungserfolg beizutragen hat. Dementsprechend ist auch der Wille der beteiligten Ärzte darauf gerichtet, lediglich für ihre eigenen Vertragspflichtverletzungen und nicht auch für die Vertragspflichtverletzungen der anderen Mitglieder des Ärzteteams einstehen zu müssen. Auch ist – im Gegensatz zur Gesamthandsschuld – kein gemeinsames Vermögen des Ärzteteams vorhanden, das eine gemeinsame Haftung beschränkt auf dieses Vermögen rechtfertigen würde.
Aus alledem folgt, daß der einzelne liquidationsberechtigte Krankenhausarzt oder Belegarzt nur dann dem Patienten gegenüber zum Schadensersatz verpflichtet ist, wenn ihm persönlich eine Vertragspflichtverletzung vorgeworfen werden kann; für Vertragspflichtverletzungen der anderen Mitglieder des Ärzteteams hat der einzelne liquidationsberechtigte Arzt dagegen nicht einzustehen.
Es stellt sich daher die Frage, welche vertraglichen Pflichten dem einzelnen liquidationsberechtigten Krankenhausarzt oder Belegarzt bei gemeinsamer ärztlicher Tätigkeit obliegen, bzw. wie die Verantwortungsbereiche der einzelnen Ärzte abzugrenzen sind.
Wertvolle Hinweise hierfür geben jedenfalls auf dem Gebiet der Intensivmedizin verschiedene bilaterale Vereinbarungen zwischen den Fachärzten für Anästhesie,

---

228 Larenz, Schuldrecht I, 510; Fikentscher, Schuldrecht, 344f.; OLG Neustadt DNotZ 1963, 58.
229 Palandt-Heinrichs, Anm. 2cbb, Überbl. v. § 420; BAG NJW 1974, 2255f.; LAG Bremen DB 1970, 1696; anders lediglich Münch Komm-Selb, Vorbem. zu §§ 420ff., allerdings ohne jede Begründung.

Chirurgie und Urologie.[230] Diesen Richtlinien liegen der Grundsatz der strikten Arbeitsteilung und der Vertrauensgrundsatz zugrunde. Die Geltung beider Grundsätze ist in Rechtsprechung[231] und Literatur[232] allgemein anerkannt. Danach trägt jedoch jeder beteiligte Facharzt die Verantwortung für seinen Teil der Diagnostik und Therapie, so daß gewissermaßen von einer „mosaikartigen Aufgliederung der Verantwortlichkeit" gesprochen werden kann.[233] Entsprechendes gilt für die Pflicht des Arztes, den Patienten über die beabsichtigten Maßnahmen aufzuklären. Eine sinnvolle Aufklärung kann er nur für sein eigenes Fachgebiet erteilen; nur in diesem Bereich ist er daher zur Aufklärung verpflichtet.[234]

Die beteiligten Ärzte dürfen im übrigen bei ihrer Tätigkeit wechselseitig darauf vertrauen, daß der andere Partner die ihm obliegenden Aufgaben mit der gebotenen Sorgfalt erfüllt, und sind insbesondere nicht verpflichtet, das Untersuchungsergebnis des Kollegen zu überprüfen. Erst wenn Anhaltspunkte vorhanden sind, die die Annahme eines Qualifikationsmangels oder einer Fehlleistung rechtfertigen, ergibt sich auch für den nicht unmittelbar Handelnden die Pflicht zum Einschreiten. Das „zulässige Vertrauen" endet also dort, wo nach den Umständen des Einzelfalls ein Fehler des mitwirkenden Kollegen naheliegt. Dies gilt insbesondere dann, wenn Befunde deshalb bezweifelt werden müssen, weil sie mit dem vorliegenden Krankheitsgeschehen schwer in Einklang gebracht werden können, oder wenn Zweifel an der fachlichen Qualifikation des die Diagnose stellenden Arztes auftauchen müssen.[235]

---

230 Richtlinien für die Stellung des leitenden Anästhesisten, Anästhesist 1965, 31f.; Vereinbarungen zwischen den Fachgebieten Chirurgie und Anästhesie über die Aufgabenabgrenzung und die Zusammenarbeit in der Intensivmedizin, Anästh. Inform. 1970, 167ff.; Vereinbarung zwischen den Fachgebieten Urologie und Anästhesie über die Aufgabenabgrenzung und die Zusammenarbeit im operativen Bereich und in der Intensivmedizin, Anästh. Inform. 1972, 219f.; Gemeinsame Stellungnahme zur Einrichtung zentraler Anästhesieabteilungen, zur Doppelverantwortung des Operateurs ohne Fachanästhesisten und zur Fortbildung der Chirurgen auf dem Gebiet der Anästhesiologie, Anästh. Inform. 1975, 349f.; Vereinbarung zwischen dem Berufsverband Deutscher Anästhesisten und dem Berufsverband der Deutschen Chirurgen über die Zusammenarbeit bei der operativen Patientenversorgung, MedR 1983, 21f.

231 BGH NJW 1980, 649 = MedR 1983, 77; BGH NJW 1980, 650 = MedR 1983, 78; BGH NJW 1983, 1374 = MedR 1983, 104; BGH NJW 1984, 1400 = MedR 1984, 143; OLG Düsseldorf, NJW 1984, 2636; BGH NJW 1987, 2293.

232 Laufs, Die Entwicklung des Arztrechts, NJW 1980, 1316; NJW 1981, 1291; NJW 1982, 1320; NJW 1983, 1347; NJW 1984, 1386; Kern/Laufs, Die ärztliche Aufklärungspflicht, 15; Kern, Juristische Aspekte der klinischen Arbeitsteilung, Krankenhauskalender 1982, 415ff.; Westermann, NJW 1974, 577ff.; Münch Komm-Mertens, § 823, Rdnr. 467; Wilhelm, Probleme der medizinischen Arbeitsteilung aus strafrechtlicher Sicht, MedR 1983, 45ff.; Wilhelm, Verantwortung und Vertrauen bei Arbeitsteilung in der Medizin, 57ff.; Weißauer, Zur Vereinbarung zwischen dem Berufsverband Deutscher Anästhesisten und dem Berufsverband der Deutschen Chirurgen über die Zusammenarbeit bei der operativen Patientenversorgung, MedR 1983, 92ff. Carstensen/Schreiber in Jung/Schreiber, Arzt und Patient zwischen Therapie und Recht, 169f.; Lippert, NJW 1984, 2610.

233 So Westermann, NJW 1979, 579.

234 Kern/Laufs, Die ärztliche Aufklärungspflicht, 15f.; Kern, Krankenhauskalender, 1982, 418f.; Weißauer, MedR 1983, 93f.; vgl. auch Leitsatz I 5 der Vereinbarung zwischen dem Berufsverband Deutscher Anästhesisten und dem Berufsverband der Deutschen Chirurgen über die Zusammenarbeit bei der operativen Patientenversorgung, MedR 1983, 21.

235 BGH, NJW 1980, 649 = MedR 1983, 77; vgl. auch OLG Hamm VersR 1983, 884 = MedR 1983, 187; Kern, Krankenhauskalender 1982, 417; Carstensen/Schreiber, 171.

Die vertragliche Pflicht des einzelnen liquidationsberechtigten Facharztes geht nämlich nicht nur dahin, die auf ihn entfallende Teilaufgabe sachgerecht zu erfüllen, sondern er muß zu seinem Teil auch dazu beitragen, daß Mängel, die den Gesamtleistungserfolg gefährden, beseitigt und Gefahren abgewendet werden.[236]
Für eine erfolgreiche ärztliche Zusammenarbeit, insbesondere in den Grenzbereichen, bedarf es einer konkreten Verteilung der Zuständigkeiten, um Überschneidungen und Lücken in der ärztlichen Betreuung zu vermeiden. Diese Zuständigkeitsverteilung kann sich nicht nur aus den genannten Vereinbarungen[237] zwischen den Fachärzten für Anästhesie, Chirurgie und Urologie, sondern auch aus Dienstanordnungen der Krankenhausleitung ergeben. Darüber hinaus bildet sich aus der täglichen Zusammenarbeit der Fachärzte in jedem Krankenhaus eine Zuständigkeitsverteilung heraus, von der nur ausnahmsweise und aufgrund besonderer Vereinbarungen zwischen den beteiligten Ärzten abgewichen werden darf.[238]
Zusätzlich zu der Zuständigkeit und Verantwortlichkeit für sein eigenes Fachgebiet ist von einer gesteigerten Verantwortlichkeit des leitenden Krankenhausfacharztes oder Belegarztes auszugehen, in dessen Abteilung der Patient sich befindet. Für die Intensivmedizin ergibt sich dies aus den genannten Vereinbarungen zwischen den Fachärzten für Anästhesie, Chirurgie und Urologie.[239] Danach obliegt dem Leiter der Fachabteilung nicht nur die ordnungsgemäße Überwachung, Aufrechterhaltung und Wiederherstellung der vitalen Funktionen, sondern er hat auch rechtzeitig die anderen Fachärzte hinzuzuziehen, ihre Tätigkeit zu koordinieren und insbesondere für eine ausreichende Verständigung[240] über die angeordneten Maßnahmen zu sorgen. Gleiches muß aber auch für die Leiter der anderen Fachabteilungen des Krankenhauses gelten, die weitere regelmäßig außerhalb ihrer Abteilung tätige Fachärzte hinzuziehen müssen. Auch in den Fällen, in denen eine Einigung zwischen den an der Behandlung beteiligten Krankenhausfachärzten bzw. Belegärzten über die anzuwendenden therapeutischen Maßnahmen nicht erzielt werden kann, liegt die Endverantwortlichkeit beim Leiter der Fachabteilung, in der sich der Patient befindet. Dieser hat regelmäßig die älteren und engeren Beziehungen zum Patienten. Bei ihm liegt letztlich die verantwortliche Entscheidung, ob und wie der Patient behandelt werden soll. Dementsprechend haben die Berufsverbände Deutscher Anästhesisten und der Deutschen Chirurgen in ihrer Vereinbarung über die Zusammenarbeit bei der operativen Patientenversorgung vom 28. August 1982[241] den Leitsatz aufgestellt, daß dem Chirurgen die Entscheidung der Frage obliegt, ob der Eingriff auch dann durchgeführt werden soll, wenn aus der Sicht des Fachgebiets des Anästhesisten Kontraindikationen gegen den Eingriff oder seine Durchführung zu dem vorgesehenen Zeitpunkt erkennbar werden. Wenn er sich entgegen den Bedenken des Anästhesisten für den Eingriff entschließt, so übernimmt er damit die ärztliche und rechtliche Verantwortung für die richtige Abwägung der indi-

---

[236] So auch BAG NJW 1974, 2255 für die Arbeitspflicht eines Mitglieds einer Akkordkolonne (Fall einer gemeinschaftlichen Schuld).
[237] Siehe S. 147, Fn. 230.
[238] BGH NJW 1980, 650 = MedR 1983, 78; Laufs, Die Entwicklung des Arztrechts 1981/82, NJW 1982, 1320; Kern, Krankenhauskalender 1982, 417f.
[239] Siehe S. 147, Fn. 230.
[240] Um beispielsweise eine Doppelmedikation zu vermeiden.
[241] MedR 1983, 21f.

zierenden und der ihm vom Anästhesisten mitgeteilten kontraindizierenden Faktoren. Dem Chirurgen wird insoweit also eine „Kompetenz-Kompetenz" zuerkannt.[242]
Der Grundsatz, daß bei gemeinsamer ärztlicher Tätigkeit mehrerer liquidationsberechtigter Krankenhausärzte oder Belegärzte jeder Beteiligte die Verantwortung für seinen Teil der Diagnostik und Therapie trägt, bedeutet nicht, daß diese nicht auch gemeinsam einen Schaden des Patienten schuldhaft herbeiführen können.
In diesen Fällen sind die Ärzte, die gegen ihre Vertragspflichten verstoßen haben, gemeinsam dem Patienten gegenüber zum Schadensersatz verpflichtet. Jeder dieser Ärzte ist nämlich auf das Ganze (die Schadensersatzleistung) verpflichtet, der Patient kann die Leistung jedoch nur einmal fordern. Im Bezug auf die Schadensersatzforderung des Patienten liegt daher ein Gesamtschuldverhältnis der schuldhaft handelnden Ärzte vor.
So haften beispielsweise die an einem Konsilium beteiligten Ärzte als Gesamtschuldner für Schäden, die ihre Ursache in dem Konsilium haben, weil sie insoweit immer gemeinsam tätig werden. Aber auch in den Fällen der Mitbehandlung ist es möglich, daß mehrere Ärzte ihre Vertragspflichten verletzen und dadurch gemeinsam einen Schaden verursachen, so daß sie dann als Gesamtschuldner dem Patienten dafür einzustehen haben.
Hat nicht der liquidationsberechtigte Krankenhausfacharzt oder Belegarzt selbst schuldhaft eine Vertragspflichtverletzung begangen, sondern ist der Schaden durch ein fehlerhaftes Verhalten eines nachgeordneten Arztes eingetreten, so haftet hierfür der liquidationsberechtigte Facharzt, in dessen Verantwortungsbereich der nachgeordnete Arzt tätig geworden ist.[243]
Auf das Fachgebiet oder die Station, in der der nachgeordnete Arzt gewöhnlich arbeitet oder stellenplanmäßig geführt wird, kommt es nicht an.[244]
Nach diesem Ergebnis würde von dem geschädigten Patienten Darlegung und Beweis dafür verlangt werden, welches Mitglied des Ärzteteams durch schuldhafte Verletzung seiner vertraglichen Leistungspflicht einen eingetretenen Schaden verursacht hat. Da jedoch die Aufgabenbereiche der einzelnen liquidationsberechtigten Ärzte nicht immer eindeutig voneinander abzugrenzen sind, läßt sich für jemanden, der – wie der Patient – außerhalb des Ärzteteams steht, häufig nicht ermitteln, welches Mitglied des Teams eine Vertragspflichtverletzung begangen hat. Es kommt hinzu, daß oftmals die Pflichtverletzung eines Mitglieds des Ärzteteams erst dadurch zu Schäden führt, daß die anderen ungeachtet ihrer aus der Teamarbeit folgenden vertraglichen Mitwirkungspflicht der Pflichtverletzung nicht entgegenwirken. Aufgrund dieser Schwierigkeiten kann die Beweissituation des Patienten nahezu hoffnungslos werden, wenn mehrere Ärzte die schadensstiftende Handlung oder Unterlassung begangen haben könnten.
Daher erscheint es gerechtfertigt, in den Fällen, in denen nicht feststeht, welcher der beteiligten Ärzte die schadensstiftende Handlung oder Unterlassung verursacht hat, von einer Verteilung der Darlegungs- und Beweislast nach Gefahrenbereichen auszugehen, wie sie der Bundesgerichtshof in seiner Rechtsprechung zur Produzenten-

---

[242] Siehe hierzu Laufs, Die Entwicklung des Arztrechts 1982/83, NJW 1983, 1347; Weißauer, MedR 1983, 93.
[243] Vgl. S. 137ff.
[244] So auch Westermann, NJW 1974, 584.

haftung[245] entwickelt und auch das Bundesarbeitsgericht für die Haftung der Mitglieder einer Akkordgruppe[246], also für den Fall einer gemeinschaftlichen Schuld, bei Schlechtleistung angewendet hat. Danach gilt folgendes:
Zunächst muß der geschädigte Patient nachweisen, daß sein Schaden durch vertragswidrige Schlechtleistung des Ärzteteams verursacht worden ist. Hat der Patient diesen Beweis erbracht, ist es Sache der einzelnen Mitglieder des Ärzteteams, sich zu entlasten, indem sie darlegen und beweisen, daß sie selbst keinen Vertragspflichtverstoß begangen und auch nicht durch Verletzung vertraglicher Nebenpflichten den Schaden mitverursacht haben. Auch für die Verschuldensfrage gilt, daß das einzelne Mitglied des Ärzteteams sich entlasten muß, sofern die vertragliche Schlechtleistung des Ärzteteams feststeht.[247]
Zieht der für die Behandlung verantwortliche Krankenhausarzt oder Belegarzt einen oder mehrere Ärzte lediglich zur Besprechung des Krankheitsfalles hinzu, ohne daß ein Konsilium oder eine Mitbehandlung vorliegt,[248] ist, nachdem vertragliche Beziehungen zwischen dem Patienten und den hinzugezogenen Ärzten nicht zustandekommen[249], für vertragliche Ansprüche des Patienten diesen gegenüber kein Raum. Falls in diesen Fällen ausnahmsweise vertragliche Beziehungen zwischen den beteiligten Ärzten zustandekommen,[250] besteht jedoch ein Freistellungsanspruch des für die Behandlung verantwortlichen Arztes gegenüber seinem Kollegen, der sich in der Regel auf den halben Schadensbetrag belaufen wird.

b. Haftung des Krankenhausträgers

Für die Frage, ob im Falle des gespaltenen Krankenhausaufnahmevertrages vertragliche Ansprüche des Patienten dem Krankenhausträger gegenüber bestehen, ist zu unterscheiden, ob sich das schadensstiftende Fehlverhalten im Bereich der vertraglichen Pflichten des Krankenhausträgers oder im Bereich der vertraglichen Pflichten des für die Behandlung verantwortlichen Arztes ereignet hat.

aa. Fehlverhalten im vertraglichen Pflichtenkreis des Krankenhausträgers

Wird eine Pflicht verletzt, die sich aus dem zwischen dem Krankenhausträger und dem Patienten bzw. der Krankenkasse geschlossenen Vertrag über die Krankenhausversorgung[251] ergibt, so richten sich die vertraglichen Schadensersatzansprüche des Patienten allein gegen den Krankenhausträger.

---

245 BGHZ 51, 91 (103, 105) = NJW 1969, 269 (274) m. w. N. (Hühnerpestfall).
246 BAG NJW 1974, 2255; vgl. auch Palandt-Heinrichs, Anm. 2c, bb, Überbl. v. § 420.
247 Vgl. auch Westermann, NJW 1974, 583ff., der allerdings nur dem Leiter des Ärzteteams die Entlastung für ein mögliches Organisationsverschulden auferlegen will.
248 Vgl. S. 62.
249 Siehe S. 62.
250 Vgl. S. 62f.
251 Vgl. S. 79, 81.

Haftung für eigenes Verschulden nach § 276 BGB: Ist der Krankenhausträger eine natürliche Person und hat diese die Vertragspflichtverletzung selbst verschuldet (es liegt beispielsweise ein Organisationsmangel hinsichtlich der Krankenhausversorgung vor), so haftet der Krankenhausträger unmittelbar aus dem Krankenhausaufnahmevertrag nach den §§ 611, 276 BGB.
Wird das Krankenhaus in der Rechtsform einer BGB-Gesellschaft betrieben und begeht einer der Gesellschafter schuldhaft eine Vertragspflichtverletzung, so haften, wie bei der Gemeinschaftspraxis, alle Gesellschafter als Gesamtschuldner ebenfalls unmittelbar aus dem Krankenhausaufnahmevertrag. Das für die Gemeinschaftspraxis zur Begründung Gesagte[252] gilt hier entsprechend.

Haftung für Verschulden der Erfüllungsgehilfen nach § 278 BGB: In allen übrigen Fällen sind die im Rahmen der Krankenhausversorgung tätigen Personen die gesetzlichen Vertreter bzw. die Erfüllungsgehilfen des Krankenhausträgers, für die dieser bei schuldhafter Verletzung des Krankenhausaufnahmevertrages ohne Entlastungsmöglichkeit nach den §§ 611, 278 BGB haftet. Dies gilt nach herrschender Meinung[253] auch dann, wenn in einem Krankenhaus, dessen Träger eine juristische Person des privaten oder öffentlichen Rechts ist, die im Rahmen der Krankenhausversorgung schuldhaft handelnde Person als verfassungsmäßig berufener Vertreter im Sinne der §§ 31, 89 BGB anzusehen ist (der ärztliche Direktor eines öffentlichen Krankenhauses begeht beispielsweise hinsichtlich der Krankenhausversorgung einen Organisationsfehler).
Problematisch ist in diesem Zusammenhang die Frage, welche der im Krankenhaus tätigen Personen im Rahmen der Krankenhausversorgung, also im Pflichtenkreis des Krankenhausträgers, und welche im Rahmen der ärztlichen Behandlung, also im Pflichtenkreis des für die Behandlung verantwortlichen Arztes, tätig sind. Diese Abgrenzungsproblematik wurde bereits eingehend bei der Frage der Haftung des für die Behandlung verantwortlichen Arztes erörtert.[254] Nach der hier vertetenen Auffassung[255] sind alle Handlungen des nichtärztlichen Personals dem Pflichtenkreis des Krankenhausträgers zuzurechnen, so daß der Krankenhausträger für ein Fehlverhalten dieser Personen haftungsrechtlich einzustehen hat. Gleiches gilt für das ärztliche Personal im Anstaltskrankenhaus[256], soweit es in Organisation und Verwaltung tätig wird. Nimmt das ärztliche Hilfspersonal dagegen seine eigentlich ärztlichen Aufgaben wahr, wird es im Pflichtenkreis des für die Behandlung verantwortlichen Arztes als dessen Erfüllungsgehilfen tätig, so daß dieser für ein Fehlverhalten des ärztlichen Hilfspersonals einzustehen hat.
Kann nicht aufgeklärt werden, welche von mehreren im Pflichtenkreis des Krankenhausträgers tätigen Hilfspersonen für ein – feststehendes – Verschulden verantwortlich ist, so ist dies für die Haftung des Krankenhausträgers ohne Bedeutung; dieser hat für das Fehlverhalten nach § 278 BGB einzustehen.[257] Kann dagegen nicht aufgeklärt werden, ob eine im Pflichtenkreis des Krankenhausträgers oder eine im Pflichtenkreis

---

[252] Siehe S. 96f.; vgl. auch S. 107.
[253] Zum Meinungsstand siehe S. 107f.
[254] Siehe S. 128ff.
[255] Siehe S. 134ff.
[256] Vgl. S. 20.
[257] Vgl. S. 108.

des für die Behandlung verantwortlichen Arztes tätige Hilfsperson den eingetretenen Schaden verursacht hat, ist eine Verteilung der Darlegungs- und Beweislast nach Gefahrenbereichen entsprechend § 282 BGB gerechtfertigt, so daß der für die Behandlung verantwortliche Arzt und der Krankenhausträger – um einer Haftung zu entgehen – darlegen und beweisen müssen, daß die Schadensursache nicht in ihrem Verantwortungsbereich gesetzt worden ist.[258]

Haftung für Vertragspflichtverletzungen der verfassungsmäßig berufenen Verteter nach §§ 31, 89 BGB: Darüber hinaus kommt bei Vertragspflichtverletzungen, die von einem verfassungsmäßig berufenen Vertreter verschuldet werden, eine Haftung des Krankenhausträgers über die §§ 31, 89 BGB in Betracht.
Soweit die verfassungsmäßig berufenen Vertreter im Rahmen der Krankenhausversorgung, also im vertraglichen Pflichtenkreis des Krankenhausträgers tätig werden, besteht die Haftung des Krankenhausträgers über die §§ 31, 89 BGB neben der nach § 278 BGB.[259] Dies gilt also auch bei einem Fehlverhalten der als verfassungsmäßig berufenen Vertreter anzusehenden leitenden Krankenhausärzte[260] in Anstaltskrankenhäusern[261], soweit diese in Organisation und Verwaltung tätig werden.[262]

bb. Fehlverhalten im vertraglichen Pflichtenkreis des für die Behandlung verantwortlichen Arztes

Wird eine Pflicht verletzt, die sich aus dem zwischen dem Arzt und dem Patienten geschlossenen Vertrag über die ärztliche Behandlung ergibt, so erhebt sich die Frage, ob Schadensersatzansprüche des Patienten auch gegenüber dem Krankenhausträger bestehen.

Keine Haftung nach §§ 276, 278 BGB: Schadensersatzansprüche gegenüber dem Krankenhausträger aufgrund des Krankenhausaufnahmevertrages (§§ 611, 276, 278 BGB) kommen nicht in Betracht, weil vertragliche Beziehungen zwischen Krankenhausträger und Patient insoweit nicht bestehen.

Haftung für Vertragspflichtverletzungen der verfassungsmäßig berufenen Vertreter nach §§ 31, 89 BGB: Fraglich ist jedoch, ob sich der Krankenhausträger eines Anstaltskrankenhauses über die §§ 31, 89 BGB solche Fehler und Versäumnisse zurechnen lassen muß, die innerhalb des ärztlichen Pflichtenkreises auftreten und von einem Arzt verschuldet werden, der als verfassungsmäßig berufener Vertreter im Sinne der §§ 31, 89 BGB anzusehen ist.
Die Haftung des Krankenhausträgers nach den §§ 31, 89 BGB setzt voraus, daß das Organ bei der Schadenszufügung in Ausführung einer ihm übertragenen Verrichtung gehandelt hat. Zwischen dem Aufgabenbereich und dem schadensstiftenden Verhalten

---

[258] Vgl. S. 139f.
[259] So die h. L.; siehe S. 108.
[260] Siehe S. 113f.
[261] Siehe S. 20; Belegärzte sind keine Organe des Krankenhausträgers; vgl. S. 21.
[262] BGH VersR 1956, 221; OLG München NJW 1977, 2123.

des Organs muß ein innerer, d. h. sachlicher, nicht nur rein örtlicher und zeitlicher Zusammenhang bestehen; das Organ muß also gerade für den Krankenhausträger tätig werden.[263]

Es stellt sich in diesem Zusammenhang daher die Frage, ob der leitende Krankenhausarzt, der mit dem Patienten einen Vertrag über die ärztlichen Leistungen abgeschlossen hat, bei seiner Behandlungstätigkeit ausschließlich für den Patienten oder auch gleichzeitig für den Krankenhausträger tätig wird. Diese Frage wird in Rechtsprechung und Literatur nicht einheitlich beantwortet.

Teilweise wird die Auffassung vertreten,[264] daß der Chefarzt vorstandsähnliche, repräsentative Funktionen für sein ganzes Haus mit allen Patienten ohne Unterschied des Liquidationsrechts oder der Krankenversicherung wahrnehme, so daß die Haftung des Krankenhausträgers über die §§ 31, 89 BGB auch im Falle des gespaltenen Krankenhausaufnahmevertrages in Frage komme.

Nach anderer, teilweise in der Literatur[265] und in der Rechtsprechung[266] vertretener Auffassung erbringe der leitende Krankenhausarzt in diesen Fällen die rein ärztliche Behandlungstätigkeit ausschließlich aufgrund und zur Erfüllung eigener Verbindlichkeiten gegenüber dem Patienten; er werde daher nicht als verfassungsmäßig berufener Vertreter tätig, so daß eine Haftung des Krankenhausträgers nicht in Betracht komme.

Der zuletzt genannten Auffassung kann nicht gefolgt werden. Es ist zwar richtig, daß der leitende Krankenhausarzt bei seiner Behandlungstätigkeit in Wahrnehmung eigener Verbindlichkeiten gegenüber dem Patienten handelt. Dies bedeutet aber nicht, daß er nicht gleichzeitig auch im Aufgabenbereich des Krankenhausträgers, also „für" diesen tätig werden könnte. Zu den Aufgaben[267] des Trägers eines Anstaltskrankenhauses[268] gehört nämlich nicht nur die ärztliche Betreuung der Patienten, die die allgemeinen Krankenhausleistungen in Anspruch nehmen; der Krankenhausträger hat vielmehr auch für die ärztliche Behandlung der Patienten Sorge zu tragen, die die ärztlichen Leistungen als gesondert berechenbare Leistungen in Anspruch nehmen. Dementsprechend ist der leitende Krankenhausarzt aufgrund seines Anstellungsvertrages nicht nur zur Behandlung der die allgemeinen Krankenhausleistungen in Anspruch nehmenden Patienten, sondern auch zur Behandlung der die Sonderleistungen beanspruchenden Patienten verpflichtet. Die Verpflichtung zur ärztlichen Betreuung erstreckt sich daher auf alle in das Krankenhaus aufgenommenen Patienten und ist nicht etwa vom Willen des leitenden Krankenhausarztes abhängig.

Etwas anderes ergibt sich auch nicht daraus, daß dem leitenden Krankenhausarzt das Recht zugestanden wird, mit den Patienten, die die ärztlichen Leistungen als gesondert berechenbare Leistungen in Anspruch nehmen, in vertragliche Beziehungen zu treten und ihnen gegenüber selbst zu liquidieren. Denn dadurch verwandelt sich seine Tätigkeit diesen Patienten gegenüber nicht etwa in eine reine Privattätigkeit, für die ihm

---

263 Staudinger-Coing, Rdnr. 21ff. zu § 32; Soergel/Schultze-von Lasaulx, Rdnr. 28ff. zu § 31; Erman-Westermann, Rdnr. 3 zu § 31; Palandt-Heinrichts, Anm. 3 zu § 31.

264 Laufs, Arztrecht, Rdnr. 354; Luig, 253.

265 Daniels, NJW 1972, 308ff.

266 BGH NJW 1975, 1463 (1465) = JR 1976, 151 mit Anmerkungen von Gitter; BGH NJW 1983, 1374 = MedR 1983, 104, allerdings jeweils ohne nähere Begründung.

267 Die Aufgaben des Krankenhausträgers sind von den dem Patienten gegenüber vertraglich übernommenen Pflichten zu unterscheiden; sie müssen nicht mit diesen identisch sein.

268 Anders ist es beim Belegkrankenhaus; vgl. S. 20f.

das Liquidationsrecht als Entgelt zugebilligt wird. Es handelt sich dabei vielmehr um eine besondere Ausgestaltung der Vergütung für die Tätigkeit des leitenden Arztes im Krankenhaus. Zu dem feststehenden Gehalt tritt eine veränderliche Entschädigung hinzu, um den leitenden Krankenhausarzt honorarmäßig einem Privatarzt anzunähern.

Dies gilt nicht nur dann, wenn der Krankenhausträger die Tätigkeit des leitenden Krankenhausarztes, für die ihm das Liquidationsrecht zusteht, als eine sich aus seiner Anstellung als leitender Krankenhausarzt ergebende Haupttätigkeit, sondern auch dann, wenn er sie als Nebentätigkeit ausgestaltet hat, wie es häufig in öffentlichen Krankenhäusern der Fall ist.[269] Mit einer solchen Gestaltung wird lediglich besoldungsrechtlichen Bedürfnissen nach Anpassung an die allgemein für Beamte geltenden Besoldungsvorschriften Rechnung getragen. Keinesfalls begründet sie für den leitenden Krankenhausarzt einen Doppelstatus dahin, daß er im Bereich des Selbstliquidationsrechts „als Privatarzt" tätig wird.

Auch die ärztliche Behandlung der Patienten, die die ärztlichen Leistungen als gesondert berechenbare Leistungen in Anspruch nehmen, gehört vielmehr zur Aufgaben- und Pflichtenstellung, die dem leitenden Krankenhausarzt vom Krankenhausträger übertragen worden ist. Der leitende Krankenhausarzt wird daher auch in diesem Bereich, selbst wenn er rechtlich als „private Nebentätigkeit" ausgestaltet ist, aus seiner (beamtenrechtlichen) Dienststellung heraus tätig.

Dies wird insoweit auch von der Rechtsprechung des BGH ausdrücklich anerkannt,[270] mit der Folge, daß die deliktische Haftung des beamteten leitenden Krankenhausarztes nach § 839 BGB und nicht nach § 823 BGB beurteilt wird.[271] Dennoch bleibt der BGH bei seiner Auffassung, daß der selbst liquidierende Chefarzt im Rahmen seiner Pflichten zur persönlichen Behandlung des Patienten aus einem gespaltenen Krankenhausaufnahmevertrag nicht nur für eigene Rechnung, sondern grundsätzlich auch haftungsrechtlich allein „für sich" tätig werde, so daß er in diesem begrenzten Aufgabenbereich weder Organ noch Verrichtungsgehilfe des Krankenhausträgers sei. Eine nähere Begründung hierfür erfolgt allerdings nicht.

Richtig daran ist, daß allein der leitende Krankenhausarzt insoweit in vertragliche Beziehungen mit dem Patienten tritt und daher aufgrund des Behandlungsvertrages „für sich" tätig wird. Gleichzeitig wird er jedoch auch „für" den Krankenhausträger tätig, indem er seine Pflichten aus dem Anstellungsvertrag dem Krankenhausträger gegenüber erfüllt. Der leitende Krankenhausarzt kann nicht Aufgaben seinem Dienstherrn gegenüber wahrnehmen und dennoch – auch nicht haftungsrechtlich – „allein für sich" tätig werden. Er wird also auch in diesem Bereich „für" den Krankenhausträger als dessen Organ tätig, so daß dieser für ein Fehlverhalten des leitenden Krankenhausarztes[272] nach den §§ 31, 89, 611, 276 BGB einzustehen hat. Daneben haftet auch der leitende Krankenhausarzt persönlich für die von ihm verschuldeten Vertragspflichtverletzungen[273], so daß beide – der leitende Kranken-

---

269 Vgl. hierzu S. 51.

270 BGHZ 7, 1 (12); BGH NJW 1983, 1374 = MedR 1983, 104.

271 Siehe hierzu näher S. 158ff.

272 Nicht jedoch auch für ein Fehlverhalten der Erfüllungsgehilfen des leitenden Krankenhausarztes; für diese haftet allein der leitende Krankenhausarzt nach § 278 BGB.

273 Siehe S. 127f.

hausarzt und der Krankenhausträger – dem Patienten gegenüber als Gesamtschuldner zum Schadensersatz verpflichtet sind.
Diesem Ergebnis steht auch nicht die Gespaltenheit des Krankenhausaufnahmevertrages entgegen. Aufgrund des Vertrages über die ärztlichen Leistungen haftet nämlich entsprechend der Spaltung des Vertrages allein der leitende Krankenhausarzt. Die Haftung des Krankenhausträgers ergibt sich nicht aufgrund eines Vertrages mit dem Patienten, sondern aufgrund einer zum Schadensersatz verpflichtenden Handlung, die ein verfassungsmäßig berufener Vertreter in Ausführung seiner Dienstpflichten begangen hat. Die Tatsache, daß diese Dienstpflichten in der ordnungsgemäßen Erfüllung eines zwischen dem verfassungsmäßig berufenen Vertreter und dem Patienten geschlossenen Vertrages bestehen, ist dabei ohne Bedeutung. Anderenfalls könnte sich der Krankenhausträger der Haftung für die von ihm eingesetzten verfassungsmäßig berufenen Vertreter dadurch entziehen, daß er ihnen gestattet, zur Erfüllung ihrer Dienstpflichten mit den ins Krankenhaus aufgenommenen Patienten eigene Behandlungsverträge abzuschließen. Das kann nicht richtig sein.
Schließlich spricht für die Richtigkeit dieses Ergebnisses auch der Umstand, daß eine Haftung des Krankenhausträgers nach den §§ 31, 89 BGB auf jeden Fall dann zu bejahen wäre, wenn der leitende Krankenhausarzt keinen Behandlungsvertrag mit dem ärztliche Sonderleistungen beanspruchenden Patienten abschließen würde und dieser dadurch einen Schaden erleiden würde, etwa deshalb, weil ihm durch das Verhalten des leitenden Krankenhausarztes nicht rechtzeitig ärztliche Hilfe zuteil wurde. Es kann jedoch haftungsrechtlich keinen Unterschied machen, ob der leitende Krankenhausarzt pflichtwidrig keinen Behandlungsvertrag abschließt oder ob er den abgeschlossenen Behandlungsvertrag schlecht erfüllt. In beiden Fällen hat der Krankenhausträger für das Fehlverhalten seines Organs nach den §§ 31, 89 BGB einzustehen.

c. Persönliche Haftung der als Erfüllungsgehilfen tätigen Personen

aa. Keine persönliche Haftung gegenüber dem Patienten

Eine persönliche vertragliche Haftung der als Erfüllungsgehilfen tätigen (ärztlichen und nichtärztlichen) Personen neben der des für die Behandlung verantwortlichen Arztes bzw. der des Krankenhausträgers besteht gegenüber dem Patienten nicht, weil vertragliche Beziehungen des Patienten zu diesen Personen nicht zustandekommen.[274]

bb. Regreßansprüche

Die als Erfüllungsgehilfen tätigen Personen können jedoch von dem für die Behandlung verantwortlichen Arzt bzw. dem Krankenhausträger im Regreßwege in Anspruch genommen werden.
Soweit die Hilfspersonen als Erfüllungsgehilfen des Krankenhausträgers tätig werden,[275] gilt das für die Regreßansprüche des Krankenhausträgers im Falle des totalen

[274] Vgl. S. 81.
[275] Siehe S. 151.

Krankenhausaufnahmevertrages Gesagte[276] entsprechend; dies gilt sowohl für die Rechtsgrundlagen des Regreßanspruches als auch für die Beschneidung der Regreßbefugnisse unter dem arbeitsrechtlichen Gesichtspunkt der gefahrengeneigten Arbeit.
Problematischer ist die Frage des Regreßanspruches dann, wenn die Hilfspersonen als Erfüllungsgehilfen des für die Behandlung verantwortlichen Arztes tätig werden, wie es nach der hier vertretenen Auffassung[277] nur bei ärztlichen Mitarbeitern der Fall sein kann.
Keine besonderen Schwierigkeiten bereiten dabei die Fälle, in denen die Hilfspersonen von dem für die Behandlung verantwortlichen Arzt selbst angestellt sind, wie es manchmal in reinen Belegkrankenhäusern anzutreffen ist.[278] Hier steht dem für die Behandlung verantwortlichen Arzt grundsätzlich ein Regreßanspruch aufgrund des mit der Hilfsperson geschlossenen Arbeitsvertrages zu, falls er vom Patienten für ein Fehlverhalten der Hilfsperson nach den §§ 611, 278 BGB in Anspruch genommen wird. Diese Person ist nämlich aufgrund des Arbeitsvertages verpflichtet, alles zu unterlassen, was den Arbeitgeber schädigen könnte. Verstößt sie gegen diese Pflicht, kann der für die Behandlung verantwortliche Arzt grundsätzlich Ersatz des dadurch entstandenen Schadens verlangen.[279] Die Regreßbefugnis des für die Behandlung verantwortlichen Arztes kann jedoch auch hier aufgrund der arbeitsrechtlichen Gesichtspunkte der schadensgeneigten Arbeit beschnitten sein; insoweit gilt das für die Regreßansprüche des Krankenhausträgers im Falle des totalen Krankenhausaufnahmevertrages Gesagte[280]1 entsprechend.
Schwieriger sind dagegen die Fälle zu beurteilen, in denen die Hilfspersonen in einem Anstellungsverhältnis zum Krankenhausträger stehen, aber dennoch als Erfüllungsgehilfen für den für die Behandlung verantwortlichen Arzt tätig werden.[281] Ansprüche aus dem Anstellungsvertrag stehen hier grundsätzlich nur dem Krankenhausträger zu. Die Rechte und Pflichten aus dem Anstellungsverhältnis, also auch der eigentlich dem Krankenhausträger zustehende Regreßanspruch im Falle schuldhafter, zum Schadensersatz verpflichtender Schlechtleistung des Angestellten, können hier jedoch auf den für die Behandlung verantwortlichen Arzt übertragen werden. Ist in dem zwischen dem Krankenhausträger und dem für die Behandlung verantwortlichen Arzt geschlossenen Vertrag insoweit keine ausdrückliche Regelung enthalten, wie es regelmäßig der Fall sein wird, so ist die Abrede, daß der für die Behandlung verantwortliche Arzt mit den Patienten in vertragliche Beziehungen über die ärztlichen Leistungen treten soll, ergänzend dahingehend auszulegen.
Dem für die Behandlung verantwortlichen Arzt steht also grundsätzlich auch dann ein Regreßanspruch gegenüber der schadensstiftenden Hilfsperson zu, wenn diese vom Krankenhausträger angestellt ist. Diese Regreßbefugnis kann jedoch auch in diesem Fall wiederum aufgrund der arbeitsrechtlichen Gesichtspunkte der gefahrengeneigten Arbeit beschnitten sein; insoweit gilt auch hier das für die Regreßansprüche des

---

[276] Siehe S. 109ff.
[277] Siehe S. 134ff.
[278] Vgl. S. 52f.
[279] Vgl. hierzu S. 109.
[280] Siehe S. 110f.
[281] Vgl. S. 137f.

Krankenhausträgers im Falle des totalen Krankenhausaufnahmevertrages Gesagte entsprechend.[282]
Besondere Schwierigkeiten bereiten schließlich die Fälle, in denen in öffentlichen Krankenhäusern die Hilfspersonen in das Beamtenverhältnis berufen sind.[283]
Die Rechte und Pflichten aus dem öffentlich-rechtlichen Dienst- und Treueverhältnis sind nämlich nicht übertragbar,[284] so daß eine Übertragung des dem Krankenhausträger nach § 78 Bundesbeamtengesetz bzw. den entsprechenden Regelungen der Landesbeamtengesetze[285] bei schuldhaften Dienstpflichtverletzungen des Beamten zustehenden Regreßanspruchs auf den für die Behandlung verantwortlichen Arzt nicht in Betracht kommt. Eine Anspruchsgrundlage für eine Regreßforderung des für die Behandlung verantwortlichen Arztes gegenüber seiner Hilfsperson besteht daher in diesen Fällen nicht.
Da jedoch hinsichtlich der Regreßansprüche eine Besserstellung der beamteten Hilfspersonen und damit gleichzeitig eine Schlechterstellung der für die Behandlung verantwortlichen Ärzte durch nichts gerechtfertigt und auch nicht beabsichtigt ist, muß hier die regelmäßig in den zwischen den Krankenhausträgern und den für die Behandlung verantwortlichen Ärzten geschlossenen Verträgen enthaltene Abrede, daß die für die Behandlung verantwortlichen Ärzte mit dem Patienten in vertragliche Beziehungen über die ärztlichen Leistungen treten sollen, mangels ausdrücklicher Bestimmung ergänzend dahingehend ausgelegt werden, daß die für die Behandlung verantwortlichen Ärzte in den Fällen, in denen der eingetretene Schaden auf ein Verschulden der beamteten Hilfspersonen zurückzuführen ist, Entlastung für den durch Abgeltung des geschädigten Patienten entstandenen Eigenschaden vom Krankenhausträger verlangen können, allerdings nur, soweit diesem seinerseits Regreßansprüche nach § 78 Bundesbeamtengesetz bzw. den entsprechenden Regelungen in den Beamtengesetzen der Länder[286] gegenüber den beamteten Hilfspersonen zustehen.[287]
Der Geltendmachung dieser Regreßansprüche durch den Krankenhausträger, der sich die beamteten Hilfspersonen in diesen Fällen ausgesetzt sehen, steht nicht entgegen, daß diese Ansprüche eine schuldhafte Pflichtverletzung im Aufgabenbereich des Dienstherrn, also des Krankenhausträgers, voraussetzen, während die beamteten Hilfspersonen in diesen Fällen als Erfüllungsgehilfen des für die Behandlung verantwortlichen Arztes tätig werden. Der beamtete ärztliche Krankenhausmitarbeiter wird nämlich nicht nur für den für die Behandlung verantwortlichen Arzt, sondern gleichzeitig auch für den Krankenhausträger tätig, wie auch der leitende Krankenhausarzt im Anstaltskrankenhaus nicht nur für den Patienten, mit dem er in vertraglichen Beziehungen steht, sondern gleichzeitig auch für seinen Dienstherrn, den Krankenhausträger, tätig wird. Zur Begründung gilt auch hier das für die Tätigkeit des leitenden Krankenhausarztes Gesagte[288] entsprechend.

---

282 Vgl. S. 110f.
283 Vgl. S. 53.
284 Vgl. Burck, VersR 1968, 621.
285 Vgl. z. B. § 96 Abs. 1 LBG Ba-Wü.
286 Vgl. z. B. § 96 Abs. 1 LBG Ba-Wü.
287 Ebenso Burck, VersR 1968, 621 für den umgekehrten Fall des Freistellungsanspruchs der beamteten Hilfsperson.
288 Siehe S. 153ff.

Die Regreßbefugnis des Krankenhausträgers kann jedoch auch hier wiederum aufgrund der arbeitsrechtlichen Gesichtspunkte der gefahrengeneigten Arbeit beschnitten sein; insoweit gilt das für die Regreßansprüche des Krankenhausträgers im Falle des totalen Krankenhausaufnahmevertrages Gesagte[289] entsprechend.
Ihre praktische Erledigung wird diese Problematik freilich vielfach dadurch finden, daß der für die Behandlung verantwortliche Arzt eine den beamteten Mitarbeiter umfassende Haftpflichtversicherung abgeschlossen hat.

2. *Deliktische Haftung*

a. *Haftung des für die Behandlung verantwortlichen Arztes*

Auch Ansprüche aus unerlaubter Handlung können im Falle des gespaltenen Krankenhausaufnahmevertrages dem für die Behandlung verantwortlichen Arzt (dem leitenden Krankenhausarzt oder Belegarzt) gegenüber geltend gemacht werden.

aa. Haftung für eigene unerlaubte Handlungen nach §§ 823ff. BGB bzw. § 839 BGB

Erfüllt das eigene Verhalten des für die Behandlung verantwortlichen Arztes den Tatbestand einer unerlaubten Handlung, so haftet dieser grundsätzlich nach § 823 Abs. 1 BGB und § 823 Abs. 2 BGB in Verbindung mit einem Schutzgesetz (z. B. §§ 223, 230 StGB). Eine unerlaubte Handlung liegt nicht nur bei Behandlungsfehlern, sonstigen Sorgfaltspflichtverletzungen und Aufklärungspflichtverstößen vor, sondern auch bei Fehlern organisatorischer Art, soweit diese zu einer Schädigung des Patienten führen.[290]
Ist der für die Behandlung verantwortliche Arzt jedoch Beamter im staatsrechtlichen Sinne, wie es häufig bei den leitenden Krankenhausärzten in öffentlichen Krankenhäusern und insbesondere in den Universitätskliniken der Fall ist, so kommt eine Haftung nach § 839 BGB in Betracht mit der Folge, daß der ins Beamtenverhältnis berufene Arzt aufgrund des Haftungsprivilegs des § 839 Abs. 1 S. 2 BGB erst dann persönlich in Anspruch genommen werden kann, wenn eine Haftung des Krankenhausträgers zu verneinen ist. Insoweit gilt das für die persönliche Haftung des ins Beamtenverhältnis berufenen Arztes im Falle des totalen Krankenhausaufnahmevertrages Gesagte[291] entsprechend.
Soweit der leitende Krankenhausarzt im Falle des gespaltenen Krankenhausaufnahmevertrages im Bereich der Krankenhausversorgung tätig wird und dabei schuldhaft dem Patienten einen Schaden zufügt (z. B. durch einen Fehler in Organisation oder Verwaltung des Krankenhauses), steht die Haftung des beamteten leitenden Krankenhausarztes nach § 839 BGB außer Streit. Fraglich ist jedoch, ob der leitende Krankenhausarzt auch dann als Beamter nach § 839 BGB haftet, wenn er bei der

---

289 Siehe S. 110f.
290 Vgl. S. 115f.
291 Siehe S. 123.

Erbringung der ärztlichen Leistungen, zu denen er dem Patienten gegenüber vertraglich verpflichtet ist, diesem schuldhaft einen Schaden zufügt, oder ob in diesen Fällen die allgemeine Vorschrift des § 823 BGB ohne Verweisungsprivileg Anwendung findet.
Der BGH[292] hat diese Frage nunmehr zutreffend zugunsten von § 839 BGB beantwortet.[293] Auch die stationäre Behandlung der Patienten, die die ärztlichen Leistungen als gesondert berechenbare Leistungen in Anspruch nehmen, gehört nämlich zum Aufgabenbereich des Krankenhausträgers,[294] der die leitenden Krankenhausärzte dienstlich zur Behandlung auch dieser Patienten verpflichtet. Dies gilt unabhängig davon, ob der Krankenhausträger die ärztlichen Leistungen dem Patienten im Rahmen eines totalen Krankenhausaufnahmevertrages als eigene Leistungen anbietet oder ob er dem leitenden Krankenhausarzt gestattet, im Rahmen eines gespaltenen Krankenhausaufnahmevertrages mit dem Patienten über die ärztlichen Leistungen selbst in vertragliche Beziehungen zu treten, und auch unabhängig davon, ob die Tätigkeit des leitenden Krankenhausarztes dienstrechtlich insoweit als Haupt- oder als Nebentätigkeit ausgestaltet ist.
Dementsprechend gehört auch die stationäre Behandlung der Patienten, die die ärztlichen Leistungen als gesondert berechenbare Leistungen in Anspruch nehmen, zur Aufgaben- und Pflichtenstellung, die dem Arzt als Beamten im staatsrechtlichen Sinne übertragen ist. Mit der Einordnung dieser Tätigkeit als private Nebentätigkeit wird allein besoldungsrechtlichen Bedürfnissen nach Anpassung an die allgemein für Beamte geltenden Besoldungsvorschriften Rechnung getragen. Weder begründet diese Gestaltung für den Arzt einen Doppelstatus dahin, daß er in diesem Bereich „als Privatarzt" tätig wird, noch wird er für diesen Bereich aus seinen Beamtenpflichten entlassen. Eine solche Ausgliederung wäre nicht nur damit unvereinbar, daß der leitende Krankenhausarzt dem Krankenhausträger gegenüber dienstrechtlich zur Behandlung auch der die ärztlichen Sonderleistungen beanspruchenden Patienten verpflichtet ist, diese also nicht wie ein „Privatarzt" ablehnen kann, sondern auch mit der engen Verzahnung der Tätigkeit des selbst liquidierenden Arztes mit der Institution des Krankenhauses, in die seine Behandlungstätigkeit v. a. im stationären Bereich insgesamt eingebettet ist. Das verbindet die Aufgaben- und Pflichtenstellung des selbst liquidierenden Arztes im Krankenhaus zu einer Einheit, die zwar unter besoldungsrechtlichen Gesichtspunkten unterschiedlich ausgestaltet sein kann, um den Arzt honorarmäßig einem Privatarzt anzunähern, die jedoch hinsichtlich der beamtenrechtlichen Dienstpflichten nicht abspaltbar ist.
Daher wird der beamtete Arzt im Bereich seines Liquidationsrechtes, auch wenn dieses rechtlich als „private Nebentätigkeit" ausgestaltet ist, aus seiner beamtenrechtlichen Dienststellung heraus tätig,[295] so daß auch bei einer solchen Fallgestaltung für seine deliktische Eigenhaftung die Vorschrift des § 839 BGB, die allein auf den Beamtenbegriff im staatsrechtlichen Sinne abhebt, anzuwenden ist.

---

292 BGH NJW 1983, 1374 = MedR 1983, 104; BGH NJW 1984, 1400; BGH NJW 1986, 2883; zuvor konnte der BGH diese Frage stets offenlassen; vgl. BGH VersR 1974, 804 (807); BGH VersR 1966, 262 (264).

293 Ebenso bereits Kern, VersR 1981, 316 (317).

294 Nicht immer jedoch zum vertraglichen Pflichtenkreis des Krankenhausträgers; der Aufgabenbereich und der vertragliche Pflichtenkreis des Krankenhausträgers müssen nicht identisch sein.

295 So auch BGHZ 7, 1 (11).

bb. Haftung für unerlaubte Handlungen seiner Verrichtungsgehilfen nach § 831 BGB

Außer für von ihm selbst schuldhaft begangene unerlaubte Handlungen haftet der für die Behandlung verantwortliche Arzt auch nach § 831 BGB für die tatbestandsmäßigen rechtswidrigen (nicht notwendig schuldhaften) unerlaubten Handlungen seiner Verrichtungsgehilfen. Der für die Behandlung verantwortliche Arzt kann sich jedoch von der Haftung durch den Nachweis befreien, daß er bei der Auswahl, Ausrüstung und Leitung der Verrichtungsgehilfen die im Verkehr erforderliche Sorgfalt beachtet hat (§ 831 Abs. 1 S. 2 BGB). Fraglich ist in diesem Zusammenhang, welche der im Krankenhaus tätigen Hilfspersonen als Verrichtungsgehilfen des für die Behandlung verantwortlichen Arztes anzusehen sind. Dies ist genauso zu beantworten wie die Frage, welche der im Krankenhaus tätigen Hilfspersonen im Rahmen der Vertragshaftung als Erfüllungsgehilfen des für die Behandlung verantwortlichen Arztes tätig werden, weil dieser lediglich im Rahmen seiner vertraglichen Pflichten den Hilfspersonen gegenüber als Geschäftsherr im Sinne des § 831 BGB auftritt;[296] das für den vertraglichen Bereich insoweit Gesagte[297] gilt hier daher entsprechend. Der dort vorgeschlagenen Lösung folgend werden also nur die nachgeordneten ärztlichen Mitarbeiter im vertraglichen Pflichtenkreis des für die Behandlung verantwortlichen Arztes, und daher auch nur diese als dessen Verrichtungsgehilfen tätig. Nur in diesen Fällen kommt also eine Haftung des für die Behandlung verantwortlichen Arztes nach § 831 BGB in Betracht.
Ist unter mehreren Verrichtungsgehilfen des für die Behandlung verantwortlichen Arztes der Schädiger nicht zu ermitteln, muß der geschädigte Patient den genauen Nachweis hinsichtlich der Person des Schädigers nicht führen. Es genügt vielmehr, daß er den Schadensfall so darlegt, daß daraus eine fehlerhafte Tätigkeit irgendeines Verrichtungsgehilfen des für die Behandlung verantwortlichen Arztes hervorgeht. Der für die Behandlung verantwortliche Arzt hat sich dann in vollem Umgang zu entlasten und einen spezifischen Entlastungsbeweis zu erbringen. Er muß also dartun, welche Person die schädigende Handlung verursacht hat und alsdann für diese bestimmte Person den Entlastungsbeweis führen, oder er muß diesen Nachweis für alle Personen im einzelnen erbringen, die als Urheber der Handlung in Betracht kommen können.[298]

cc. Haftung beim Tätigwerden mehrerer leitender Fachärzte

Anders ist die Rechtslage dann zu beurteilen, wenn nicht nachgeordnete Ärzte, sondern gleichgeordnete, liquidationsberechtigte Krankenhausärzte oder Belegärzte ärztliche Leistungen entweder im Wege der Konsiliartätigkeit[299] oder im Wege der Mitbehandlung[300] erbringen und dabei schuldhaft den Tatbestand einer unerlaubten Handlung im Sinne des § 823 BGB erfüllen. Die Anwendung des § 831 BGB scheidet hier mangels

[296] So wohl auch Luig, 257.
[297] Siehe S. 128ff.
[298] RGZ 87, 1 (4); RGZ 159, 283 (290, 291); BGH NJW 1971, 1213; BGH NJW 1982, 699; Erman-Drees, Rdnr. 25 und 33 zu § 831.
[299] Vgl. S. 62f.
[300] Vgl. S. 63.

Abhängigkeit des einen vom anderen aus,[301] so daß – wie bei der vertraglichen Haftung –[302] davon auszugehen ist, daß jeder der einzelnen liquidationsberechtigten Krankenhausärzte bzw. Belegärzte nur für seine eigenen schuldhaften Handlungen nach den §§ 823ff. BGB beziehungsweise § 839 BGB einzustehen hat; eine Zurechnung der unerlaubten Handlungen der anderen Mitglieder des Ärzteteams kommt nicht in Betracht.[303]

Für die Abgrenzung der Verantwortungsbereiche der einzelnen Fachärzte gilt das im Rahmen der Vertragshaftung Gesagte[304] entsprechend. Es ist danach vom Grundsatz der strikten Arbeitsteilung und vom Vertrauensgrundsatz auszugehen. Der einzelne Facharzt ist jedoch nicht nur dazu verpflichtet, die auf ihn entfallende Teilaufgabe sachgerecht zu erfüllen, sondern er muß zu seinem Teil auch dazu beitragen, daß Mängel, die den Gesamtheilungserfolg gefährden, beseitigt und Gefahren abgewendet werden. Darüber hinaus ist von einer gesteigerten Verantwortlichkeit des leitenden Krankenhausarztes bzw. Belegarztes auszugehen, in dessen Abteilung sich der Patient befindet.

Haben dagegen mehrere gleichgeordnete Ärzte des Ärzteteams den eingetretenen Schaden gemeinsam schuldhaft verursacht, so haften sie nach § 840 BGB als Gesamtschuldner. So bestehen im Falle eines Konsiliums deliktische Ansprüche für Schäden, die ihre Ursache in dem Konsilium haben, immer sowohl gegenüber dem behandelnden Arzt als auch gegenüber dem Konsiliararzt, weil insoweit immer beide gemeinsam tätig werden. Aber auch in den Fällen der Mitbehandlung ist es möglich, daß mehrere Ärzte gemeinsam einen Schaden verursachen, so daß sie dann als Gesamtschuldner dem Patienten gegenüber dafür einzustehen haben.

Haben bei ärztlicher Teamarbeit nicht die liquidationsberechtigten Krankenhausfachärzte oder Belegärzte selbst, sondern ein nachgeordneter Arzt eine unerlaubte Handlung begangen, so haftet dafür nach § 831 BGB der leitende Facharzt, in dessen Verantwortungsbereich der nachgeordnete Arzt tätig geworden ist. Es gilt insoweit auch hier das für die vertragliche Haftung Gesagte entsprechend.[305]

Können der Patient oder dessen Hinterbliebene nicht ermitteln, welches Mitglied des Ärzteteams die zum Schaden führende unerlaubte Handlung verschuldet hat, so ist die Beweissituation des Patienten bzw. der Hinterbliebenen auch im Bereich der deliktischen Haftung nahezu hoffnungslos. Es erscheint daher auch hier – wie bei der vertraglichen Haftung – eine Verteilung der Darlegungs- und Beweislast nach Gefahrenbereichen gerechtfertigt. Das dort Gesagte[306] gilt hier wiederum entsprechend.

Danach haben der geschädigte Patient oder dessen Hinterbliebene lediglich nachzuweisen, daß der Schaden durch eine unerlaubte Handlung des Ärzteteams verursacht worden ist. Hat der Patient diesen Beweis erbracht, ist es Sache der einzelnen Mitglieder des Ärzteteams, sich zu entlasten, indem sie darlegen und beweisen, daß weder sie selbst

---

301 So auch Westermann, NJW 1974, 584.
302 Siehe S. 146.
303 So auch Westermann, NJW 1974, 584.
304 Siehe S. 146ff.
305 Siehe S. 149.
306 Siehe S. 149f.

noch ein in ihrem Verantwortungsbereich tätiger nachgeordneter ärztlicher Mitarbeiter den Schaden verursacht und verschuldet haben.
Liegt weder ein Konsilium noch eine Mitbehandlung vor, sondern bespricht der leitende Krankenhausarzt bzw. Belegarzt den Krankheitsfall lediglich mit einem Kollegen,[307] wird dieser dem Patienten gegenüber überhaupt nicht tätig, so daß deliktische Ansprüche des Patienten ihm gegenüber nicht entstehen können.

b. Haftung des Krankenhausträgers

Auch im deliktischen Bereich ist im Falle des gespaltenen Krankenhausaufnahmevertrages für die Frage, ob Schadensersatzansprüche des Patienten dem Krankenhausträger gegenüber bestehen, zu unterscheiden, ob sich das schadensstiftende Fehlverhalten im Bereich der vertraglichen Pflichten des Krankenhausträgers oder im Bereich der vertraglichen Pflichten des für die Behandlung verantwortlichen Arztes ereignet hat.

aa. Haftung für unerlaubte Handlungen im vertraglichen Pflichtenbereich des Krankenhausträgers

Wird im Falle des gespaltenen Krankenhausaufnahmevertrages eine unerlaubte Handlung im vertraglichen Pflichtenbereich des Krankenhausträgers begangen, so gilt das für die deliktische Haftung des Krankenhausträgers im Falle eines totalen Krankenhausaufnahmevertrages Gesagte entsprechend. Es kommt also eine Haftung des Krankenhausträgers für unerlaubte Handlungen seiner verfassungsmäßig berufenen Vertreter nach den §§ 31, 89, 823ff. BGB[308], eine Haftung des Krankenhausträgers für unerlaubte Handlungen seiner Verrichtungsgehilfen nach § 831 BGB[309] und ausnahmsweise auch eine Haftung des Krankenhausträgers unmittelbar nach den §§ 823ff. BGB[310] in Betracht.
Die problematische Frage, wie der vertragliche Pflichtenkreis des Krankenhausträgers von dem des für die Behandlung verantwortlichen Arztes abzugrenzen ist, wurde im Rahmen der Vertragshaftung bereits ausführlich erörtert; auf das dort Gesagte[311] kann verwiesen werden. Gleiches gilt für die damit zusammenhängende Frage, welche der im Krankenhaus tätigen Hilfspersonen im vertraglichen Pflichtenbereich des Krankenhausträgers und welche im Pflichtenkreis des für die Behandlung verantwortlichen Arztes tätig werden. Nach der hier vertretenen Auffassung[312] werden lediglich die nichtärztlichen Mitarbeiter im vertraglichen Pflichtenkreis des Krankenhausträgers tätig. Sie sind dann auch als Verrichtungsgehilfen des Krankenhausträgers anzusehen, weil dieser, jedenfalls im Rahmen seiner vertraglichen Pflichten, den Hilfspersonen gegenüber als Geschäftsherr im Sinne des § 831 BGB auftritt.

---

[307] Vgl. S. 62.
[308] Siehe S. 111ff.
[309] Siehe S. 118ff.
[310] Siehe S. 117f.
[311] Siehe S. 128ff.
[312] Siehe S. 134ff.

bb. Haftung für unerlaubte Handlungen im vertraglichen Pflichtenbereich des für die Behandlung verantwortlichen Arztes

Wird die unerlaubte Handlung dagegen im vertraglichen Pflichtenkreis des für die Behandlung verantwortlichen Arztes begangen, so erhebt sich die in Rechtsprechung und Literatur umstrittene Frage[313], ob auch in diesen Fällen eine Haftung des Krankenhausträgers nach den §§ 31, 89, 823ff. BGB und § 831 BGB zu bejahen ist. Beide Vorschriften setzen nämlich ein Handeln in Ausführung der übertragenen Verrichtung voraus und verlangen damit einen inneren, sachlichen Zusammenhang zwischen der schädigenden Handlung und dem gewöhnlichen Tätigkeitskreis des Organs oder des Verrichtungsgehilfen. Es muß sich also jeweils um eine Aktivität gerade für die Körperschaft oder den Geschäftsherrn handeln. Die Annahme dieser Tatbestandsmerkmale kann hier deshalb fraglich sein, weil im Falle des gespaltenen Krankenhausaufnahmevertrages die für die Behandlung verantwortlichen Ärzte eigene vertragliche Pflichten dem Patienten gegenüber erfüllen und die nachgeordneten Ärzte im Rahmen dieser Vertragspflichten Verrichtungen für diese Ärzte wahrnehmen.
Im Bereich der vertraglichen Haftung wurde die Haftung des Krankenhausträgers für Vertragspflichtverletzungen der leitenden Krankenhausärzte in den Anstaltskrankenhäusern nach den §§ 31, 89, 611, 276 BGB bereits bejaht. Gleiches muß auch für den Bereich der deliktischen Haftung gelten,[314] weil die §§ 31, 89 BGB eine Haftung des Trägers gerade auch für deliktisches Handeln seiner Organe normieren. Das dort zur Begründung Gesagte[315] gilt hier entsprechend.
Anders als im vertraglichen Bereich ist jedoch eine Haftung des Krankenhausträgers nicht nur dann zu bejahen, wenn der leitende Krankenhausarzt selbst die unerlaubte Handlung begangen hat, sondern auch dann, wenn eine Hilfsperson den Tatbestand des § 823 BGB verwirklicht hat und der leitende Krankenhausarzt hierfür nach § 831 BGB einzustehen hat, weil er den Entlastungsbeweis nach § 831 Abs. 1 S. 2 BGB nicht führen kann.
§ 831 BGB begründet nämlich anders als § 278 BGB eine Haftung für eigenes Verschulden des Geschäftsherrn[316], nämlich für das Verschulden bei der Auswahl, Ausrüstung oder Leitung der Verrichtungsgehilfen, so daß die Tatbestandsmerkmale der §§ 31, 89 BGB auch insoweit erfüllt sind, als diese Vorschriften eine zum Schadensersatz verpflichtende Handlung des Organs voraussetzen. In diesen Fällen haftet der Krankenhausträger also nach den §§ 31, 89, 831, 823 BGB, so daß hier die von Kern[317] generell[318] vorgeschlagene Anspruchsgrundlagenkette zur Anwendung kommt.[319]

---

313 Der Meinungsstand wurde bereits im Rahmen der vertraglichen Haftung bei der Frage dargelegt, ob der Krankenhausträger für die Vertragspflichtverletzungen seiner verfassungsmäßig berufenen Vertreter nach den §§ 31, 89, 611, 276 BGB haftet; siehe S. 153.

314 So auch Laufs, Arztrecht, Rdnr. 354; Kern, VersR 1981, 316ff., die beide die Problematik nur für den deliktischen Bereich erörtern.

315 Siehe S. 153ff.

316 Erman-Drees, Rdnr. 1 zu § 831; Palandt-Thomas, Anm. 1 und 5 zu § 831.

317 Kern, Arzt und Krankenhaus 1980, 30ff.; Kern, Krankenhauskalender 1981, 386ff.; Kern/Laufs, Die ärztliche Aufklärungspflicht, 156f.

318 Also auch für den Fall des totalen Krankenhausaufnahmevertrages; siehe hierzu S. 120.

319 So auch OLG Köln VersR 1982, 677.

Erbringt dagegen nicht ein leitender Krankenhausarzt, sondern ein Belegarzt die ärztlichen Leistungen, so kommt eine Haftung des Krankenhausträgers nach den §§ 31, 89, 823ff. BGB nicht in Betracht, weil der Belegarzt bereits begrifflich nicht verfassungsmäßig berufener Vertreter des Krankenhausträgers sein kann.

Hat in einem Anstaltskrankenhaus nicht der leitende Krankenhausarzt, sondern sein Verrichtungsgehilfe die zum Schaden führende unerlaubte Handlung vorgenommen, kommen als Anspruchsgrundlage für die Haftung des Krankenhausträgers nicht nur die §§ 31, 89, 831, 823 BGB, sondern auch unmittelbar § 831 BGB in Betracht. Die Hilfspersonen müßten dann nicht nur als Verrichtungsgehilfen des leitenden Krankenhausarztes, sondern auch als Verrichtungsgehilfen des Krankenhausträgers anzusehen sein.

Wie der leitende Krankenhausarzt nicht nur in Erfüllung seiner vertraglichen Pflichten dem Patienten gegenüber, also „für“ diesen tätig wird,[320] so werden auch die nachgeordneten ärztlichen Mitarbeiter nicht nur „für“ den leitenden Krankenhausarzt, sondern gleichzeitig auch „für“ den Krankenhausträger als ihren Dienstherrn tätig. Auch sie sind nämlich aufgrund ihres Anstellungsvertrages nicht nur zur Behandlung der die allgemeinen Krankenhausleistungen in Anspruch nehmenden Patienten, sondern auch zur Behandlung der die Sonderleistungen beanspruchenden Patienten dem Krankenhausträger gegenüber verpflichtet, zu dessen Aufgaben auch die ärztliche Betreuung dieser Patienten gehört. Sie werden daher jedenfalls auch „für“ den Krankenhausträger und daher auch als dessen Verrichtungsgehilfen tätig, was für die Anwendbarkeit des § 831 BGB ausreichend ist. Die Tatsache, daß sie zusätzlich auch im vertraglichen Pflichtenkreis des leitenden Krankenhausarztes und damit auch „für“ diesen tätig werden, ist insoweit ohne Bedeutung.

Auch im Falle des gespaltenen Krankenhausaufnahmevertrages sind daher die nachgeordneten ärztlichen Mitarbeiter stets als Verrichtungsgehilfen des Krankenhausträgers anzusehen, so daß dieser für ihre zum Schadensersatz führenden unerlaubten Handlungen nach § 831 BGB haftet, falls er den Entlastungsbeweis nach § 831 Abs. 1 S. 2 BGB nicht führen kann. Hinsichtlich des Entlastungsbeweises gilt das für die Haftung des Krankenhausträgers im Falle des totalen Krankenhausaufnahmevertrages Gesagte entsprechend.[321] Da danach für den Entlastungsbeweis des Krankenhausträgers auf das Verhalten des Organs, also der leitenden Krankenhausärzte, abzustellen ist, ist neben der Haftung des Krankenhausträgers nach §§ 31, 89, 831, 823 BGB immer auch seine Haftung nach § 831 BGB zu bejahen.

Ist unter mehreren Verrichtungsgehilfen der Schädiger nicht zu ermitteln, muß der Verletzte den genauen Nachweis hinsichtlich der Person des Schädigers nicht führen. Es genügt vielmehr, daß er den Schadensfall so darlegt, daß daraus eine fehlerhafte Tätigkeit irgendeiner Hilfsperson hervorgeht. Der Krankenhausträger hat sich dann in vollem Umfang zu entlasten und einen spezifischen Entlastungsbeweis zu erbringen. Er muß also dartun, welche Person die schädigende Handlung verursacht hat und alsdann für diese bestimmte Person den Entlastungsbeweis führen, oder er muß diesen

---

320 Vgl. S. 153ff.

321 Siehe S. 120ff.

Nachweis für alle Personen im einzelnen erbringen, die als Urheber der Handlung in Betracht kommen könnten.[322]
Etwas anderes gilt jedoch in den Fällen, in denen nicht ein leitender Krankenhausarzt, sondern ein Belegarzt die ärztlichen Leistungen erbringt und einer seiner Verrichtungsgehilfen eine zum Schaden führende unerlaubte Handlung begeht. Diese werden nämlich nicht als Verrichtungsgehilfen des Krankenhausträgers tätig.
Eindeutig ist dies dann, wenn die ärztlichen Hilfskräfte vom Belegarzt selbst angestellt werden, wie es häufig in reinen Belegkrankenhäusern anzutreffen ist. Die Hilfspersonen treten in diesen Fällen in keine vertraglichen Beziehungen zum Krankenhausträger und werden daher auch nicht „für" diesen tätig.
Aber auch in den Fällen, in denen die nachgeordneten Ärzte vom Krankenhausträger angestellt sind, werden diese, soweit sie in Belegabteilungen eingesetzt sind, nicht „für" den Krankenhausträger tätig. In den Belegkrankenhäusern und auch in den Belegabteilungen der Anstaltskrankenhäuser gehört die ärztliche Betreuung der Patienten nämlich gerade nicht zum Aufgabenbereich des Krankenhausträgers, so daß ein Krankenhausmitarbeiter insoweit auch nicht „für" diesen tätig werden kann. Der Krankenhausträger bietet hier lediglich Unterkunft, Verköstigung, medizinisch-technische Einrichtung sowie Krankenpflegedienste an.
Die ärztliche Betreuung ist dagegen ausschließlich Aufgabe der selbständig tätig werdenden Belegärzte.[323] Wenn der Krankenhausträger dem Belegarzt zur Erfüllung seiner ärztlichen Aufgaben Krankenhausmitarbeiter zur Verfügung stellt, so tut er dies allein aufgrund eines Vertrages mit dem Belegarzt, der insoweit als Leiharbeitsvertrag bzw. Dienstverschaffungsvertrag zu qualifizieren ist.[324] Eine Verpflichtung dem Patienten gegenüber besteht insoweit nicht. Eine Haftung des Krankenhausträgers für die unerlaubten Handlungen der Verrichtungsgehilfen des Belegarztes kommt daher nicht in Betracht.

c. *Persönliche Haftung der Hilfspersonen*

Im Gegensatz zur vertraglichen Haftung kommt im deliktischen Bereich neben der Haftung des Krankenhausträgers und der des für die Behandlung verantwortlichen Arztes auch eine persönliche Haftung der ärztlichen sowie der nichtärztlichen Hilfspersonen in Betracht. Dies gilt unabhängig davon, ob die Hilfsperson im vertraglichen Pflichtenkreis des für die Behandlung verantwortlichen Arztes oder im vertraglichen Pflichtenkreis des Krankenhausträgers tätig wird. Der Krankenhausträger, der für die Behandlung verantwortliche Arzt und die Hilfsperson haften ggf. als Gesamtschuldner nach § 840 BGB.
Erfüllt das Verhalten der Hilfsperson den Tatbestand einer unerlaubten Handlung, so haftet diese grundsätzlich persönlich nach § 823 Abs. 1 und § 823 Abs. 2 BGB in Verbindung mit einem Schutzgesetz (z. B. §§ 223, 230 StGB). Ist die Hilfsperson jedoch

---

322 RGZ 87, 1 (4); RGZ 159, 283 (290, 291); BGH NJW 1971, 1213; BGH NJW 1982, 699; Erman-Drees, Rdnr. 25 und 33 zu § 831.
323 Siehe S. 21.
324 Siehe hierzu ausführlich R. Eichholz, 102ff.

Beamter im staatsrechtlichen Sinne, so richtet sich die Haftung nach § 839 BGB[325], und zwar auch dann, wenn die Hilfsperson im vertraglichen Pflichtenkreis des für die Behandlung verantwortlichen Arztes tätig wird;[326] das für die Haftung des leitenden Krankenhausarztes nach § 839 BGB insoweit Gesagte[327] gilt hier entsprechend.
Eine unerlaubte Handlung im Sinne des § 823 BGB bzw. eine Amtspflichtverletzung im Sinne des § 839 BGB[328] ist immer dann zu bejahen, wenn die ärztliche oder nichtärztliche Hilfsperson selbst schuldhaft einen Behandlungsfehler, einen sonstigen Sorgfaltspflichtverstoß oder eine Aufklärungspflichtverletzung[329] begeht. Dabei ist allerdings zu beachten, daß die nachgeordneten ärztlichen und nichtärztlichen Mitarbeiter weisungsgebunden sind. Sie haben daher die medizinischen Maßnahmen in der angeordneten Weise durchzuführen. Unterläuft ihnen dabei schuldhaft ein Fehler und erleidet der Patient dadurch einen Schaden, so ist eine unerlaubte Handlung bzw. eine Amtspflichtverletzung im Sinne der §§ 823, 839 BGB zu bejahen. War jedoch nicht die Ausführung, sondern bereits die Anordnung der Maßnahme fehlerhaft[330], so trifft die Hilfsperson hierfür grundsätzlich keine Verantwortung. Etwas anderes gilt jedoch dann, wenn sie die Fehlerhaftigkeit der Anordnung erkennt oder erkennen müßte. Auch die nachgeordneten Hilfspersonen, insbesondere die ärztlichen Mitarbeiter, sind nämlich verpflichtet, sich jederzeit ein eigenes Bild von der Krankheit des Patienten sowie von der Wirksamkeit oder der Schädlichkeit der ärztlichen oder pflegerischen Maßnahme zu machen. Zweifel an der Richtigkeit der Anordnung müssen sie dem Weisungsberechtigten gegenüber kundtun. Unter Umständen - wenn die Anordnung ohne Zweifel offensichtlich unrichtig ist - sind die nachgeordneten Mitarbeiter sogar verpflichtet, die Durchführung der Anordnung zu verweigern. Kein nachgeordneter Mitarbeiter ist nämlich gehalten, „Kunstfehler auf Weisung" zu begehen.[331]
Ist dem ärztlichen oder nichtärztlichen Mitarbeiter ein Aufgabenbereich kraft zulässiger Delegation[332] zur selbständigen Erledigung übertragen, so trägt er insoweit die volle Verantwortung für sein Handeln und ist ggf. dem Patienten gegenüber nach den §§ 823 Abs. 1, 823 Abs. 2 BGB in Verbindung mit einem Schutzgesetz (z. B. §§ 223, 230 StGB) bzw. § 839 BGB zum Schadensersatz verpflichtet.[333]

---

325 Siehe ausführlich hierzu S. 123.
326 BGH NJW 1983, 1374 = MedR 1983, 104.
327 Siehe S. 158f.
328 Eine unerlaubte Handlung i. S. d. § 823 BGB stellt immer auch eine Amtspflichtverletzung i. S. d. § 839 BGB dar.
329 Auch die Aufklärungspflicht kann an nachgeordnete ärztliche Mitarbeiter delegiert werden; vgl. hierzu Kern/Laufs, Die ärztliche Aufklärungspflicht, 12ff.; Kern, Krankenhauskalender 1982, 415 (419) jeweils m. w. N.
330 Vgl. S. 127.
331 So auch Laufs, Die Entwicklung des Arztrechts 1979/80, NJW 1980, 1316; Wilhelm, MedR 1983, 45 (51).
332 Vgl. hierzu S. 127f.; zur Frage der Zulässigkeit der Delegation ärztlicher Aufgaben siehe Laufs, Die Entwicklung des Arztrechts, NJW 1980, 1316; NJW 1982, 1320; Hahn, NJW 1981, 1977ff.; Kern/ Laufs, Die ärztliche Aufklärungspflicht, 12ff. und Kern, Krankenhauskalender 1982, 415 (419) jeweils m. w. N.
333 Daneben kommt eine Haftung des leitenden Krankenhausarztes oder Belegarztes sowie des Krankenhausträgers wegen Auswahl- und Überwachungsverschuldens in Betracht; s. hierzu S. 160, 162, 164.

Soweit die Hilfsperson bei Verwirklichung des Deliktstatbestandes als Verrichtungsgehilfe (zumindest auch) des Krankenhausträgers tätig wird und dem Patienten gegenüber nach §§ 823ff. BGB zum Schadensersatz verpflichtet ist, kann der Krankenhausträger aus den arbeitsrechtlichen Gesichtspunkten der gefahrengeneigten Arbeit[334] jedoch dazu verpflichtet sein, diese von der im Außenverhältnis bestehenden Haftung ganz (bei geringer Schuld) oder teilweise (bei normaler Schuld) freizustellen, bzw. die bereits erbrachte Schadensersatzleistung zu erstatten. Die persönliche Haftung der Hilfsperson dem Patienten gegenüber bleibt hiervon jedoch unberührt.

Besteht gegenüber dem Patienten dagegen nur eine deliktsrechtliche Haftung des Krankenhausträgers und nicht auch eine deliktsrechtliche Haftung der Hilfsperson (z. B.: Der ins Beamtenverhältnis berufene Assistenzarzt begeht fahrlässig einen Behandlungsfehler), so kann im Falle gefahrengeneigter Arbeit umgekehrt ein Regreßanspruch des Krankenhausträgers gegen die schadensstiftende Hilfsperson in Betracht kommen. Hierfür gilt das zu dem Regreßanspruch des Krankenhausträgers bei vertraglicher Haftung im Falle des totalen Krankenhausaufnahmevertrages Gesagte[335] entsprechend.

Wird die Hilfsperson dagegen nicht als Verrichtungsgehilfe des Krankenhausträgers, sondern ausschließlich als Verrichtungsgehilfe des für die Behandlung verantwortlichen Arztes tätig, wie es nach der hier vertretenen Auffassung nur in Belegkrankenhäusern und den Belegabteilungen in den Anstaltskrankenhäusern der Fall sein kann,[336] gilt folgendes:

Ist die Hilfsperson von dem Belegarzt fest angestellt, kann dieser, falls die Hilfsperson vom Patienten auf Schadensersatz in Anspruch genommen wird, aufgrund des Arbeitsvertrages aus den arbeitsrechtlichen Gesichtspunkten der gefahrengeneigten Arbeit[337] dazu verpflichtet sein, diese von ihrer im Außenverhältnis bestehenden Haftung ganz oder teilweise freizustellen, bzw. die bereits erbrachte Schadensersatzleistung zu erstatten.[338]

Ist die Hilfsperson dagegen vom Krankenhausträger angestellt, so stehen dieser Freistellungs- bzw. Erstattungsansprüche wegen der Grundsätze der gefahrengeneigten Arbeit eigentlich nur dem Krankenhausträger gegenüber zu. Die Rechte und Pflichten aus dem Anstellungsverhältnis können hier jedoch grundsätzlich auf den Belegarzt übertragen werden. Ist in dem zwischen Krankenhausträger und Belegarzt geschlossenen Vertrag insoweit keine Regelung enthalten, so ist die Abrede, daß der Belegarzt seine Patienten unter Benutzung von Einrichtung und Personal des Krankenhausträgers ärztlich versorgen kann, dahingehend auszulegen. Auch in diesem Fall steht der Hilfsperson also aufgrund der arbeitsrechtlichen Gesichtspunkte gefahrengeneigter Arbeit ein Freistellungs- bzw. Erstattungsanspruch gegenüber dem Belegarzt zu.

Ist die Hilfsperson schließlich in das Beamtenverhältnis berufen, so können die Rechte und Pflichten aus dem öffentlich-rechtlichen Dienst- und Treueverhältnis nicht übertragen werden, so daß die Hilfsperson einen Freistellungs- bzw. Erstattungsan-

---

[334] Siehe hierzu ausführlich S. 125, 110f.
[335] Siehe S. 109ff.
[336] Siehe S. 165.
[337] Siehe hierzu ausführlich S. 110f.
[338] Vgl. S. 156.

spruch gegen den Belegarzt nicht geltend machen kann. Vielmehr wird auch in diesem Fall für die Hilfsperson der Krankenhausträger aufkommen müssen, der sich ggf. seinerseits an den Belegarzt halten kann; denn die mit diesem getroffene Abrede über die Benutzung von Einrichtungen und Personal der Klinik ist mangels ausdrücklicher Bestimmung ergänzend dahingehend auszulegen, daß der Krankenhausträger Entlastung von derartigen auf ihn zukommenden Freistellungs- bzw. Erstattungsansprüchen verlangen kann.[339]
Sind in allen diesen Fällen die Hilfspersonen und der Krankenhausträger bzw. der für die Behandlung verantwortliche Arzt dem Patienten gegenüber als Gesamtschuldner zum Schadensersatz verpflichtet, so sind die arbeitsrechtlichen Grundsätze der gefahrengeneigten Arbeit im Rahmen der unter ihnen nach § 426 BGB bestehenden Ausgleichspflicht zu berücksichtigen.

III. Anspruchsgegner im Falle eines totalen Krankenhausaufnahmevertrages mit Arztzusatzvertrag

1. *Vertragliche Haftung*

Kommt bei der Aufnahme eines Patienten zur stationären Krankenhausbehandlung ausnahmsweise[340] ein sog. totaler Krankenhausaufnahmevertrag mit Arztzusatzvertrag zustande, so kommen bei schuldhaften Vertragspflichtverletzungen vertragliche Schadensersatzansprüche des Patienten sowohl gegenüber dem Krankenhausträger als auch gegenüber dem Arzt, mit dem der Arztzusatzvertrag abgeschlossen wird, in Betracht.
Da im Falle des totalen Krankenhausaufnahmevertrages mit Arztzusatzvertrag zum vertraglichen Pflichtenkreis des Krankenhausträgers nicht nur die Krankenhausversorgung, sondern auch die ärztlichen Leistungen gehören,[341] richten sich bei Verletzung irgendeiner der sich aus diesem Vertrag ergebenden Pflichten die vertraglichen Schadensersatzansprüche des Patienten auf jeden Fall gegen den Krankenhausträger. Das zur vertraglichen Haftung des Krankenhausträgers im Falle des totalen Krankenhausaufnahmevertrages Gesagte gilt hier entsprechend.[342]
Zusätzlich zur Haftung des Krankenhausträgers tritt im Falle des totalen Krankenhausaufnahmevertrages mit Arztzusatzvertrag die Haftung des Arztes, mit dem der Patient den Zusatzvertrag abgeschlossen hat, falls dieser oder sein Erfüllungsgehilfe schuldhaft gegen diesen Zusatzvertrag verstoßen und der Patient dadurch einen Schaden erlitten hat (§§ 611, 276, 278 BGB). Insoweit gilt das für die vertragliche Haftung des für die Behandlung verantwortlichen Arztes im Falle des gespaltenen Krankenhausaufnahmevertrages Gesagte entsprechend.[343]
Der Krankenhausträger und der Arzt, mit dem der Arztzusatzvertrag abgeschlossen wurde, haften in diesen Fällen als Gesamtschuldner. Dies gilt unabhängig davon, daß

339 Vgl. Burck, VersR 1968, 621.
340 Vgl. S. 86f., 89f.
341 Siehe S. 82.
342 Siehe S. 106ff.
343 Siehe S. 126ff.

nur der eine von ihnen, nämlich der Arzt, persönlich in der Lage ist, die geschuldete Leistung zu erbringen, während sich das Krankenhaus hierzu immer einer Hilfsperson bedienen muß.[344]

2. *Deliktische Haftung*

Im Bereich der deliktischen Haftung gilt für den totalen Krankenhausaufnahmevertrag mit Arztzusatzvertrag das für die Haftung des Krankenhausträgers[345] und für die persönliche Haftung des Schädigers[346] im Falle des totalen Krankenhausaufnahmevertrages Gesagte entsprechend.
Zusätzlich zu der Haftung des vertraglich verpflichteten Arztes für die von ihm selbst schuldhaft begangenen unerlaubten Handlungen tritt jedoch die Haftung dieses Arztes für die unerlaubten Handlungen seiner Verrichtungsgehilfen nach § 831 BGB hinzu. Insoweit gilt das für die Haftung des für die Behandlung verantwortlichen Arztes nach § 831 BGB im Falle des gespaltenen Krankenhausaufnahmevertrages Gesagte entsprechend.[347]

IV. Anspruchsgegner im Falle stationärer Krankenhausbehandlung in Ausübung hoheitlicher Tätigkeit

Erfolgt die stationäre Krankenhausbehandlung ausnahmsweise in Ausübung hoheitlicher Tätigkeit[348], so richten sich – nachdem das Staatshaftungsgesetz vom 26. 6. 1981[349] nach dem Urteil des Bundesverfassungsgerichts vom 15. 10. 1982[350] nichtig ist – die Schadensersatzansprüche des Patienten bei schuldhaften Amtspflichtverletzungen[351] der Anstaltsärzte[352] nach Art. 34 S. 1 GG in Verbindung mit § 839 BGB gegen den Staat oder die Körperschaft, in deren Diensten die Ärzte stehen. Gleiches gilt bei einem schuldhaften Fehlverhalten der anderen in der Anstalt tätigen Mitarbeiter, ohne daß eine Exkulpationsmöglichkeit für den Staat bestehen würde.
Bei fahrlässig begangenen Amtspflichtverletzungen besteht der Anspruch gegenüber dem Staat jedoch nur dann, wenn eine anderweitige Ersatzmöglichkeit nicht gegeben ist (§ 839 Abs. 1 S. 2 BGB). Die Leistungen der gesetzlichen und der privaten Krankenkassen sind dabei nicht als anderer Ersatz im Sinne des § 839 Abs. 1 S. 2 BGB anzusehen.[353]

---

344 Vgl. Diederichsen, 9.
345 Siehe S. 111ff.
346 Siehe S. 123ff.
347 Siehe S. 160.
348 Siehe S. 78.
349 BGBl. 1981 I, 553.
350 BVerfG NJW 1983, 25 = MedR 1983, 23 (L.).
351 Sämtliche Berufspflichten des Arztes sind Amtspflichten; alle Behandlungsfehler, Aufklärungs- und sonstigen Sorgfaltspflichtverletzungen sowie Pflichtverletzungen organisatorischer Art sind daher Amtspflichtverletzungen.
352 Der Anstaltsarzt muß dabei nicht Beamter im staatsrechtlichen Sinne sein; es gilt hier der erweiterte, haftungsrechtliche Beamtenbegriff.
353 BGH NJW 1981, 623; BGH NJW 1981, 626.

Eine Eigenhaftung der hoheitlich handelnden Anstaltsbediensteten gegenüber dem Patienten besteht dagegen nicht. Der Dienstherr hat nach Art. 34 S. 2 GG und den damit in Einklang stehenden Beamtengesetzen des Bundes und der Länder[354] jedoch eine Rückgriffsmöglichkeit in den Fällen, in denen dem Bediensteten Vorsatz oder grobe Fahrlässigkeit zur Last zu legen ist.

---

[354] Vgl. § 78 Abs. 2 BBG; § 46 Abs. 2 BRRG; z. B. § 96 Abs. 2 LBG Ba-Wü.

Ergebnisse

Die Frage, wen der Patient in Anspruch nehmen kann, wenn er bei der ärztlichen Behandlung einen Schaden erleidet, ist zusammenfassend wie folgt zu beantworten:
Bei ambulanter Behandlung in der Einzelpraxis, in der Praxisgemeinschaft und bei sog. „Vertragsleistungen“ im Krankenhaus richten sich die vertraglichen Schadensersatzansprüche des Patienten allein gegen den behandelnden Arzt. Dieser haftet bei der Behandlung von Privatpatienten aufgrund des Behandlungsvertrages nach den Grundsätzen der positiven Vertragsverletzung sowohl für eigenes Fehlverhalten als auch nach § 278 BGB für das Fehlverhalten seiner ärztlichen und nichtärztlichen Mitarbeiter. Bei der Behandlung von Kassenpatienten besteht eine entsprechende Haftung über § 368 d Abs. 4 RVO (für die RVO-Kassenpatienten) bzw. über eine analoge Anwendung des § 368 d Abs. 4 RVO (für die Ersatzkassenpatienten), wobei § 368 d Abs. 4 RVO mit der Übernahme der Behandlung ein besonderes, gesetzliches Schuldverhältnis zwischen Kassenarzt und Kassenpatient entstehen läßt, das dem Kassenpatienten einen bürgerlich-rechtlichen Anspruch auf sorgfältige Behandlung gibt, wie er ihn als Berechtigter aus einem Vertrag zugunsten Dritter nach § 328 BGB erworben hätte.
Bei ambulanten „Vertragsleistungen“ im Krankenhaus haftet der Krankenhausträger auch nicht für seine als verfassungsmäßig berufene Vertreter anzusehenden leitenden Krankenhausärzte nach den §§ 31, 89 BGB, weil die ambulante Behandlung in diesen Fällen nicht zum Aufgaben- und Pflichtenbereich des Krankenhauses gehört und die leitenden Krankenhausärzte deshalb auch nicht in Ausführung ihnen vom Krankenhausträger übertragener Verrichtungen tätig werden, sondern dabei eine reine Privattätigkeit ausüben.
Neben den vertraglichen Schadensersatzansprüchen bestehen gegenüber dem behandelnden Arzt auch deliktische Schadensersatzansprüche nach den §§ 823 Abs. 1, 823 Abs. 2 BGB in Verbindung mit einem Schutzgesetz (z. B. §§ 223, 230 StGB), wenn der behandelnde Arzt selbst die zum Schaden führende unerlaubte Handlung begangen hat. Dies gilt auch dann, wenn der Arzt bei ambulanten „Vertragsleistungen“ im Krankenhaus Beamter im staatsrechtlichen Sinne ist; eine Haftung nach § 839 BGB kommt hier nicht in Betracht, weil der beamtete Arzt bei seiner ambulanten Tätigkeit keine Dienstpflichten erfüllt und bei Fehlleistungen auch keine Amtspflichten verletzt. Darüber hinaus haftet der behandelnde Arzt nach § 831 BGB für die unerlaubten Handlungen seiner Mitarbeiter, falls er den Entlastungsbeweis nach § 831 Abs. 1 S. 2 BGB nicht führen kann. Daneben ist der Mitarbeiter, der den Schaden verschuldet hat, selbst nach §§ 823 Abs. 1, 823 Abs. 2 BGB in Verbindung mit einem Schutzgesetz (z. B. §§ 223, 230 StGB) zum Schadensersatz verpflichtet; beide haften ggf. als Gesamtschuldner. Eine Besonderheit besteht in der Praxisgemeinschaft lediglich dann, wenn der Patient dadurch zu Schaden kommt, daß die Mitglieder ihrer allgemeinen

Aufsichtspflicht hinsichtlich der gemeinschaftlich benutzten Apparate, des Labors oder der Praxisräume nicht nachkommen oder die allgemeinen Verkehrssicherungspflichten in bezug auf die gemeinsam genutzten Räumlichkeiten verletzen; in diesen Fällen besteht eine gesamtschuldnerische Haftung aller Partner der Praxisgemeinschaft.

Wird ein weiterer Arzt zu einem Konsilium hinzugezogen und erleidet der Patient einen Schaden, der seine Ursache in dem Konsilium hat, so können die vertraglichen und die deliktischen Schadensersatzansprüche regelmäßig sowohl gegenüber dem behandelnden Arzt als auch gegenüber dem Konsiliararzt geltend gemacht werden; beide haften als Gesamtschuldner. Entsprechendes gilt im Falle der Mitbehandlung, wenn beide Ärzte den Schaden gemeinsam verursacht und verschuldet haben. Verursacht dagegen nur einer der mitbehandelnden Ärzte den Schaden, wie es v. a. bei selbständiger Weiterbehandlung der Fall ist, so richten sich die vertraglichen und deliktischen Schadensersatzansprüche des Patienten nur gegen diesen.

Bei ambulanter Behandlung in der Gemeinschaftspraxis richten sich die vertraglichen Schadensersatzansprüche des Patienten nicht allein gegen den Arzt, der die schädigende Handlung oder Unterlassung tatsächlich vorgenommen hat, sondern gegen alle Partner der Gemeinschaftspraxis; diese haften als Gesamtschuldner. Dies gilt sowohl bei einem Fehlverhalten eines Partners der Gemeinschaftspraxis als auch bei einem Fehlverhalten eines ärztlichen oder nichtärztlichen Mitarbeiters.

Deliktische Schadensersatzansprüche können dagegen auch in der Gemeinschaftspraxis nur dem Arzt gegenüber geltend gemacht werden, der die unerlaubte Handlung begangen hat. Eine gesamtschuldnerische Haftung kommt daher nur dann in Betracht, wenn mehrere Ärzte der Gemeinschaftspraxis den eingetretenen Schaden gemeinsam verschuldet haben (z. B. bei gemeinsamer Behandlung oder Mängeln organisatorischer Art). Ist der Schaden des Patienten jedoch auf ein Fehlverhalten eines ärztlichen oder nichtärztlichen Mitarbeiters zurückzuführen, so haften alle Partner der Gemeinschaftspraxis als Gesamtschuldner nach § 831 BGB, es sei denn, sie können den Entlastungsbeweis nach § 831 Abs. 1 S. 2 BGB führen. Daneben ist der Mitarbeiter selbst nach §§ 823 Abs. 1, 823 Abs. 2 BGB in Verbindung mit einem Schutzgesetz (z. B. §§ 223, 230 StGB) zum Schadensersatz verpflichtet.

Werden die ambulanten Leistungen im Krankenhaus als sog. „Institutsleistungen" erbracht, so richten sich die vertraglichen Schadensersatzansprüche des Patienten allein gegen den Krankenhausträger. Dies gilt auch bei Hinzuziehung weiterer Ärzte. Hinsichtlich der deliktischen Ansprüche gilt das bei stationärer Krankenhausbehandlung im Falle des totalen Krankenhausaufnahmevertrages Gesagte[1] entsprechend.

Bei stationärer Krankenhausbehandlung ist zu unterscheiden, welcher Krankenhausaufnahmevertragstyp zwischen Krankenhausträger und Privatpatient bzw. zwischen Krankenhausträger und Krankenkasse zugunsten des Kassenpatienten (§ 328 BGB) vereinbart ist. Seit Inkrafttreten des KHG und der BPflV kommt in Anstaltskrankenhäusern regelmäßig ein totaler Krankenhausaufnahmevertrag zustande, der als Verpflichtung des Krankenhausträgers die Gesamtleistungen des Krankenhauses einschließlich der ärztlichen Behandlung zum Inhalt hat. Dies gilt ausnahmslos dann, wenn der Patient nur die allgemeinen Krankenhausleistungen in Anspruch nimmt.

---

[1] Siehe S. 174f.

Macht der Patient dagegen – sofern dies vom Krankenhausträger angeboten wird – von der Möglichkeit des § 7 BPflV (sog. „Wahlleistung Arzt") Gebrauch, so hängt die Gestaltung des Krankenhausaufnahmevertrages davon ab, ob der Krankenhausträger dem Kranken die Summe aller seiner Heilung dienenden Maßnahmen einschließlich der gesondert berechenbaren ärztlichen Leistungen als Gesamtleistungen anbietet – in diesem Fall liegt ein totaler Krankenhausaufnahmevertrag vor – oder ob sich der Krankenhausträger lediglich zur Krankenhausversorgung verpflichten und die ärztliche Behandlung der Vereinbarung von Arzt und Patient überlassen will – in diesem Fall liegt ein gespaltener Krankenhausaufnahmevertrag vor. Die Frage, zu welchen Leistungen der Krankenhausträger sich selbst verpflichten will, ergibt sich in der Regel aus den Krankenhausaufnahmebedingungen und hängt im übrigen von der weiteren Frage ab, welche Vereinbarungen mit den leitenden Krankenhausärzten über das Liquidationsrecht bestehen. Ist den leitenden Krankenhausärzten in den sog. Chefarztverträgen das Liquidationsrecht gegenüber den Patienten, die die „Wahlleistung Arzt" in Anspruch nehmen, durch Vorausabtretung der künftigen Liquidationsforderungen des Krankenhausträgers oder dadurch eingeräumt, daß der Krankenhausträger mit den Patienten einen Vertrag zugunsten der leitenden Krankenhausärzte nach § 328 BGB abschließt, oder ist den leitenden Krankenhausärzten überhaupt kein Liquidationsrecht eingeräumt, so will sich der Krankenhausträqer zu sämtlichen Krankenhausleistungen einschließlich der ärztlichen Behandlung verpflichten; in diesen Fällen kommt daher ein totaler Krankenhausaufnahmevertrag zustande. Sollen die leitenden Krankenhausärzte dagegen berechtigt sein, selbst und unmittelbar mit den Patienten in vertragliche Beziehungen über die ärztlichen Leistungen zu treten, so will sich der Krankenhausträger nur zur Krankenhausversorgung verpflichten; in diesen Fällen wird ein gespaltener Krankenhausaufnahmevertrag abgeschlossen.
Ein gespaltener Krankenhausaufnahmevertrag kommt außerdem stets auch in den Belegkrankenhäusern und in den Belegabteilungen der Anstaltskrankenhäuser zustande. Ein totaler Krankenhausaufnahmevertrag mit Arztzusatzvertrag dürfte regelmäßig nur noch in den Krankenhäusern vorzufinden sein, die von den Krankenhausreformgesetzen nicht erfaßt sind.
Kommt ein totaler Krankenhausaufnahmevertrag zustande, so richten sich die vertraglichen Schadensersatzansprüche des Patienten allein gegen den Krankenhausträger. Ist derjenige, der die Vertragsverletzung begangen hat, der Krankenhausträger selbst (z. B. der ärztliche Inhaber einer Privatklinik begeht einen Behandlungsfehler), so haftet dieser für eigenes Verschulden (§ 276 BGB) unmittelbar aus dem Krankenhausaufnahmevertrag nach den Grundsätzen der positiven Vertragsverletzung. Wird das Krankenhaus in der Rechtsform einer BGB-Gesellschaft betrieben und begeht einer der Gesellschafter schuldhaft eine Vertragspflichtverletzung, so haften alle Gesellschafter als Gesamtschuldner ebenfalls unmittelbar aus dem Behandlungsvertrag.
In allen anderen Fällen sind die Krankenhausmitarbeiter gesetzliche Vertreter oder Erfüllungsgehilfen des Krankenhausträgers, so daß dieser bei schuldhaften Vertragspflichtverletzungen seiner angestellten oder ins Beamtenverhältnis berufenen Ärzte und nichtärztlichen Mitarbeiter ohne Entlassungsmöglichkeit nach §§ 611, 278 BGB haftet. Das gilt auch bei Vertragspflichtverletzungen der Personen, die in Krankenhäusern tätig sind, deren Träger juristische Personen des privaten oder öffentlichen Rechts sind und die als verfassungsmäßig berufene Vertreter im Sinne der §§ 31, 89 BGB

anzusehen sind. Daneben haftet der Krankenhausträger für die Vertragspflichtverletzungen dieser Personen auch nach den §§ 31, 89, 611, 276 BGB.
Neben den vertraglichen Ansprüchen bestehen gegenüber dem Krankenhausträger auch Ansprüche aus unerlaubter Handlung.
Zum einen haftet der Krankenhausträger – falls er in der Rechtsform einer juristischen Person des privaten oder öffentlichen Rechts, einer Personalgesellschaft des Handelsrechts oder eines nicht rechtsfähigen Vereins betrieben wird – für die unerlaubten Handlungen seiner verfassungsmäßig berufenen Vertreter ohne Entlastungsmöglichkeit nach den §§ 31, 89, 823 BGB. Als verfassungsmäßig berufene Vertreter sind die Mitglieder der Krankenhausleitung (in der Regel also der Ärztliche Direktor, der Verwaltungsleiter und die leitende Krankenpflegekraft) sowie die leitenden Krankenhausfachärzte anzusehen, die einer mehr oder weniger selbständigen, in sich abgeschlossenen Fachabteilung oder einer in eine größere Krankenhausorganisation eingegliederten Anstalt vorstehen. Und zwar gilt dies nicht nur für ihre Tätigkeit in Organisation und Verwaltung, sondern auch für ihre eigentliche ärztliche Tätigkeit. Der Krankenhausträger haftet daher sowohl für die Fehler organisatorischer Art (körperschaftliche und betriebliche Organisationsmängel) als auch für die Behandlungs-und Aufklärungspflichtverletzungen seiner leitenden Krankenhausärzte. Eine Haftung des Krankenhausträgers unmittelbar nach §§ 823ff. BGB kommt in diesen Fällen grundsätzlich nicht in Betracht. Etwas anderes gilt ausnahmsweise nur dann, wenn kein Organ vorhanden ist.
Ist der Krankenhausträger dagegen eine natürliche Person (z. B. der ärztliche Inhaber leitet eine Privatklinik), so haftet diese für die von ihr begangenen unerlaubten Handlungen (schuldhafte Behandlungs-, Aufklärungs-und sonstige Sorgfaltspflichtverletzungen, betriebliche Organisationsmängel) unmittelbar nach den §§ 823 Abs. 1, 823 Abs. 2 BGB in Verbindung mit einem Schutzgesetz (z. B. §§ 223, 230 StGB). Wird der Krankenhausträger in der Rechtsform einer BGB-Gesellschaft betrieben, so richten sich die deliktischen Ansprüche des Patienten nicht gegen die Gesellschaft als solche, sondern nur gegen den Gesellschafter, der die unerlaubte Handlung begangen hat. Eine gesamtschuldnerische Haftung aller BGB-Gesellschafter kommt nur dann in Betracht, wenn sie für den aus einer unerlaubten Handlung entstandenen Schaden nebeneinander verantwortlich sind (§ 840 BGB), wie es beispielsweise bei einem betrieblichen Organisationsmangel regelmäßig der Fall ist.
Zum anderen haftet der Krankenhausträger für die tatbestandsmäßigen, rechtswidrigen (nicht notwendig schuldhaften) unerlaubten Handlungen seiner Verrichtungsgehilfen nach § 831 BGB. Als Verrichtungsgehilfen sind alle Ärzte und alle nichtärztlichen Krankenhausmitarbeiter anzusehen, sofern sie nicht der Krankenhausträger selbst, BGB-Gesellschafter des Krankenhausträgers oder verfassungsmäßig berufene Vertreter im Sinne der §§ 31, 89 BGB sind. Der Krankenhausträger kann sich jedoch nach § 831 Abs. 1 S. 2 BGB von der Haftung dadurch befreien, daß er nachweist, daß er bei der Auswahl, Ausrüstung und Leitung des Verrichtungsgehilfen die im Verkehr erforderliche Sorgfalt beobachtet hat. Die Haftung nach § 831 BGB ist daher eine Haftung für fremdes Unrecht (des Verrichtungsgehilfen) aber für eigenes Verschulden des Krankenhausträgers.
Ist der Krankenhausträger eine juristische Person des öffentlichen oder privaten Rechts, so ist hinsichtlich des Entlastungsbeweises auf das Verhalten der Organe abzustellen, weil die juristische Person als solche deliktsunfähig ist und somit selbst

nicht schuldhaft handeln kann. Der Schadensersatzanspruch nach § 831 BGB richtet sich aber dennoch allein gegen den Krankenhausträger, weil Geschäftsherr im Sinne des § 831 BGB der Krankenhausträger und nicht das Organ ist. Ist der Verrichtungsgehilfe durch das Organ selbst ausgewählt und überwacht worden, so kann der Krankenhausträger den Entlastungsbeweis nur dadurch erbringen, daß das Organ die nötige Sorgfalt bei der Auswahl und Überwachung hat walten lassen. Ist der Verrichtungsgehilfe dagegen - wie häufig in größeren Krankenhäusern - durch einen höheren Angestellten (ein Nichtorgan) ausgewählt und überwacht worden, so gelten - wie bei allen Großkrankenhäusern, unabhängig von der Rechtsform, in der sie betrieben werden - die Grundsätze des sogenannten dezentralisierten Entlastungsbeweises.

Im Gegensatz zur vertraglichen Haftung richten sich die deliktischen Schadensersatzansprüche des Patienten auch gegen den Schädiger persönlich; Krankenhausträger und Schädiger haften dann ggf. als Gesamtschuldner (§ 840 BGB). Der behandelnde Arzt oder der sonstige Krankenhausmitarbeiter, der den Schaden schuldhaft verursacht hat, haftet grundsätzlich nach den §§ 823 Abs. 1, 823 Abs. 2 BGB in Verbindung mit einem Schutzgesetz (z. B. §§ 223,230 StGB). Ist der Schädiger jedoch Beamter im staatsrechtlichen Sinne, so richtet sich die Haftung nach § 839 BGB mit der Folge, daß der Schädiger erst dann in Anspruch genommen werden kann, wenn eine Haftung des Krankenhausträgers zu verneinen ist. Hinsichtlich der Abgrenzung der Verantwortungsbereiche bei ärztlicher Teamarbeit gilt das im Rahmen des gespaltenen Krankenhausaufnahmevertrags Gesagte[2] hier entsprechend.

Kommt ein gespaltener Krankenhausaufnahmevertrag zustande, so können sich die vertraglichen Schadensersatzansprüche des Patienten sowohl gegen den Krankenhausträger als auch gegen den für die Behandlung verantwortlichen Arzt (leitender Krankenhausarzt oder Belegarzt) richten.

Verletzt der vertraglich verpflichtete Arzt (leitender Krankenhausarzt oder Belegarzt) bei der Behandlung eines Privatpatienten selbst schuldhaft eine Pflicht aus dem Behandlungsvertrag, so ist dieser dem Patienten gegenüber nach den §§ 611, 276 BGB zum Schadensersatz verpflichtet. Liegt kein Behandlungsvertrag mit einem Privatpatienten vor, sondern übernimmt ein Belegarzt die ärztliche Behandlung eines RVO- oder Ersatzkassenpatienten, besteht - wie bei ambulanter Behandlung eines Kassenpatienten - eine entsprechende Haftung des Belegarztes über § 368 d Abs. 4 RVO (für die RVO-Kassenpatienten) bzw. über eine analoge Anwendung des § 368 d Abs. 4 RVO (für die Ersatzkassenpatienten). Neben der Haftung für eigenes Fehlverhalten hat der für die Behandlung verantwortliche Arzt nach den §§ 611, 278 BGB auch für die schuldhaft schädigenden Handlungen seiner Erfüllungsgehilfen einzustehen. Die Frage, welche der im Krankenhaus tätigen Personen als Erfüllungsgehilfen des für die Behandlung verantwortlichen Arztes und welche als Erfüllungsgehilen des Krankenhausträgers anzusehen sind, ist danach zu beantworten, ob die von der Hilfsperson wahrgenommene Tätigkeit zum Pflichtenkreis des für die Behandlung verantwortlichen Arztes oder zum Pflichtenkreis des Krankenhausträgers gehört. Da sich die Abgrenzung der Pflichtenbereiche einer allgemeingültigen Regel nicht unterwerfen

---

[2] Siehe S. 176.

läßt, ist im Einzelfall danach zu fragen, welche Pflichten der für die Behandlung verantwortliche Arzt und welche Pflichten der Krankenhausträger vertraglich übernommen hat. Dabei ist davon auszugehen, daß alle Leistungen, die das nichtärztliche Personal erbringt, stets vom Krankenhausträger geschuldet werden, so daß diese bei ihrer Tätigkeit vertragliche Pflichten des Krankenhausträgers erfüllen und daher für diesen als dessen Erfüllungsgehilfen tätig werden. Die Verrichtungen der nachgeordneten Ärzte (ärztliche Assistenz und nachgeordneter ärztlicher Dienst) werden dagegen von dem für die Behandlung verantwortlichen Arzt geschuldet; die nachgeordneten Ärzte werden in diesen Fällen daher als Erfüllungsgehilfen des für die Behandlung verantwortlichen Arztes tätig. Da nicht von vornherein feststeht, welche Aufgaben der für die Behandlung verantwortliche Arzt, welche Aufgaben die nachgeordneten Ärzte und welche Aufgaben die nichtärztlichen Mitarbeiter ausführen, erweisen sich die Pflichtenkreise des für die Behandlung verantwortlichen Arztes und des Krankenhausträgers als unbestimmt. Die notwendige Konkretisierung nimmt der für die Behandlung verantwortliche Arzt vor, indem er festlegt, wer tätig werden soll; er bestimmt also den Umfang der von ihm und dem Krankenhausträger geschuldeten Leistung. Im Rahmen seines eigenen Vertrages mit dem Patienten ist er dabei „Leistungsbestimmender" nach § 315 BGB. Hinsichtlich des Vertrages zwischen Krankenhausträger und Patient ist er leistungsbestimmender Dritter im Sinne von § 317 BGB. Ist bei feststehender Abgrenzung der Verantwortungsbereiche ungewiß, ob die Schadensursache im Verantwortungsbereich des Krankenhausträgers oder im Verantwortungsbereich des für die Behandlung verantwortlichen Arztes gesetzt worden ist, ist eine Verteilung der Darlegungs- und Beweislast nach Gefahrenbereichen entsprechend § 282 BGB vorzunehmen.

Erbringen mehrere liquidationsberechtigte Krankenhausärzte oder Belegärzte im Wege der Konsiliartätigkeit oder im Wege der Mitbehandlung ärztliche Leistungen, so tritt der Patient zu allen diesen Ärzten in vertragliche Beziehungen. Es kommen zwar keine selbständigen Verträge mit den einzelnen liquidationsberechtigten Ärzten zustande, sondern es wird ein einheitlicher Vertrag über die gesamten ärztlichen Leistungen abgeschlossen, wobei auf der Schuldnerseite mehrere Ärzte beteiligt sind. Diese Schuldnermehrheit ist weder als Teil- noch als Gesamtschuldnerschaft zu qualifizieren; es liegt vielmehr eine gemeinschaftliche Schuld vor. Dies hat zur Folge, daß der einzelne liquidationsberechtigte Krankenhausarzt oder Belegarzt nur dann dem Patienten gegenüber zum Schadensersatz verpflichtet ist, wenn ihm persönlich eine Vertragspflichtverletzung vorgeworfen werden kann; für ein Fehlverhalten der anderen Mitglieder des Ärzteteams hat er dagegen nicht einzustehen. Bei der Abgrenzung der Verantwortungsbereiche finden der Grundsatz der strikten Arbeitsteilung und der Vertrauensgrundsatz Anwendung. Die vertragliche Pflicht des einzelnen liquidationsberechtigten Arztes geht jedoch nicht nur dahin, die auf ihn entfallene Teilaufgabe sachgerecht zu erfüllen, sondern er muß zu seinem Teil auch dazu beitragen, daß Mängel, die den Gesamtheilungserfolg gefährden, beseitigt und Gefahren abgewendet werden. Darüber hinaus ist von einer gesteigerten Verantwortlichkeit des leitenden Krankenhausarztes auszugehen, in dessen Abteilung der Patient sich befindet. Haben jedoch mehrere liquidationsberechtigte Krankenhausärzte oder Belegärzte schuldhaft eine Vertragspflichtverletzung begangen und dadurch gemeinsam einen Schaden des Patienten verursacht, so sind sie als Gesamtschuldner dem Patienten zum Schadensersatz verpflichtet.

Hat nicht der liquidationsberechtigte Krankenhausarzt oder Belegarzt selbst schuldhaft eine Vertragspflichtverletzung begangen, sondern ist der Schaden durch ein fehlerhaftes Verhalten eines nachgeordneten Arztes eingetreten, so haftet hierfür der liquidationsberechtigte Facharzt, in dessen Verantwortungsbereich der nachgeordnete Arzt tätig geworden ist. Steht nicht fest, welcher der beteiligten Ärzte die schadensstiftende Vertragspflichtverletzung begangen hat, ist eine Verteilung der Darlegungs- und Beweislast nach Gefahrenbereichen entsprechend § 282 BGB vorzunehmen.
Ist der vertraglich verpflichtete Arzt als verfassungsmäßig berufener Vertreter im Sinne der §§ 31, 89 BGB anzusehen, wie es bei den leitenden Krankenhausärzten in den Anstaltskrankenhäusern regelmäßig der Fall ist, so haftet für dessen schuldhaft begangene Vertragspflichtverletzungen neben diesem auch der Krankenhausträger nach den §§ 31, 89, 611, 276 BGB. Der leitende Krankenhausarzt, der mit dem Patienten einen Vertrag über die ärztlichen Leistungen abgeschlossen hat, wird nämlich bei seiner Behandlungstätigkeit nicht ausschließlich aufgrund und zur Erfüllung eigener Verbindlichkeiten gegenüber dem Patienten, sondern gleichzeitig auch in Erfüllung seiner Dienstpflichten gegenüber dem Krankenhausträger tätig. Denn zu dem Aufgaben- und Pflichtenkreis des Krankenhausträgers eines Anstaltskrankenhauses gehört die ärztliche Betreuung aller stationär in das Krankenhaus aufgenommenen Patienten, so daß die leitenden Krankenhausärzte auch bei der Behandlung der Patienten, mit denen sie in vertragliche Beziehungen treten, in Ausführung ihnen vom Krankenhausträger übertragener Verpflichtungen handeln. Wird dagegen eine Pflicht verletzt, die sich aus dem zwischen dem Krankenhausträger und dem Patienten bzw. der Krankenkasse geschlossenen Vertrag über die Krankenhausversorgung ergibt, so richten sich die vertraglichen Schadensersatzansprüche des Patienten allein gegen den Krankenhausträger. Insoweit gilt das zur vertraglichen Haftung des Krankenhausträgers im Falle des totalen Krankenhausaufnahmevertrages Gesagte[3] entsprechend.
Neben den vertraglichen Ansprüchen bestehen gegenüber den für die Behandlung verantwortlichen Ärzten auch Ansprüche aus unerlaubter Handlung.
Erfüllt das eigene Verhalten des für die Behandlung verantwortlichen Arztes den Tatbestand einer unerlaubten Handlung, so haftet dieser grundsätzlich nach den §§ 823 Abs. 1, 823 Abs. 2 BGB in Verbindung mit einem Schutzgesetz (z. B. §§ 223, 230 StGB). Ist der für die Behandlung verantwortliche Arzt jedoch Beamter im staatsrechtlichen Sinne, so richtet sich die Haftung nach § 839 BGB mit der Folge, daß der ins Beamtenverhältnis berufene Arzt aufgrund des Haftungsprivilegs des § 839 Abs. 1 S. 2 BGB erst dann in Anspruch genommen werden kann, wenn eine Haftung des Krankenhausträgers zu verneinen ist. Dies gilt nicht nur dann, wenn der für die Behandlung verantwortliche Arzt im Bereich der Krankenhausversorgung (z. B. in Organisation und Verwaltung) tätig wird, sondern auch dann, wenn er bei der Erbringung der ärztlichen Leistungen, zu denen er dem Patienten gegenüber vertraglich verpflichtet ist, die unerlaubte Handlung begeht. Die stationäre Behandlung auch dieser Patienten gehört nämlich zum Aufgabenbereich des Krankenhausträgers, so daß der ins Beamtenverhältnis berufene Arzt bei der ärztlichen Behandlung neben der Erfüllung eigener Vertragspflichten gegenüber dem Patienten auch Dienstpflichten gegenüber dem Krankenhausträger erfüllt und bei der Verletzung dieser Pflichten

---

[3] Siehe S. 173f.

gegen Amtspflichten im Sinne des § 839 BGB verstößt. Außer für von ihm selbst schuldhaft begangene unerlaubte Handlungen haftet der für die Behandlung verantwortliche Arzt auch nach § 831 BGB für die tatbestandsmäßigen rechtswidrigen (nicht notwendig schuldhaften) unerlaubten Handlungen seiner Verrichtungsgehilfen, es sei denn, daß er nachweisen kann, daß er bei der Auswahl, Ausrüstung und Leitung der Verrichtungsgehilfen die im Verkehr erforderliche Sorgfalt beobachtet hat (§ 831 Abs. 1 S. 2 BGB). Die Frage, welche der im Krankenhaus tätigen Personen als Verrichtungsgehilfen des für die Behandlung verantwortlichen Arztes anzusehen sind, ist genauso zu beantworten wie die Frage, welche Krankenhausmitarbeiter im vertraglichen Bereich als seine Erfüllungsgehilfen tätig werden, weil er lediglich im Rahmen seiner vertraglichen Pflichten den Hilfspersonen gegenüber als Geschäftsführer im Sinne des § 831 BGB auftritt. Es werden daher nur die nachgeordneten ärztlichen Mitarbeiter als Verrichtungsgehilfen des für die Behandlung verantwortlichen Arztes tätig.

Erbringen dagegen gleichgeordnete, liquidationsberechtigte Krankenhausärzte oder Belegärzte ärztliche Leistungen entweder im Wege der Konsiliartätigkeit oder im Wege der Mitbehandlung, so hat jeder der beteiligten Ärzte nur für seine eigenen unerlaubten Handlungen einzustehen; eine Zurechnung der unerlaubten Handlungen der anderen Mitglieder des Ärzteteams kommt mangels Abhängigkeit des einen vom anderen nicht in Betracht. Hinsichtlich der Abgrenzung der Verantwortungsbereiche gilt das im Rahmen der vertraglichen Haftung Gesagte[4] entsprechend. Haben mehrere liquidationsberechtigte Krankenhausärzte oder Belegärzte den eingetretenen Schaden gemeinsam schuldhaft verursacht, so haften sie als Gesamtschuldner (§ 840 BGB). Für unerlaubte Handlungen von nachgeordneten Ärzten haftet nach § 831 BGB der leitende Facharzt, in dessen Verantwortungsbereich der nachgeordnete Arzt tätig geworden ist.

Steht nicht fest, welches Mitglied des Ärzteteams die zum Schaden führende unerlaubte Handlung begangen hat, so ist eine Verteilung der Darlegungs- und Beweislast nach Gefahrenbereichen vorzunehmen.

Neben den deliktischen Ansprüchen gegenüber den für die Behandlung verantwortlichen Ärzten können deliktische Ansprüche auch gegenüber dem Krankenhausträger geltend gemacht werden.

Wird die unerlaubte Handlung im vertraglichen Pflichtenkreis des Krankenhausträgers begangen, so gilt das für die deliktische Haftung des Krankenhausträgers im Falle eines totalen Krankenhausaufnahmevertrages Gesagte[5] entsprechend.

Jedoch auch dann, wenn die unerlaubte Handlung im vertraglichen Pflichtenkreis des für die Behandlung verantwortlichen Arztes begangen wird, können sich deliktische Schadensersatzansprüche des Patienten gegen den Krankenhausträger richten.

So haftet in den Anstaltskrankenhäusern der Krankenhausträger für die schuldhaft begangenen unerlaubten Handlungen seiner als verfassungsmäßig berufenen Vertreter anzusehenden leitenden Krankenhausärzte nach den §§ 31, 89, 823ff. BGB. Anders als im vertraglichen Bereich ist die Haftung des Krankenhausträgers insoweit nicht nur dann zu bejahen, wenn der leitende Krankenhausarzt selbst die unerlaubten Handlun-

---

[4] Siehe S. 175ff.

[5] Siehe S. 174f.

gen begangen hat, sondern auch dann, wenn ein nachgeordneter Arzt den Tatbestand des § 823 BGB verwirklicht hat und der leitende Krankenhausarzt hierfür nach § 831 haftet, weil er den Entlastungsbeweis nach § 831 Abs. 1 S. 2 BGB nicht führen kann. § 831 BGB begründet nämlich anders als § 278 BGB eine Haftung für eigenes Verschulden des Geschäftsherrn, so daß der Krankenhausträger auch für ein Fehlverhalten der Verrichtungsgehilfen der leitenden Krankenhausärzte nach den §§ 31, 89, 831, 823 BGB einzustehen hat. Daneben haftet der Krankenhausträger für ein Fehlverhalten der Verrichtungsgehilfen des leitenden Krankenhausarztes auch unmittelbar nach § 831 BGB, weil die Verrichtungsgehilfen des leitenden Krankenhausarztes nicht nur für diesen, sondern auch für den Krankenhausträger als ihren Dienstherrn tätig werden und deshalb gleichzeitig auch als Verrichtungsgehilfen des Krankenhausträgers anzusehen sind.

Erbringt dagegen nicht ein leitender Krankenhausarzt, sondern ein Belegarzt die ärztlichen Leistungen, so kommt eine Haftung des Krankenhausträgers weder über die §§ 31, 89 BGB noch nach § 831 BGB in Betracht. Der Belegarzt kann nämlich bereits begrifflich weder verfassungsmäßig berufener Vertreter noch Verrichtungsgehilfe des Krankenhausträgers sein. Auch seine Verrichtungsgehilfen werden nicht als Verrichtungsgehilfen des Krankenhausträgers tätig, weil die ärztliche Betreuung der Patienten des Belegarztes gerade nicht zum Aufgabenbereich des Krankenhausträgers gehört.

Im Gegensatz zur vertraglichen Haftung kommt im deliktischen Bereich neben der Haftung des Krankenhausträgers und der des für die Behandlung verantwortlichen Arztes auch eine persönliche Haftung der ärztlichen sowie der nichtärztlichen Hilfspersonen in Betracht. Der Krankenhausträger, der für die Behandlung verantwortliche Arzt und die Hilfsperson haften gegebenenfalls als Gesamtschuldner (§ 840 BGB).

Erfüllt das Verhalten der Hilfsperson den Tatbestand einer unerlaubten Handlung, so haftet diese grundsätzlich persönlich nach den §§ 823 Abs. 1, 823 Abs. 2 BGB in Verbindung mit einem Schutzgesetz (z. B. §§ 223, 230 StGB). Ist die Hilfsperson jedoch Beamter im staatsrechtlichen Sinne, so richtet sich die Haftung nach § 839 BGB, und zwar auch dann, wenn die Hilfsperson im vertraglichen Pflichtenkreis des für die Behandlung verantwortlichen Arztes tätig wird.

Kommt ausnahmsweise ein totaler Krankenhausaufnahmevertrag mit Arztzusatzvertrag zustande, so richten sich die vertraglichen Schadensersatzansprüche des Patienten auf jeden Fall gegen den Krankenhausträger, weil zum vertraglichen Pflichtenkreis des Krankenhausträgers nicht nur die Krankenversorgung, sondern auch die ärztlichen Leistungen gehören. Das zur vertraglichen Haftung des Krankenhausträgers im Falle des totalen Krankenhausaufnahmevertrages Gesagte[6] gilt hier entsprechend. Zusätzlich zur Haftung des Krankenhausträgers tritt die Haftung des Arztes, mit dem der Patient den Zusatzvertrag abgeschlossen hat, falls dieser oder sein Erfüllungsgehilfe schuldhaft gegen diesen Zusatzvertrag verstoßen haben (§§ 611, 276, 278 BGB). Insoweit gilt das zur vertraglichen Haftung des für die Behandlung verantwortlichen Arztes Gesagte[7] entsprechend. Der Krankenhausträger und der Arzt, mit dem der Arztzusatzvertrag abgeschlossen wurde, haften in diesen Fällen als Gesamtschuldner.

---

[6] Siehe S. 173f.

[7] Siehe S. 175ff.

Im Bereich der deliktischen Haftung gilt das für die Haftung des Krankenhausträgers[8] und für die persönliche Haftung des Schädigers[9] im Falle des totalen Krankenhausaufnahmevertrages Gesagte entsprechend. Zusätzlich zu der Haftung des vertraglich verpflichteten Arztes für von ihm selbst schuldhaft begangene unerlaubte Handlungen tritt die Haftung dieses Arztes für unerlaubte Handlungen seiner Verrichtungsgehilfen nach § 831 BGB hinzu. Insoweit gilt das für die Haftung des für die Behandlung verantwortlichen Arztes nach § 831 BGB im Falle des gespaltenen Krankenhausaufnahmevertrages Gesagte[10] entsprechend.

Ist das Rechtsverhältnis zwischen Arzt und Patient ausnahmsweise nicht privatrechtlicher, sondern öffentlich-rechtlicher Natur, so richten sich die Schadensansprüche des Patienten sowohl bei ambulanter Behandlung als auch bei stationärer Krankenhausbehandlung nach Art. 34 GG in Verbindung mit § 839 BGB gegen den Staat oder die Körperschaft, in deren Diensten der schuldhaft handelnde Arzt steht. Dies ist dann der Fall, wenn die Tätigkeit des Arztes in Ausübung ihm übertragener Hoheitsrechte erfolgt, also insbesondere dann, wenn der Arzt in seiner Eigenschaft als Amtsarzt tätig wird.

Gleiches gilt bei einem schuldhaften Fehlverhalten einer Hilfsperson, ohne daß eine Exkulpationsmöglichkeit für den Staat bestehen würde. Der Anspruch gegenüber dem Staat besteht jedoch nur dann, wenn eine anderweitige Ersatzmöglichkeit nicht gegeben ist (§ 839 Abs. 2 S. 2 BGB).

Schadensersatzansprüche gegenüber dem hoheitlich handelnden Arzt bzw. der Hilfsperson kann der Patient dagegen nicht geltend machen.

---

[8] Siehe S. 174f.
[9] Siehe S. 175.
[10] Siehe S. 178.

Literatur

Ackerknecht EH (1979) Geschichte der Medizin, 4. Aufl. Enke, Stuttgart

Adam D (1972) Krankenhausmanagement im Konfliktfeld zwischem medizinischen und wirtschaftlichen Zielen. Eine Studie über Möglichkeiten zur Verbesserung der Strukturorganisation und des Entscheidungsprozesses in Krankenhäusern. Gabler, Wiesbaden

Adam W (1973) Modernes Krankenhaus, 2. Aufl. Grote, Köln Berlin

Adam W, Stiefel KH (1972) Krankenhausfinanzierungsgesetz. Gesetz zur wirtschaftlichen Sicherung der Krankenhäuser und zur Regelung der Krankenhauspflegesätze (KHG) vom 29. Juni 1972, Kommentar. Grote, Köln Berlin

Ahrens H-J, Udsching P (1978) Heimliche Ablösung der Arzthaftung durch gesetzliche Unfallversicherung? NJW 31:1666ff.

Andreas M, Siegmund-Schultze G (1977) Abgrenzung von Konsilium und Mitbehandlung. ArztR 11:243ff.

Aubel P van, Eberhard G (1967) Krankenhauswesen. In: Handbuch der kommunalen Wissenschaft und Praxis, Bd 2. Springer, Berlin Göttingen Heidelberg, S 464ff.

Axtner W (1978) Krankenhausmanagement. Empfehlungen zu Zielen, Rechtsform, Organisation, Information und Führung auf der Grundlage einer empirischen Untersuchung, 1. Aufl. Nomos, Baden-Baden

Bachof O, Scheuing DH (1971) Krankenhausfinanzierung und Grundgesetz. Rechtsgutachten zum Entwurf eines Gesetzes zur wirtschaftlichen Sicherung der Krankenhäuser und zur Regelung der Krankenhauspflegesätze. Kohlhammer, Stuttgart Berlin Köln Mainz

Barnikel W (1975) Anmerkung zum Urteil des BGH vom 9. 12. 1974-VII ZR 182/73 (Koblenz). NJW 28:592

Berg H (1972) Notgeschäftsführung und Vertretungsmacht bei ärztlicher Behandlung eines Kindes. NJW 25:1117ff.

Bley H (1982) Metzner, Frankfurt am Main. Sozialrecht, 5. Aufl.

Bösche JW (1984) Die fachübergreifende Gemeinschaftspraxis im ärztlichen Berufs- und Kassenarztrecht. MedR 2:21f.

Borchmann M (1982) Die neuen Kostendämpfungsgesetze im Gesundheitswesen. NJW 35:677ff.

Borchmann M (1983) Die neue Gebührenordnung für Ärzte. NJW 36:315ff.

Brandecker K (1974) Zur Reform des Krankenhauswesens. Das Interesse des Krankenhauses am Selbstzahler bisher und in Zukunft – Probleme/Analysen. Verband der privaten Krankenversicherungen e.V., PKV-Dokumentation 2, Köln

Brandecker K, Wilhelmy H-J, Willner G (1973) Die innere Struktur des Krankenhauses. Die Kieler Studie. Probleme, Analysen, Thesen. Thieme, Stuttgart

Braun A (1985) Die ärztliche Praxis und die Privatkrankenanstalt des § 30 GewO. NJW 38:2739ff.

Bunte H (1986) Die neue Konditionenempfehlung „Allgemeine Vertragsbedingungen für Krankenhausbehandlungs-Verträge". NJW 39:2351ff.

Burck G (1968) Die Haftung für Behandlungsfehler der Ärzte an Universitätskliniken unter dem Blickpunkt gefahrgeneigter Arbeit. VersR 19:613ff.

Burmester H (1957) Die Haftpflicht des Arztes und der Krankenanstalt im Spiegel der Rechtsprechung. Christen, Hamburg

Busse P (1964) Die Rechtsstellung der leitenden Krankenhausärzte. Juristische Dissertation, Würzburg

Busse P (1972) Die Bundespflegesatzverordnung und das Liquidationsrecht der leitenden Krankenhausärzte. ArztR 7:185ff.

Daniels J (1972) Probleme des Arzthaftungssystems bei stationärer Krankenbehandlung. NJW 25:305ff.
Deutsch E (1985) Schutzbereich und Tatbestand des unerlaubten Eingriffs im Zivilrecht. NJW 18:1985ff.
Deutsch E (1984) Die Anfängeroperation: Aufklärung, Organisation, Haftung und Beweislastumkehr. NJW 37:650ff.
Deutsch E, Geiger M (1981) „Empfiehlt sich eine besondere Regelung der zivilrechtlichen Beziehung zwischen dem Patienten und dem Arzt im BGB"? In: Gutachten und Vorschläge zur Überarbeitung des Schuldrechts, Bd II, hgg. vom Bundesminister der Justiz. Bundesanzeiger-Verlag, Köln, S 1049ff.
Diederichsen U (1979) Die Vergütung ärztlicher Leistungen im Krankenhaus. Kohlhammer, Stuttgart Berlin Köln Mainz
Diepgen P (1949/55/59) Geschichte der Medizin. Die historische Entwicklung der Heilkunde und des ärztlichen Lebens (2 Bde). De Gruyter, Berlin
Eberhardt D (1971) Zivilrecht und Sozialrecht in der Beziehung von Kassenarzt und Kassenpatient (zugleich ein Beitrag zu Inhalt und Bedeutung des § 368 d Abs. 4 RVO). AcP 171:289ff.
Ehmann H (1972) Die Gesamtschuld. Duncker & Humblot, Berlin
Eichholz (1973) Die Rechtsstellung des Belegarztes. Umfassende Darstellung der Probleme, die sich aus der Tätigkeit frei praktizierender Ärzte am Krankenhaus ergeben. Kohlhammer, Stuttgart Berlin Köln Mainz
Eichholz W (1975) Die Entwicklung des Arztvertragsrechts in den Krankenhäusern seit 1945. KH 67:163ff.
Eichhorn S (1971/74) Krankenhausbetriebslehre (2 Bde) Kohlhammer, Stuttgart Berlin Köln Mainz
Enneccerus L, Lehmann H (1958) Lehrbuch des Bürgerlichen Rechts. 15. Aufl. 2. Bd. Mohr, Tübingen
Erman (1981) Handkommentar zum Bürgerlichen Gesetzbuch in 2 Bänden, 7. Aufl. Aschendorff, Münster
Esser J, Schmidt E (1975/76) Schuldrecht, Bd I (2 Teilbde). Müller, Karlsruhe
Federhen L (1967) Der Arzt des öffentlichen Gesundheitsdienstes. Das grüne Gehirn. Thieme, Stuttgart
Fikentscher W (1976) Schuldrecht, 6. Aufl. De Gruyter, Berlin New York
Fischer A (1933) Geschichte des deutschen Gesundheitswesens (2 Bde). Herbig, Berlin
Fröhler L, Kormann J (1978) Kommentar zur Gewerbeordnung. Recht und Wirtschaft, Heidelberg
Geigel R (1986) Der Haftpflichtprozeß, 19. Aufl. Beck, München
Gehrt M, Schöne H (1968) Verordnung PR Nr. 7/54 über Pflegesätze von Krankenanstalten (Bundespflegesatzverordnung) vom 31. August 1954 und Runderlaß betreffend Durchführung der Verordnung Nr. PR 7/54 über Pflegesätze von Krankenanstalten vom 31. August 1954, Kommentar und Anleitung zur Ermittlung der Selbstkosten, 3. Aufl. Kohlhammer, Stuttgart Berlin Köln Mainz
Giesen D (1981) Arzthaftungsrecht. Die zivilrechtliche Verantwortlichkeit des Arztes in rechtsvergleichender Sicht. Gieseking, Bielefeld
Giesen D (1984) Wandlungen des Arzthaftungsrechts, 2. Aufl. Mohr, Tübingen
Gitter W (1975) Zum Privatliquidationsrecht der leitenden Krankenhausärzte. Verband der privaten Krankenversicherungen e.V., PKV-Dokumentation 4, Köln
Gitter W (1975) Anmerkung zum Urteil des BGH vom 22. 4. 1975 (JR 1976, 151). NJW 28:1463ff.
Grünwald G (1966) Heilbehandlung und ärztliche Aufklärungspflicht. In: Göppinger H (Hrsg) Arzt und Recht. Beck, München, S 125ff.
Hanisch R (1974) Verfassungwidrige Benachteiligung privater und frei gemeinnütziger Krankenanstalten durch das Krankenhausfinanzierungsgesetz. ArztR 9:117ff.
Hahn B (1981) Die Haftung des Arztes für nichtärztliches Hilfspersonal. Athenäum, Königstein
Hahn B (1981) Zulässigkeit und Grenzen der Delegierung ärztlicher Aufgaben. Zur Übertragung von Blutentnahmen, Injektionen, Infusionen und Bluttransfusionen auf nichtärztliches Assistenzpersonal. NJW 34:1977ff.
Haueisen F (1956) Die Rechtsgrundlage der Beziehungen zwischen Kassenarzt und Kassenpatient. NJW 9:1745ff.
Heinemann G, Liebold R (1982) Kassenarztrecht, Losebl.-Komm., 5. Aufl. (2 Bde). Engel, Berlin Wiesbaden
Heinze M (1983) Zur Qualifikation der ärztlichen Tätigkeit als „gefahrgeneigte Tätigkeit". MedR 1:6ff.

Henke N (1974) Rechtsprobleme ärztlicher Zusammenarbeit im ambulanten Bereich. NJW 27:2035ff.
Hennies M (1960) Das Verhältnis zwischen Kassenarzt und Kassenpatient in rechtlicher Sicht. ÄM 45:2325ff.
Herzog H (1983) Neue Gebührenordnung für Ärzte in Kraft. ArztR 18:13ff.
Hess R, Venter R (1955) Handbuch des Kassenarztrechts, Bd I, 1. Aufl. Deutscher Ärzte-Verlag, Köln
Horn H-R (1976) Anmerkung zum Urteil des VG Neustadt/W vom 11. 5. 1976 (DVBl. 91:983). DVBl 91:984ff.
Hübner A, Drost H (1955) Ärztliches Haftpflichtrecht (Seine Grundlagen und seine Bedeutung im Verhältnis des Arztes und des Krankenhauses zum Patienten). Springer, Berlin Göttingen Heidelberg
Husmann HJ (1978) Ärztliche Fehlbehandlung - ein Arbeitsunfall mit der Folge der Haftungsbefreiung nach § 636 RVO? VersR 29:793ff.
Jakobs HH (1975) Die zahnärztliche Heilbehandlung als Werkleistung. NJW 28:1437ff.
Jantz K, Prange P (1955) Das gesamte Kassenarztrecht, Kommentare. Schmidt, Berlin Bielefeld
Jung E (1982) Das Recht auf Gesundheit. Beck, München
Jung H, Schreiber H (1981) Arzt und Patient zwischen Therapie und Recht. Enke, Stuttgart
Jung K (1985) Krankenhausfinanzierungsgesetz, 2. Aufl. Kohlhammer, Köln Stuttgart Berlin Mainz
Jung K (1985) Bundespflegesatzverordnung: BPflV 86. Kohlhammer, Köln Stuttgart Berlin Mainz
Kern B-R (1980) Die ärztliche Aufklärungspflicht. Zulässige Einwände des Arztes - Die Haftung des Krankenhausträgers. Arzt und Krankenhaus 5:30ff.
Kern B-R (1981) Zur deliktischen Haftung der öffentlich-rechtlichen Krankenhausträger bei Aufklärungspflichtverletzungen. Kritische Bestandsaufnahme der neueren Rechtsprechung. Krankenhauskalender 5:386ff.
Kern B-R (1981) Die Haftpflicht des beamteten Arztes aus § 839 BGB. VersR 32:316ff.
Kern B-R (1982) Juristische Aspekte der klinischen Arbeitsteilung. Krankenhauskalender 2:415ff.
Kern B-R, Laufs A (1983) Die ärztliche Aufklärungspflicht. Unter besonderer Berücksichtigung der richterlichen Spruchpraxis. Springer, Berlin Heidelberg New York
Kleinewefers H, Wilts W (1963) Schadensersatzansprüche bei Verletzung der ärztlichen Schweigepflicht. NJW 16:2345ff.
Kleinewefers H, Wilts W (1964) Vertragliche Schadensersatzansprüche des Patienten bei gespaltenem Arzt-Krankenhaus-Vertrag. VersR 15:201ff.
Kleinewefers H, Wilts W (1965) Die vertragliche Haftung bei gespaltenem Arzt-Krankenhaus-Vertrag. NJW 18:332ff.
Kleinmann W (1985) Die Rechtsnatur der Beziehungen der gesetzlichen Krankenkassen zu den Leistungserbringern im Gesundheitswesen. NJW 38:1367ff.
Klette D (1965) Die Kassenarztverträge der sozialen Krankenversicherung. Juristische Dissertation, Tübingen
Knur A (1949) Rechtsgutachten über das Liquidationsrecht der leitenden Krankenhausärzte. KHA 1:18ff.
Kohnle S-M (1983) Begutachtung Ärztlicher Behandlungsfehler - Inhalte und Auswirkungen -. Medizinische Dissertation, Heidelberg
Krauskopf D, Schroeder-Printzen G (1981) Soziale Krankenversicherung, Losebl.-Komm., 2. Aufl., Stand 1986. Beck, München
Krauskopf D, Siewert J (1980) Das Kassenarztrecht, 3. Auflage. Asgard, Sankt Augustin
Kriele M (1976) „Stand der Medizinischen Wissenschaft" als Rechtsbegriff. NJW 29:355ff.
Küchenhoff G (1973) Krankenhausfinanzierungsgesetz und Bundespflegesatzverordnung. Die Sozialgerichtsbarkeit 20:341ff.
Küchenhoff G (1974) Die Rechtsstellung des Chefarztes im neuen Krankenhausrecht. Med Klin 69:115ff.
Kuhns R (1958) Das gesamte Recht der Heilberufe. Haasenstein, Berlin
Kurzawa T (1977) Auswirkungen der unterschiedlichen Krankenhausorganisation der Krankenanstalten auf Art und Umfang der Arzthaftpflicht. VersR 28:799ff.
Landmann R, Rohmer G (1979) Gewerbeordnung und ergänzende Vorschriften. Bd I: Gewerbeordnung, Komm., 13. Aufl. Beck, München
Larenz K (1982) Lehrbuch des Schuldrechts, Bd 1, 13. Aufl. Beck, München
Laufs A (1969) Zur deliktsrechtlichen Problematik ärztlicher Eigenmacht. NJW 22:529ff.
Laufs A (1972) Schutz der Persönlichkeitssphäre und ärztliche Heilbehandlung. VersR 23:1ff.

Laufs A (1974) Die Verletzung der ärztlichen Aufklärungspflicht und ihre deliktische Rechtsfolge. NJW 27:2025ff.
Laufs A (1978) Die Entwicklung des Arztrechts 1977/78. NJW 31:1177ff.
Laufs A (1979) Die Entwicklung des Arztrechts 1978/79. NJW 32:1230ff.
Laufs A (1980) Die Entwicklung des Arztrechts 1979/80. NJW 33:1315ff.
Laufs A (1981) Die Entwicklung des Arztrechts 1980/81. NJW 34:1289ff.
Laufs A (1982) Berufsfreiheit und Persönlichkeitsschutz im Arztrecht. Winter, Heidelberg
Laufs A (1982) Die Entwicklung des Arztrechts 1981/82. NJW 35:1319ff.
Laufs A (1983) Die Entwicklung des Arztrechts 1982/83. NJW 36:1345ff.
Laufs A (1984) Arztrecht, 3. Aufl. Beck, München
Laufs A (1984) Die Entwicklung des Arztrechts 1983/84. NJW 37:1377ff.
Laufs A (1985) Die Entwicklung des Arztrechts 1984/85. NJW 1361ff.
Laufs A (1986) Die Entwicklung des Arztrechts 1985/86. NJW 39:1513ff.
Laufs A (1987) Die Entwicklung des Arztrechts 1986/87. NJW 40:1449ff.
Lenz G (1985) Zur Rechtsnatur der Rechtsbeziehungen zwischen Krankenhäusern und gesetzlichen Krankenkassen. NJW 38:649ff.
Lippert H-D (1980) Rechtsprobleme der Mitarbeiterbeteiligung. NJW 33:1884ff.
Lippert H-D (1984) Das Organisationsverschulden in Hochschulklinika – zivilrechtliche Aspekte. NJW 37:2606ff.
Lippert H-D (1986) Das Nebentätigkeitsbegrenzungsgesetz und die Nebentätigkeiten Leitender Ärzte der Krankenhäuser und Hochschulklinika. NJW 39, 2876f.
Ludolph E (1982) Das Beziehungsgeflecht von Recht und Medizin. Dtsch Ärztebl 79:2278ff.
Luig K. Der Arztvertrag. In: Vahlens Rechtsbücher Reihe ZR, Bd 3: Vertragsschuldverhältnisse. Vahlen, München
Meyer-Steineg T, Sudhoff K (1965) Illustrierte Geschichte der Medizin, 5. Aufl. Fischer, Stuttgart
Molitor E (1953) Krankenhaus und Chefarzt. Rechtsgutachten und Nachtrag, 2. Aufl. Schriften der Deutschen Krankenhausgesellschaft Nr. 1, Köln
Müller K (1969) Schadensersatzpflicht verbundener Anwälte. NJW 22:903ff.
Müller K (1969) Nochmals: Zur Haftung verbundener Anwälte. NJW 22:1416f.
Münchener Kommentar zum Bürgerlichen Gesetzbuch (1980ff.) Hrsg: Rebmann K, Säcker F-J (Bd 1: AT, 2. Aufl; Bd 2: SchuldR, AT, 2. Aufl; Bd 3, 1. Halbbd: SchuldR, BT, 1. Aufl; Bd 3, 2. Halbbd: SchuldR, BT, 2. Aufl). Beck, München
Musielak H-J (1977) Haftung für Narkoseschäden – BGH NJW 28:2245 (Entscheidungsrezension). JUS 17:87ff.
Narr H (1982) Ärztliches Berufsrecht. Ausbildung – Weiterbildung – Berufsausübung, 2. Aufl., Stand Januar 1987. Deutscher Ärzte-Verlag, Köln
Neufelder M, Wollenschläger M (1974) Eigenliquidationsrecht der Chefärzte (Klinikdirektoren). NJW 27:1415ff.
Nienhaus F (1980) Abkommen Ärzte/Berufsgenossenschaften, 6. Aufl. Deutscher Ärzte-Verlag, Köln
Nipperdey HC (1949) Chefarzt und Krankenhaus, Rechtsgutachten. KHA 22:4ff.
Olschewski B-D (1972) Anmerkung zum Urteil des LG Saarbrücken (NJW 24:1984). NJW 25:346ff.
Palandt O (1987) Bürgerliches Gesetzbuch, Komm., 46. Aufl. Beck, München
Peters H (1977) Handbuch der Krankenversicherung, Komm. zum 2. Buch der Reichsversicherungsordnung. Kohlhammer, Stuttgart Berlin Köln Mainz
Philipsborn A (1930) Kranker und Krankenhaus im Recht. Kohlhammer, Stuttgart
Puschmann T (1971) Handbuch der Geschichte der Medizin (2 Bd; reprographischer Nachdruck der Ausgabe Jena 1902–1905). Olms, Hildesheim New York
Rohde J-J (1962) Soziologie des Krankenhauses. Zur Einführung in die Soziologie der Medizin. Enke, Stuttgart
Sanftleben K-F (1978) Der Arbeitsunfall in zivilrechtlicher Sicht. VersR 29:403ff.
Schaub G (1983) Arbeitsrechts-Handbuch, 5. Aufl. Beck, München
Schindera M (1963) Das Recht des Kassenarztes im System der sozialen Krankenversicherung. Unter besonderer Berücksichtigung des Honorarwesens. Juristische Dissertation, Freiburg
Schipperges H (1983) Arzt und Patient in der Welt von Morgen: Verlag für Medizin Fischer, Heidelberg
Schmelcher R (1949) Selbständigkeit und Alleinverantwortlichkeit des leitenden Krankenhausarztes. KHA 22/8:28ff.

Siebeck P (1964) Vertrags- und Vergütungssystem im Kassenarztrecht. Verlag der Ortskrankenkassen, Bad Godesberg
Siebert A (1983) Strafrechtliche Grenzen ärztlicher Therapiefreiheit. Springer, Berlin Heidelberg New York Tokyo
Soergel H-T, Siebert W (1967–1980) Kommentar zum Bürgerlichen Gesetzbuch (Bd 1: AT, 11. Aufl; Bd 2: SchuldR I, 10. Aufl; Bd 3: SchuldR II, 11. Aufl; Bd 3: SchuldR II, 10. Aufl). Kohlhammer, Stuttgart Berlin Köln Mainz
Staudinger JJ (1955–1975) Kommentar zum Bürgerlichen Gesetzbuch (Bd I: AT, 11. Aufl; Bd II, Teil 1 a, 11. Aufl; Bd II, Teil 2, 11. Aufl; Bd II, Teil 3, 11. Aufl; Bd II, Teil 4, 10/11. Aufl; Bd II, Teil 5, 10/11. Aufl). De Gruyter, Berlin
Stolt E (1964) Die Ersatzkassen der Krankenversicherung. Geschichte, Gestalt, Recht, 6. Aufl. Asgard, Bad Godesberg
Thorwald J (1962) Macht und Geheimnis der frühen Ärzte. Droemersche Verlagsanstalt T. Knaur Nachf., München
Uhlenbruck W (1960) Der Krankenhausaufnahmevertrag. Juristische Dissertation. Köln
Uhlenbruck W (1964) Typische Formen des Krankenhausaufnahmevertrages. NJW 17:431ff.
Uhlenbruck W (1964) Die vertragliche Haftung von Krankenhaus und Arzt für fremdes Verschulden. NJW 17:2187ff.
Uhlenbruck W (1965) Der ärztliche Honoraranspruch und seine Durchsetzung. Dtsch Med Wochenschr 90:1883ff.
Uhlenbruck W (1968) Unentgeltliche Heilbehandlung und ärztliche Haftung. Dtsch Med Wochenschr 93:1777ff.
Uhlenbruck W (1969) Die Haftung in den verschiedenen Formen freier ärztlicher Zusammenarbeit. ArztR 4:151ff.
Uhlenbruck W (1972) Die ärztliche Haftung für Narkoseschäden. NJW 25:2201ff.
Uhlenbruck W (1973) Die rechtlichen Auswirkungen der neuen Bundespflegesatzverordnung auf den Krankenhausaufnahmevertrag. NJW 26:1399ff.
Uhlenbruck W (1973) Bundespflegesatzverordnung, Freiberuflichkeit und originäres Liquidationsrecht leitender Krankenhausärzte. ArztR 8:59ff.
Uhlenbruck W (1976) Assistenzgebühren bei der Behandlung von Privatpatienten nach Nr. 13 GOÄ. Dtsch Med Wochenschr 101:870ff.
Vollmer RJ (1985) Die Reform des Krankenhausfinanzierungsrechts. NJW 38:2161ff.
Weissauer W (1978) Anmerkung zum Urteil des LG Flensburg vom 1. 6. 1978. NJW 31:2342f.
Weissauer W (1983) Die neue Gebührenordnung für Ärzte – Tendenzen, Kompetenzen, Interpretationen. MedR 1:2ff.
Weissauer W (1983) Zur Vereinbarung zwischem dem Bundesverband Deutscher Anästhesisten und dem Berufsverband der Deutschen Chirurgen über die Zusammenarbeit bei der operativen Patientenversorgung. MedR 1:92ff.
Westermann HP (1974) Zivilrechtliche Verantwortlichkeit bei ärztlicher Teamarbeit (Besondere Rechtsprobleme der Intensivmedizin). NJW 27:577ff.
Westermann H (1961) Haftung für fremdes Handeln. JUS 1:333ff.
Wiethölter R (1962) Arzt und Patient als Rechtsgenossen. In: Die Aufklärungspflicht des Arztes, hgg. von der Stiftung für Förderung der wiss. Forschung über Wesen und Bedeutung der freien Berufe. Deutscher Ärzte-Verlag, Köln Berlin, S 71ff.
Wilhelm D (1983) Probleme der medizinischen Arbeitsteilung aus strafrechtlicher Sicht. MedR 1:45ff.
Wilhelm D (1984) Verantwortung und Vertrauen bei Arbeitsteilung in der Medizin. Enke, Stuttgart
Wilts W (1973) Die Beweislast für ärztliche Kunstfehler im Rahmen des § 831 BGB. MDR 27:353ff.
Winterfeld A von (1979) Konsolidierung im Kassenarztrecht. Die Entwicklung des Kassenarztrechts im Jahre 1979. NJW 32:2338ff.
Wirzbach H-J (1973) Die finanzielle Sicherung der Krankenhäuser. Teilkostendeckende Pflegesätze und Entkoppelung von Unterbringungskomfort und Privatbehandlung. Arbeit und Sozialpolitik 27:111ff.
Wohlhage F (1971) Das Liquidationsrecht der leitenden Krankenhausärzte bei Selbstzahlern. Mit Sonderproblemen des ärztlichen Honorarrechts. Juristische Dissertation, Köln
Wollenschläger M (1974) Zur Anwendbarkeit der Vorschriften des Krankenhausfinanzierungsgesetzes und der neuen Bundespflegesatzverordnung auf private, privatgemeinnützige und konfessionelle Krankenhäuser. ArztR 9:61ff.

Zitelmann E (1929) Das Bürgerliche Recht der Krankenanstalten bei Grober. Das deutsche Krankenhaus, 2. Aufl. Fischer, Jena, S 865ff.
Zöller R, Greimer R (1987) Zivilprozeßordnung, Komm., 15. Aufl. Schmidt, Köln
Zuck R, Quaas M (1987) Rechtsprobleme des Pflegesatzverfahrens. NJW 40:687ff.

GPSR Compliance

The European Union's (EU) General Product Safety Regulation (GPSR) is a set of rules that requires consumer products to be safe and our obligations to ensure this.

If you have any concerns about our products, you can contact us on ProductSafety@springernature.com

In case Publisher is established outside the EU, the EU authorized representative is:

Springer Nature Customer Service Center GmbH
Europaplatz 3
69115 Heidelberg, Germany

Batch number: 10844827

Printed by Printforce, the Netherlands